蔡　翔　任丽青　主编

大学生语文课本

DAXUESHENG YUWEN KEBEN

上海大学出版社
·上　海·

内容提要

本书是专为大学本科公共基础课编写的教材。编写组在参考众多同类教材后认为，大学的语文课程应该回归语文的本义，是对中学阶段接触到的语言文字、文学和文化内容的总结和提升。特别是对人类最重要的交际工具——语言，大学语文课程要对它作整体的回顾，以使学生对自己的母语有比较清晰的认识。但本教材并不是语言教科书，它依然继承中学语文教材的主要编写特色，通过由各种类型的文章组成的课文单元来体现汉语的特点。本教材的创新之处是以语言要素为纲，以作品(文章)为目，纲举目张，十分重视应用性。所选课文涉及较多实用文体，课后的练习紧密结合当前的语言现象。希望学生通过对课文的认真阅读、思考和练习，使自己的语言能力与大学生的称号相符。

图书在版编目(CIP)数据

大学生语文课本/蔡翔，任丽青主编. —上海：上海大学出版社，2010.3(2019.3重印)
ISBN 978-7-81118-587-4

Ⅰ.①大… Ⅱ.①蔡… ②任… Ⅲ.①汉语-高等学校-教材 Ⅳ.①H1

中国版本图书馆CIP数据核字(2010)第026006号

责任编辑 傅玉芳 陈 强 封面设计 柯国富

大学生语文课本

蔡 翔 任丽青 主编

上海大学出版社出版发行

(上海市上大路99号 邮政编码200444)

(www.shupress.cn 发行热线66135110)

出版人：戴骏豪

*

南京展望文化发展有限公司排版

上海华业装潢印刷厂印刷 各地新华书店经销

开本 890×1240 1/32 印张12 字数312 000

2010年3月第1版 2019年3月第4次印刷

印数：7301-8400

ISBN 978-7-81118-587-4/H·211 定价：25.00元

主　编　蔡　翔　任丽青
编　撰　任丽青　吴仁援
张庆翔　周康敏
施逸丰　黄建华
景春雨

目录

第四单元　语　　法

第五单元　结　　构

第六单元　修　　辞

第七单元　语　用

第八单元　翻　译

前言

长期以来，社会各界一直对语文课的教学质量表示不满，我们认为主要原因还是内因。现在，全国都在学习贯彻科学发展观，对大学语文课程，也已经到了需要认真总结经验、明确课程性质、提高教学质量的时候了。

长期以来，人们对大学语文课程的性质和教学目标的认识不统一，但有一个趋势，就是从偏重于语言性的到偏重于文学性的，再到偏重于人文性的，范围越来越大。这种变化源自语文教育工作者对中国现代化进程的强烈渴望和迫不及待的心情。正如某教材"前言"里的一段话所说："作为具有强烈社会责任感和忧患意识的教育工作者，我们再也坐不住了。为了祖国优秀文化的传承，为了在中国融入国际社会后，在世界文化之坛上有自己的话语权，我们不愿意让中国文化在后人手中逐渐式微。"这样的爱国情怀无可厚非，值得尊敬。然而，这样渐渐改变语文课的性质，扩大其应有的题中之意，却是语文课不能承受之重，结果很可能是欲速则不达。

2009 年 1 月，北京大学中文系主任温儒敏教授在昆明召开的大学语文课程建设会议上发言指出："大学语文课主要还是要激发和培养学生对语文的兴趣。大学语文还是语文，这门课有综合性和工具性特点，上课应扣着‘语文’的能力来讲，来做读写训练。我不太赞成把大学语文课上成了一般的文学欣赏课。大学语文不等于文学课，不等于文学欣赏课，它还是要有一些语言、文字方面的内容，它是一门综合课。”

我们认为，语文课的性质是工具性的，它的教学目标从来就是对母语的正确认识和娴熟运用。一个孩子生下来，不管他将来会怎么样，家长和老师除了照顾他的生活外，首先要做的就是教他学语言。这一点古今中外概莫能外。因为语言是人类最重要的交际工具，不会使用语言，将一事无成。所以，小学语文课的工具性特点非常明显，要学拼音、识汉字、造句子、写短文。众人对此并无异议。然而，为什么到了大学语文，课程的性质就要改变呢？难道大学语文不是小学语文和中学语文的继续吗？近些年来，主要是一些文学教师把语文课定性为人文类课程，这就走得太远了，这有点类似于建国初期把语言看成是有阶级性的。如果大家并不否认语文课的“语”是指汉语，那么，语文课就是超越理工类学科和人文类学科的，它是两者的前提和基础。因为，语言的属性是工具性、交际性和社会性（音义结合关系，即社会的约定俗成）。语言不是人文精神，语言所表达的内容可以是人文精神，也可以是自然科学知识。语文只讲如何表达才能达到交流和传承的目的，至于应该交流什么、传承什么，才是人文学科所要研究的。当然，学习语言的材料是体现人文精神的，这也是语文教材应该十分注重的。但是，这种体现并不是语文课程的教学目标，而只是一种潜移默化的结果。混淆语文课的性质，把它搞得四不像，正是大学语文的致命伤。道理很简单，武器没有掌握好，怎么去杀敌人？

我们不难发现，中国的自然科学家个个都能熟练地运用汉语，有的人写出来的诗歌和散文并不输给一般的作家。如果他们过不了语言关，他们就无法很好地吸取科学的养料，不要说成为科学家，就是一般的成才也是不可能的。所以，作为在学校学习的最后阶段，大学语文应该帮助学生掌握汉语这个武器，或者说是工具，这样，他们就能顺利地接受良好的人文素质培养。而且，即使毕了业，只要掌握了武器或工具，他们何尝不能通过自学继续提高和完善自己？反过来，我们也不难发现，正是由于急功近利的教育，很多人没有学好汉语，包括一些高学历者和国家公务员。前者的论文不同程度地存在着令人难懂甚至莫明其妙的状况，影响了科学研究成果的传播。有些突出强调提升人文精神功能的教材，自身却充斥着文理不通的句子，这使我们感到十分痛心。而后者撰写的一些公文同样程度不同地存在歧义或无法理解的状况，影响了党和政府的形象，甚至造成一些不必要的民告官的诉讼。所以，如果不解决课程性质的问题，不明确教学的目标，大学语文课就很难有质的提高。

我们认为，语文课应该是认识和掌握汉语的思维特点和规律的一门学科，应该使学生对现代汉语的认识达到学理性的高度。也就是说，中小学语文课是让学生对汉语知其然，知其不然；大学语文课则是让学生知其所以然，所以不然。

第一单元　音　节

语言是人类最重要的交际工具和思维工具，也是人类社会最基本的信息载体。语言的表达有两种媒介：一种是口头媒介——言语，另外一种是书写媒介——文字。世界上存在着没有书写媒介的语言，但绝没有一种不使用口头媒介的语言。这种用来传情达意的口头媒介就是语音。

语音是人类语言中使用的音，它不等同于人类能够发出的音。人类能够发出的音几乎是无限的，比如打哈欠、咳嗽等。语音是声音和意义的结合体，是语言的外衣，是意义得以流动的最原始的载体，是语言的物质外壳。

时至今日，语言所体现的早已不是纯粹的工具性了。人们在使用语言时不单要注意避免语法错误和不妥帖的语词，注意推敲文字的意义和用法，还得注意语言的声音和韵律，发挥语言的声音节律之美，加强语言感人的力量。

语音本身所负载的许多要素，使它具有极强的表现力：无论是生动的情景、驰骋的神思，还是丰富的感情、深刻的体会，都可以运用各种语音表达手段，形象地表现出来。“情动于中而形于言，言之不足，故嗟叹之，嗟叹之不足，故咏歌之。”这就是说，当正常的话语不足以表达强烈的感情时，人们就要运用“嗟叹”、“咏歌”来表现它。显然，这就是在运用语音的要素了。

英语的单词通常具有数量不等的几个音节。而汉语的一个音节通常就是一个汉字、一个语素，语素是最基本的汉语语言单位。因此在汉语语音中，音节就成了一个重要概念。除了儿化音节外，每个汉字在读音上都表现为一个音节。所有汉字的音节结构都有很强的规律性，一般由声母、韵母和声调三部分构成。其中声母由辅音充当；韵母大部分由元音充当，可以单用一个，也可以两个或三个连在一起使用。汉语的音节必须有韵母，因此造成音节中元音音素多、辅音音素少的特点。元音发音时声音响亮圆润、悦耳动听，辅音则低而弱。

汉语的每个音节都有声调，这是汉语的又一个非常重要的特点。声调是整个音节的高低升降，从而使语音有了曲折的变化。古代汉语声调分平、上、去、入四声，古人认为“平声哀而安，上声厉而举，去声清而遂，入声直而促”。意思是平声平、上声高、去声高而远、入声短。现代汉语普通话的四个声调分别是阴平、阳平、上声和去声，也继承了古代汉语声调的发音特点。这四个声调又分平仄两大类，阴平和阳平属平声，上声和去声属仄声，平声如击钟鼓，音长持续，音感洪亮，仄声如击木石，声音短促，音感脆快。具有固定声调的汉字在句子中被排列组合的时候，还会发生连读变调这样的语流音变现象，使得声音的高低呈现无穷无尽的变化，产生丰富复杂的音调美感。正因为汉语有着这样的特点，我国古往今来的文人都非常注意声调的搭配，甚至在创作一些理论作品时也都想办法使文字具有可诵读性。汉语语音在音高上的这种变幻莫测是其他语言所无法比拟的。

汉语普通话中有 21 个声母和 35 个韵母，构成 432 个音节，再加上声调，就有了 1 300 多个音节。人们有规则地交替使用韵母相同或相近的音节，通过相同或相近的声音有规则地回环往复，可增强语言的节奏感和音乐美，这种方法叫押韵。押韵是汉语常用的语音修辞手段，相同的韵关上联下，把分散的语句、跳跃的内容、奔腾的感情串联起来，形成一个和谐的整体，以加强结构和形象的完整性，达到传情感人的目的。音的高低升降形成了旋律，音的轻重强弱形成了节奏。于是，汉语就有了声音悦耳、声调和谐、节奏鲜明、韵律协调的音乐美。

高尔基说过：“作为一种感人的力量，语言真正的美，产生于语辞的准确、鲜明和动听。"这里的"动听"就是语音所产生的效果,声音配合得当、和谐优美,就能给人以美感,使感情的抒发更加鲜明有力。

除了上述的语音特点外,汉语还有丰富的语音修辞手段,其中最重要的是重叠。由一个语素构成的词叫单纯词,而如果一个单纯词有两个音节,这两个音节的声母或韵母也相同,那就构成双声或叠韵联绵词,比如"仿佛"和"彷徨"。双声音节的音乐美表现在两个相同的辅音音素上,这两个音素长短相宜,前后相配,音调和谐。一些声母相同的双音节合成词,如"结局"、"丰富"、" 明媚" 等也具有双声词的音乐效果。叠韵音节的音乐美体现在两个音节的韵母中韵腹和韵尾相同,一些韵母相同的双音节合成词如"浅显"、"响亮"等也具有叠韵词的音乐美。王国维曾经说过:"苟于词之荡漾处多用叠韵,促节处用双声,则其铿锵可诵,必有过于前人者。"两个相同的韵母在两个音节中重复出现、互相配合,使声音响亮悦耳,产生一种音乐美。双声、叠韵词语中因为有相同语音成分的再现,故能形成语音上的回环美,从而增强语言的表现力。鲁迅在《记念刘和珍君》一文中写下一句名言:"真的猛士,敢于直面惨淡的人生,敢于正视淋漓的鲜血。"其中叠韵词"惨淡"和双声词"淋漓"的配合使用,使声音婉转铿锵,循环复沓,形成了回环变化之美,用来表情达意,给人留下了深刻的印象。双声和叠韵的音乐美,在诗歌中表现得更为突出。

对音节的重叠形成了叠音词。叠音词并不仅见于汉语,英语中的象声词也是对声音的一种简单的模拟。但英语只是单纯的音节叠加,不像汉语那样可以添加词汇意义和语法意义,更不会像汉语那样在形容词、拟声词、动词、名词、数词和量词等广泛的词语范围内出现。因此汉语的叠音词更具有表现力。

无论是单音节还是双音节的重叠,叠音词读起来都朗朗上口,听起来清脆悦耳。语言学家王力先生认为叠字法 "把事物'形容尽致',这好像在语言里加上了鲜艳的色彩"。古代有不少文学作品用了叠音词,如《诗经》305 篇中,用了叠音词的有近 200 篇;宋代词人李清照《声声慢》中的“寻寻觅觅，冷冷清清，凄凄惨惨戚戚”，用7个叠音词烘托渲染气氛，来表达悲凉的感情。现代作品中也常用叠音词来增强语言的音乐美，甚至在政论文中，叠音词也可以加强语意，表现出庄重严肃的色彩。

除了重叠外，汉语中还有一音多义、一义多音、多音多义的谐音现象，表示细小、轻微、活泼、喜爱、亲切等意味的儿化现象，以及采用不同的停顿导致不同的意义等多种语音修辞手段。

汉语除了普通话以外，还包括各种方言，方言间的语音分歧很大，主要表现为声母、韵母、声调的数目和内容都不尽相同。语音分歧较大的方言主要分布在长江以南沿海地区，中国大陆其余地区的汉语方言，则具有相当大的一致性。这种既有关联又有差异的语言地理格局的分布，形成了多姿多彩、精彩纷呈的汉语语音表现。

汉语语音的美感不是一蹴而就的，而是在历史的长河里逐渐丰富和变化发展起来的，它不仅依靠汉语语音自身的特点，更需要无数的汉语使用者的精巧构思和灵活运用。

桃　夭

诗经·国风·周南

桃之夭夭①，灼灼②其华③。
之子④于归⑤，宜⑥其室家。
桃之夭夭，有蕡⑦其实。
之子于归，宜其家室。
桃之夭夭，其叶蓁蓁⑧。
之子于归，宜其家人。

注释：

① 夭夭(yāo)：茂盛；桃花怒放的样子。
② 灼灼：花朵盛开、色彩鲜艳如火的样子。
③ 华：古代即指花。
④ 之子：这位姑娘。
⑤ 于归：出嫁。古代把丈夫家看做女子的归宿，故称“归”。
⑥ 宜：和顺，亲善。
⑦ 蕡(fén)：果实将熟的样子。有蕡其实：果实充盈。
⑧ 蓁蓁(zhēn)：树叶繁茂的样子。

课文导读：

《诗经》是我国第一部诗歌总集，共收入自西周初年至春秋中叶五百多年的诗歌305篇,全面展示了中国周代的社会生活,真实地反映了中国奴隶社会从兴盛到衰败时期的历史面貌。《诗经》共有风、雅、颂三个部分。其中"风"是不同地区的地方音乐,多为民间歌谣,有160篇;"雅"即朝廷之乐,分"大雅"、"小雅",有105篇;"颂"是宗庙祭祀的乐歌和史诗,分"周颂"、"鲁颂"、"商颂",有40篇。

《桃夭》是《诗经·国风·周南》里的一篇,是贺新婚的歌,也即送新嫁娘的歌。在新婚喜庆的日子里,伴娘送新娘出门,大家簇拥着新娘向新郎家走去,一路唱道:"桃之夭夭,灼灼其华……"红灿灿的桃花比拟新娘的美丽容貌,娶到这样的姑娘,一家子怎不和顺美满呢!果实累累的桃树比喻新娘将会为男家多生贵子,使其一家人丁兴旺。枝叶茂密的桃树比作新娘子将使一家如枝叶层出,永远昌盛。诗歌通篇以红灿灿的桃花、丰满鲜美的桃实、青葱茂盛的桃叶来比对新婚夫妇美好的青春,祝福他们的爱情像桃花般绚丽、桃树般常青。此诗运用叠章、叠句手法,每章结构相同,只更换少数字句,这样反复咏赞,音韵缭绕,优美的乐句与新娘的美貌、爱情的欢乐交融在一起,十分贴切地渲染了新婚的喜庆气氛。

《桃夭》篇表达了先秦人对美的看法,"桃之夭夭,灼灼其华"形容艳如桃花的"目观"之美,"之子于归,宜其室家"指此人有使家庭和睦的品德,这才完满。这种美的观念,强调"善"与"美"的一致性,以善代替美,实际上赋予了美以强烈的政治、伦理意义,在当时社会颇为流行。先秦儒家的美学观念,主要是沿着这个方向发展的。《桃夭》篇同时也反映了当时社会重视婚姻和家庭,表达了人们对家庭和睦、安居乐业美好生活的向往。

《诗经》以四言为主,兼有杂言,在结构上多采用重章叠句的形式加强抒情效果。每一章只变换几个字,却能收到回旋跌宕的艺术效果。在语言上多采用双声叠韵、叠字联绵词来状物、拟声、穷貌。

《诗经》在押韵上有的句句押韵,有的隔句押韵,有的一韵到底,有的中途转韵,现代诗歌的用韵规律在《诗经》中几乎都已经具备了。

本文选自朱熹《诗集传》,上海古籍出版社1980年2月版。

思考与练习:

1. 分析《蒹葭》中叠音词的用法及其表达效果。

蒹　葭(《诗经·国风·秦风》)

蒹葭苍苍,白露为霜。所谓伊人,在水一方。
溯洄从之,道阻且长;溯游从之,宛在水中央。
蒹葭萋萋,白露未晞。所谓伊人,在水之湄。
溯洄从之,道阻且跻;溯游从之,宛在水中坻。
蒹葭采采,白露未已。所谓伊人,在水之涘。
溯洄从之,道阻且右;溯游从之,宛在水中沚。

2. 分析《氓》中"士之耽兮,犹可说也;女之耽兮,不可说也"的含义。

氓(《诗经·国风·卫风》)(节选)

桑之未落,其叶沃若。
于嗟鸠兮,无食桑葚;
于嗟女兮,无与士耽。
士之耽兮,犹可说也;
女之耽兮,不可说也。

3. 分析李清照《一剪梅》的平仄结构。

红藕香残玉簟秋。
轻解罗裳,独上兰舟。
云中谁寄锦书来?
雁字回时,月满西楼。

花自飘零水自流。
一种相思,两处闲愁。
此情无计可消除,
才下眉头,却上心头。

凤凰涅槃[①]

郭沫若

天方国古有神鸟名“菲尼克司”(Phoenix),满五百岁后,集香木自焚,复从死灰中更生,鲜美异常,不再死。

按此鸟殆[②]即中国所谓凤凰:雄为凤,雌为凰。《孔演图》[③]云:“凤凰火精,生丹穴。”《广雅》云:“凤凰……雄鸣曰即即,雌鸣曰足足。”

序　曲

除夕将近的空中,
飞来飞去的一对凤凰,
唱着哀哀的歌声飞去,
衔着枝枝的香木飞来,
飞来在丹穴山上。

山右有枯槁了的梧桐,
山左有消歇了的醴泉[④],
山前有浩茫茫的大海,
山后有阴莽莽的平原,
山上是寒风凛冽的冰天。

天色昏黄了,
香木集高了,
凤已飞倦了,

凰已飞倦了，
他们的死期将近了。

凤啄香木，
一星星的火点迸飞。
凰扇火星，
一缕缕的香烟上腾。

凤又啄，
凰又扇，
山上的香烟弥散，
山上的火光弥满。

夜色已深了，
香木已燃了，
凤已啄倦了，
凰已扇倦了，
他们的死期已近了！

啊啊！
哀哀的凤凰！
凤起舞，低昂！
凰唱歌，悲壮！
凤又舞，
凰又唱，
一群的凡鸟
自天外飞来观葬。

凤　歌

即即！即即！即即！
即即！即即！即即！
茫茫的宇宙，冷酷如铁！
茫茫的宇宙，黑暗如漆！
茫茫的宇宙，腥秽如血！

宇宙呀，宇宙，
你为什么存在？
你自从哪儿来？
你坐在哪儿在？
你是个有限大的空球？
你是个无限大的整块？
你若是有限大的空球，
那拥抱着你的空间
他从哪儿来？
你的外边还有些什么存在？
你若是无限大的整块，
这被你拥抱着的空间
他从哪儿来？
你的当中为什么又有生命存在？
你到底还是个有生命的交流？
你到底还是个无生命的机械？

昂头我问天，
天徒矜[⑤]高，莫有点儿知识。
低头我问地，

地已死了,莫有点儿呼吸。
伸头我问海,
海正扬声而呜咽。

啊啊!
生在这样个阴秽的世界当中,
便是把金刚石的宝刀也会生锈。
宇宙呀,宇宙,
我要努力地把你诅咒:
你脓血污秽着的屠场呀!
你悲哀充塞着的囚牢呀!
你群鬼叫号着的坟墓呀!
你群魔跳梁着的地狱呀!
你到底为什么存在?

我们飞向西方,
西方同是一座屠场。
我们飞向东方,
东方同是一座囚牢。
我们飞向南方,
南方同是一座坟墓。
我们飞向北方,
北方同是一座地狱。
我们生在这样个世界当中,
只好学着海洋哀哭。

凰　歌

足足!足足!足足!

足足！足足！足足！
五百年来的眼泪倾泻如瀑。
五百年来的眼泪淋漓如烛。
流不尽的眼泪，
洗不净的污浊，
浇不熄的情炎，
荡不去的羞辱，
我们这飘渺的浮生，
到底要向哪儿安宿？

啊啊！
我们这飘渺的浮生
好像那大海里的孤舟。
左也是漶漫⑥，
右也是漶漫，
前不见灯台，
后不见海岸，
帆已破，
樯已断，
楫已飘流，
柁已腐烂，
倦了的舟子只是在舟中呻唤，
怒了的海涛还是在海中泛滥。

啊啊！
我们这飘渺的浮生，
好像这黑夜里的酣梦。
前也是睡眠，

后也是睡眠，
来得如飘风，
去得如轻烟。
来如风，
去如烟，
眠在后，
睡在前，
我们只是这睡眠当中的
一刹那的风烟。

啊啊！
有什么意思？
有什么意思？
痴！痴！痴！
只剩些悲哀，烦恼，寂寥，衰败，
环绕着我们活动着的死尸，
贯串着我们活动着的死尸。

啊啊！
我们年青时候的新鲜哪儿去了？
我们年青时候的甘美哪儿去了？
我们年青时候的光华哪儿去了？
我们年青时候的欢爱哪儿去了？
去了！去了！去了！
一切都已去了，
一切都要去了。
我们也要去了，
你们也要去了，

悲哀呀！烦恼呀！寂寥呀！衰败呀！

凤凰同歌

啊啊！
火光熊熊了。
香气蓬蓬了。
时期已到了。
死期已到了。
身外的一切，
身内的一切！
一切的一切！
请了！请了！

群鸟歌

岩鹰

哈哈，凤凰！凤凰！
你们枉为这禽中的灵长！
你们死了吗？你们死了吗？
从今后该我为空界的霸王！

孔雀

凤凰，凤凰！凤凰！
你们枉为这禽中的灵长！
你们死了吗？你们死了吗？
从今后请看我花翎上的威光！

鸱枭

哈哈，凤凰！凤凰！
你们枉为这禽中的灵长！
你们死了吗？你们死了吗？

哦！是哪儿来的鼠肉馨香？

家鸽

哈哈，凤凰！凤凰！
你们枉为这禽中的灵长！
你们死了吗？你们死了吗？
从今后请看我们驯良百姓的安康！

鹦鹉

哈哈，凤凰！凤凰！
你们枉为这禽中的灵长！
你们死了吗？你们死了吗？
从今后请听我们雄辩家的主张！

白鹤

哈哈，凤凰！凤凰！
你们枉为这禽中的灵长！
你们死了吗？你们死了吗？
从今后请看我们高蹈派⑦的徜徉！

凤凰更生歌

鸡鸣

昕潮涨了，
昕潮涨了，
死了的光明更生了。

春潮涨了，
春潮涨了，
死了的宇宙更生了。

生潮涨了，

生潮涨了，

死了的凤凰更生了。

凤凰和鸣

我们更生了。

我们更生了。

一切的一，更生了。

一的一切，更生了。

我们便是他，他们便是我。

我中也有你，你中也有我。

我便是你。

你便是我。

火便是凰。

凤便是火。

翱翔！翱翔！

欢唱！欢唱！

我们新鲜，我们净朗，

我们华美，我们芬芳，

一切的一，芬芳。

一的一切，芬芳。

芬芳便是你，芬芳便是我。

芬芳便是他，芬芳便是火。

火便是你。

火便是我。

火便是他。

火便是火。

翱翔！翱翔！

欢唱！欢唱！

我们热诚，我们挚爱，
我们欢乐，我们和谐。
一切的一，和谐。
一的一切，和谐。
和谐便是你，和谐便是我。
和谐便是他，和谐便是火。
火便是你。
火便是我。
火便是“他”。
火便是火。
翱翔！翱翔！
欢唱！欢唱！

我们生动，我们自由，
我们雄浑，我们悠久。
一切的一，悠久。
一的一切，悠久。
悠久便是你，悠久便是我。
悠久便是他，悠久便是火。
火便是你。
火便是我。
火便是他。
火便是火。
翱翔！翱翔！
欢唱！欢唱！

我们欢唱，我们翱翔。
我们翱翔，我们欢唱。

一切的一，常在欢唱。
一的一切，常在欢唱。
是你在欢唱？是我在欢唱？
是他在欢唱？是火在欢唱？
欢唱在歌唱！
欢唱在欢唱！
只有欢唱！
只有欢唱！
欢唱！
　欢唱！
　　欢唱！

注释：

① 涅槃：梵语 nirvana，佛教用语，指幻想中的没有烦恼、超脱生死的境界，非佛教界也用作死亡的代称。

② 殆：大概，差不多。

③《孔演图》：应为《演孔图》，汉代谶纬书名。

④ 醴泉：甘甜的泉水。

⑤ 矜：自尊自大，自夸。

⑥ 漶漫：模糊不清。

⑦ 高蹈派：19 世纪中期法国的一个诗歌流派，主张为艺术而搞艺术。

课文导读：

郭沫若，中国现代著名的诗人、剧作家、历史学家和社会活动家。

《凤凰涅槃》作于 1920 年 1 月，是郭沫若的诗集《女神》中最有代表性的一首抒情长诗。这首诗巧妙地把阿拉伯神鸟自焚的传说移植到中国的现实生活中,借凤凰"集香木自焚,复从死灰中更生"的故事,象征旧的死亡和新的诞生,暗示新旧嬗变的历史趋势,塑造出崇高壮美的凤凰形象。

根据死亡和新生这两大主题,全诗可分为两个部分:第一部分包括"序曲"、"凤歌"、"凰歌"、"群鸟歌";第二部分指"凤凰更生歌"。"序曲"写除夕将至时,一对凤凰飞到丹穴山上采集香木,准备自焚。"凤歌"是凤鸟在自焚前的悲歌,他把旧宇宙比做"脓血污秽着的屠场"、"悲哀充塞着的囚牢"、"群鬼叫号着的坟墓"、"群魔跳梁着的地狱",并诅咒"茫茫的宇宙""冷酷如铁"、"黑暗如漆"、"腥秽如血"。"凰歌"是凰鸟的哭诉:"五百年来的眼泪倾泻如瀑!五百年来的眼泪淋漓如烛!流不尽的眼泪!洗不净的污浊!浇不熄的情炎!荡不去的羞辱!"凤凰同歌是第一部分的高潮,当它们唱出"时期已到了,死期已到了"时,一场漫天大火终使一切黑暗和污秽同归于尽,死亡和新生两种象征对立地统一于这片狂热的大火之中。"群鸟歌"写凤凰自焚时各种凡鸟的种种丑态。通过对凡鸟的浅薄、猥琐、庸俗的丑态的描写,进一步衬托凤凰自焚时的悲壮。"凤凰更生歌"是全诗的高潮,写凤凰再生后的自由翱翔、纵情欢唱。诗人用"新鲜"、"净朗"、"华美"、"芬芳"、"热诚"、"挚爱"、"欢乐"、"和谐"等美好的词语,创造出一种万象更新的意境,着意渲染了凤凰新生后的大和谐、大欢乐的景象。

就主题而言,第一部分对死亡的描述和第二部分对新生的歌颂形成了一个鲜明的对照。就对自我的显现来看,两个部分也是截然不同的。死亡部分中的凤凰在败坏崩溃的旧宇宙中不断地询问自己的来源:"你为什么存在?你自从哪儿来?"此时的"自我"是凤凰自身仍在追寻的不明身份的东西;新生部分是凤凰在新的宇宙中不断地发现"自我"的时刻,而每一次发现都有关于"自我"的新内容,"光明的我们"、"新鲜的我们"、"华美的我们"这些被反复吟咏的诗句具有明确的“自我”意义。作者在《凤凰涅槃》中表现出强烈的自我个性，甚至是狂吼出自我的感受。

在中国传统文化中，儒家主张把自我同化于社会，道家主张把自我同化于自然，他们的一致之处在于消解自我。由于儒道学说对中国人的精神的主导影响地位，中国古代文学基本处于“无我”状态。中国文学中的自我意识觉醒于五四新文化运动，正是以自我为标志，现代文学才在文学的历史递进中标明了自己的独特地位。“自我”在新诗的文化话语里占据了重要的位置。从新诗与古典诗歌的比较而言，“自我”的确立不仅代表着文学符号系统的更换，而且也表达了传统文化中长期“无我”所无法说出的内容。

郭沫若在这首诗歌中充分展示了自由体新诗的音乐美。其一是诗的结构宏大，有独唱、重唱与合唱，犹如一首豪迈的交响曲，气势磅礴。其二是押韵的处理，把用韵和内容紧密结合。比如在哀怨的《凤歌》中，诗人所用的“铁、漆、血”都是入声韵，而在《凤凰和鸣》中，诗人又用了开口度最大的 ang 韵。不同的韵配合不同的情感，使内容和形式得到完美的融汇。其三是重复手法的使用，无论是低回的叹息还是高亢的欢呼，作者都不厌其烦地重复又重复，达到一唱三叹、步步提升的效果，直到最后把气氛推到最高潮，使人心潮激荡，久久难以忘怀。

本文选自岳洪治编《现代十八家诗》，中国文联出版公司 1991 年 8 月版。

思考与练习：

1. 分析《凤凰涅槃》每一段诗的押韵情况。
2. 分析下列词语读轻声与非轻声时在词性上的区别。

　　摆设　　活动　　练习　　人家

3. 阅读徐志摩《再别康桥》的首尾两节，说明这两节的重叠用法和结构特点。

轻轻的我走了，
　　正如我轻轻的来；
我轻轻的招手，
　　做别西天的云彩。

悄悄的我走了，
　　正如我悄悄的来；
我挥一挥衣袖，
　　不带走一片云彩。

谈民族标准语问题

俞　敏

从民国初年有人提倡统一读音起，全民族的标准语这个概念就在一部分人心里存在了。后来就发生所谓国语运动。经过几次修改后，才确定拿北京话作国语，并且在小学里设科。国民党一开始也曾想提倡"国语"，但是没有做什么事情，也没有多少结果，慢慢也就不提了。直到今天，全国已经统一了，一种给全国人民用的标准语越来越需要得迫切，这个问题又值得提出来讨论讨论了。

这个问题目前虽然没有公开讨论，可是在写文章的时候，教书的时候，讨论语文问题的时候，人们也老把这个概念给夹带进去；有人管它叫"标准音"，有人管它叫"普通话"，等到一举例的时候，还是举那老国语——北京话。既然大伙可以偷偷地谈，为什么不索性公开提出来一块儿研究研究呢？说真的，现在咱不光需要标准语，并且需要一种经政府命令推行全民公认的标准语。我自己比别人更感觉得出来这个需要有多么迫切。我教过一班四十来个华侨学生，这四十个人说的话倒有十来种，并且里头有些根本不是中国话，而是印尼……的话。这阵儿让我这当教师的该怎么办呢？我们拿什么话给他们讲书呢？他们用什么话跟我问答呢？不要标准吧，那哪个字该怎么念，哪个词该怎么讲，哪一个句子该怎么造，这些问题该怎么解决呢？用广东话吧，福建人怎么办呢？用福建话吧，客人家[①]该怎么办呢？都不用，就用我当教员的话作标准吧，我又凭什么呢？没个标准，这课就没法儿教。

现在的大国里面，还有一个印度也没有国语，我认识几个印度朋友，他们谈起话来，都用一种破碎支离的英语。我在旁边挺替他们着急，他们自己也显着怪不好意思的，这就是没个标准语的苦处。读者还别说："咱们中国总不至于像他们那样吧?"前几年就有人碰上过这类事情！遇上指导广东籍的学生选课的时候，还免不了用用英文字。

现在谈国语，先得把早先那认为推行国语是用某地方的语言征服别的地方的语言的谬见打消。自从斯大林同志论语言学的文章发表了以后，"某些地方的语言，在民族形成的过程中，可以成为民族语的基础并发展成为独立的民族语言"这个意思算是肯定下来了。咱们也正该定个标准语好让全国人民能更好地互相达意。

标准语不光能让全国人民互相达意，并且还是提高全国文化水准的关键。咱需要标准语，确定了。需要个什么样儿的标准语呢?顶要紧的是，它得是一种现有的活方言，不是凭空造出来的，也不是人工修改过的。为什么呢？因为活方言有它的社会基础，有几千万人在那儿说着。人造的就不成了，就连主张某种人造语的人自己也未必能说。还有一个最现实的问题，用一种活方言作标准，当地的人马上可以做教师。人造语的师资上哪儿去找呢？现训练吧，得多少人力、物力、时间？何况训练出来的人决不能个个都学得十分好呢?

一提起活方言来，就免不了想到北京话。一提学北京话，总免不了有人喊杂。到底用北京话作标准有没有不方便的地方呢？也有。北京话的儿音缀[②]，别处人说起来就很不方便。可是儿音缀在北京话里也有它的用处。因为北京话的声音稍微有些贫乏，音系简单，可以用来代表意思的音缀连调子的不同算进去，也只有一千二百个左右(平常说一千三百五十，那是连念字的音都算进去了。有些字平常说话根本用不着)。总得加上几百个音缀才比较丰富。倒并不像好些个人想的似的，因为儿音缀漂亮。比比下头的例子就知道了。

画(动词)　　　画儿(名词)

片(切，动词)　　　片儿(名词)

垫(动词)	垫儿(名词)
干(形容词)	干儿(名词)
尖(形容词)	尖儿(名词)
零(形容词)	零儿(名词)
白面(麦粉)	白面儿(海洛因)
小人(坏人)	小人儿(绣像)
眼(目)	眼儿(孔)
嘴(口)	嘴儿(壶嘴儿)

还有轻重音也不好学。比如朋友(前重后轻)、父母(两重)这种分别,所以长江以南的人主张不用北京话,用普通话作标准语。不幸的是"普通话"这概念根本就是唯心论的产物,究竟该教学生说什么味儿的普通话呢?

学不好标准话跟要不要标准话是两回事儿。有了标准就有了努力的方向,即使学不到百分之百,就学百分之几十总也比不学好些。

"普通话"没这么个东西,只好用某一种方言了。这种方言得合三个标准才算够资格:一,那个地方是全国的政治、经济、交通、文化的中心。二,那种话在全国流行的最广。三,有好的文学作品。用这三个标准一横量③,还就是北京话比较合适。第一,因为北京是首都,全国各地,各个农村里、各个工厂里的农民、工人,各个岗位上的工作人员,人人都愿意上这儿来;而且能上这儿来的人,都是能起带头作用、有号召力的人。他们免不了学一些北京话,所以北京话能靠他们作媒介,吸收全国各地方言的精粹。第二,近二十年来电影、话剧跟广播早已经把北京话带到全国各地去了,各地方懂得北京话的人也比较多。第三,有《红楼梦》、《儿女英雄传》这种影响人民最深的文学。别的好作品像《水浒》、《西游记》、《儒林外史》、《老残游记》里用的语言,跟北京话也很接近。

用北京话作标准语,是不是就让人人都学成十足的"老北京"呢?

也不是。现在咱要统一的是语音跟语法。词汇呢？除了北京话本身，也可以、并且必得吸收大量古代的、地方的、外国的才够丰富。就是语法的限制也可以放松点儿。举例说吧，北京话的助动词“要”跟“得”，本来一个是表现主观愿望，一个是表现客观必须的，现在差不多完全照江南话的习惯，用“要”给统一了（闽南话本来也会用这分别）。就连生在北京的受过教育的人，从老舍先生到小学生都已经放弃这原来的分别了。

拿北京话作标准，将来全民族的共同语就是现在的北京话，一点儿改变也没有了吗？当然不是，咱不过拿北京话作基础让它从各地方吸收营养，好扩充，变成咱全民族的语言罢了。将来多数人说的全民族共同语大概是什么样子，现在已经可以看出点儿苗头子来了：一，北京语音，不过可能变一点儿。比方阴平调又低又平，阳平调不用高升调，用低声调，像北京话的上声什么的。二，词汇是在北京话里选出全国都懂的东西来（比方北京话说“看”“瞧”“瞅”“瞜”④，不过将来通行的一定是“看”），再加上方言（像“台风”“搞”）、文言（像“仪表”）、外来语（像“吉普”）凑成的。三，语法是北京话的，再加上受印欧系影响的语法（像“发展了并发展着……”）。现在好些个知识分子讲演用的话就是跟这种语言性质近的东西。读者稍微注意一点儿，自己就可以观察得到。

现在拿北京话作标准，就可以促使这种未来的全民族共同语快快长成。要是不肯谈国语问题，随它自流，坐在那里等全国各方言放在一块儿混，早晚出一个既不是北京话又不是任何别的方言的“普通话”来，那又是一种不实际的想法。

要推行北京话我认为该作底下这几件事：① 由政府命令公布，把北京话定成全国标准语。② 小学的语文课本用北京话编，教学不光教识字，还得教说话。③ 电影话剧歌曲用北京话演唱。④ 在国语区以外的大方言区里用电台广播国语讲座。现在交通这么发达，我想收效决不难。

注释：

① 客人家：指客家人。客家是一个汉族分支族群，也是汉族在世界上分布范围广阔、影响深远的族系之一。从西晋永嘉之乱开始，中原汉族居民大举南迁，抵达粤赣闽三地交界处，与当地土著居民杂处，互通婚姻，经过千年演化最终形成相对稳定的客家族系。

② 儿音缀：即儿化音后缀。儿化一般指名词在词根后面加上儿化尾音以构成一个新的名词，发音表现为词根韵母有卷舌动作。

③ 横量：即衡量。

④ 瞜：方言词，看。

课文导读：

俞敏，当代著名语言学家。

由于方言渗入，其他语言影响，古语残存以及使用语言的人常常在习惯爱好、语言修养等方面的差异等原因，语言中往往存在一些不合规律的分歧和混乱现象，直接影响人们之间的交际活动，这就是通常所说的不合规范的语言现象。不规范现象出现在语音、词汇、文字和语法等语言的各个方面。由于语言中存在着这种分歧和不规范现象，因此需要进行语言规范化工作。语言的规范化指在言语实践中巩固下来并为人们普遍接受的使用语音、词汇、语法等各种语言材料的准则和规范。在书面语中，还包括书写规则。这些准则和规范，是在约定俗成的基础上，根据语言发展的规律和语言运用的现实，由国家或社会团体制定和确定的。

语言规范的具体工作有：标准语的确定，正音法和正字法的制定，术语的规范化、标准化，规范词典的出版，字母或拼写法的改革，字符改革，语法体系的确立等。语言规范化具有悠久的历史。公元前4世纪印度语言学家波尼尼就是一个语言规则的制定者，他在《梵语语法》中，用4 000多条规则，描写梵语的语音和语法，对梵语的规范化起了很大作用。在中国，公元前221年秦始皇统一中国后，实行“书同文”政策，规定以小篆为正字，淘汰通行于六国的异体字，对汉字规范化起了重要作用。在欧洲，文艺复兴以后，拉丁语的地位下降，代之而起的是各个新兴民族国家的本地语。为了“保卫”和“纯洁”这些本地语，许多欧洲国家相继建立了学院。其后至今，语言学家一直将语言规范问题纳入语言研究的范畴，各国政府也持续致力于这方面的工作。

语言规范不能凭个人的主观好恶，在选择标准语时，必须要有客观根据。标准语是一个民族的经过加工、规范的共同语，它是在某个方言的基础上形成的。这种作为共同语的根源的方言叫做基础方言。现代汉语的标准语即汉语普通话是在北方方言的基础上形成的，它的定义是：以北京语音为标准音，以北方话为基础方言，以典范的现代白话文著作为语法规范的普通话。标准语的规范不能全部照搬基础方言和标准音的全部内容。如汉语普通话的语音是“以北京语音为标准音”的，在北京语音里，由于各种原因，也仍然存在着一些分歧，例如异读和土语成分等等。对于这类异读词，一般要加以审订。又如北京语音里，轻声和儿化特别多，普通话没有必要全部吸收进来，应该吸收哪些，也要进行调查和研究。普通话的词汇是以北方话词汇为基础的，但不是说北方话所有的词都可以进入普通话。北方话里一些地方色彩特别浓厚的成分，就不能吸收到普通话里。为了丰富词汇，标准语还应从其他的方言和与本民族具有直接或间接联系的语言中吸收语言成分。如果一种语言早就有了书面形式，标准语还经常从古代文献中汲取有用的成分。语言规范是一个历史范畴，规范不是一成不变的。这是因为语言在不断变化和发展，不论什么时候凡是符合发展规律的现象都是规范的。确定语言规范既要考虑到稳定性和继承性，又要看到发展和变化。

本文作者用平实、轻松的语言深入浅出地解释了复杂的语言学问题，既讲解了以北京话作为汉语普通话基础方言的原因，又体现了驾驭汉语言的能力。

本文选自《余敏语言学论文集》，黑龙江人民出版社 1989 年版，略有删节。本文首次发表于《中国语文》1953 年 4 月号。

思考与练习：

1. 下列几组词中的标音全都正确的是哪一组？

   A. 纰(bǐ)缪　　炽(zhì)热
   　 跬(guǐ)步　　妊娠(chén)

   B. 揠(yàn)苗助长　　粳(gēng)米
   　 绦(tiáo)虫　　忏(chàn)悔

   C. 引擎(qíng)　　鞭鞘(shāo)
   　 折(shé)耗　　挟(xié)制

   D. 肤(fú)浅　　汾(fēn)河
   　 框(kuāng)架　　咄咄(dúo dúo)逼人

2. 下列几组词的异读中哪个读音是规范的？

   曲折　qūzhé　qǔzhé　　亚洲　yǎzhōu　yàzhōu
   比较　bǐjiào　bǐjiǎo　　巷道　xiàngdào　hàngdào

3. 给下列诗句标出平仄。

   金沙水拍云崖暖，
   大渡桥横铁索寒。
   更喜岷山千里雪，
   三军过后尽开颜。

4. 近期北京有一家企业在上海的广播节目中开展广告宣传。有些听众把产品品牌听成“好势利”，直到听完了三分钟的广告，才搞清原来产品品牌为“好视力”。请评价这一广告的语音特点。

听听那冷雨

余光中

惊蛰[①]一过，春寒加剧。先是料料峭峭，继而雨季开始，时而淋淋漓漓，时而淅淅沥沥，天潮潮地湿湿，即使在梦里，也似乎有把伞撑着。而就凭一把伞，躲过一阵潇潇的冷雨，也躲不过整个雨季。连思想也都是潮润润的。每天回家，曲折穿过金门街到厦门街迷宫式的长巷短巷，雨里风里，走入霏霏令人更想入非非。想这样子的台北凄凄切切完全是黑白片的味道，想整个中国整部中国的历史无非是一张黑白片子，片头到片尾，一直是这样下着雨的。这种感觉，不知道是不是从安东尼奥尼那里来的。不过那一块土地是久违了，二十五年，四分之一的世纪，即使有雨，也隔着千山万山，千伞万伞。十五年，一切都断了，只有气候，只有气象报告还牵连在一起，大寒流从那块土地上弥天卷来，这种酷冷吾与古大陆分担。不能扑进她怀里，被她的裙边扫一扫也算是安慰孺慕之情吧。

这样想时，严寒里竟有一点温暖的感觉了。这样想时，他希望这些狭长的巷子永远延伸下去，他的思路也可以延伸下去，不是金门街到厦门街，而是金门到厦门。他是厦门人，至少是广义的厦门人，二十年来，不住在厦门，住在厦门街，算是嘲弄吧，也算是安慰。不过说到广义，他同样也是广义的江南人，常州人，南京人，川娃儿，五陵少年。杏花春雨江南，那是他的少年时代了。再过半个月就是清明。安东尼奥尼的镜头摇过去，摇过去又摇过来。残山剩水犹如是，皇天后土犹如是。纭纭黔首纷纷黎民从北到南犹如是。那里面是中国吗？那里面当然还是中国，永远是中国。只是杏花春雨已不再，牧童遥指已不再,剑门细雨渭城轻尘也都已不再。然则他日思夜梦的那片土地,究竟在哪里呢?

在报纸的头条标题里吗?还是香港的谣言里?还是傅聪的黑键白键马思聪的跳弓拨弦?还是安东尼奥尼的镜底勒马洲的望中?还是呢,故宫博物院的壁头和玻璃柜内,京戏的锣鼓声中太白和东坡的韵里?

杏花。春雨。江南。六个方块字,或许那片土就在那里面。而无论赤县也好神州也好中国也好,变来变去,只要仓颉②的灵感不灭,美丽的中文不老,那形象那磁石一般的向心力当必然长在。因为一个方块字是一个天地。太初有字,于是汉族的心灵,祖先的回忆和希望便有了寄托。譬如凭空写一个"雨"字,点点滴滴,滂滂沱沱,淅淅沥沥,一切云情雨意,就宛然其中了。视觉上的这种美感,岂是什么 rain 也好 pluie 也好所能满足?翻开一部《辞源》或《辞海》,金木水火土,各成世界,而一入"雨"部,古神州的天颜千变万化,便悉在望中,美丽的霜雪云霞,骇人的雷电霹雹,展露的无非是神的好脾气与坏脾气,气象台百读不厌门外汉百思不解的百科全书。

听听,那冷雨。看看,那冷雨。嗅嗅闻闻,那冷雨,舔舔吧,那冷雨。雨在他的伞上,这城市百万人的伞上雨衣上屋上天线上,雨下在基隆港,在防波堤海峡的船上,清明这季雨。雨是女性,应该最富于感性。雨气空而迷幻,细细嗅嗅,清清爽爽新新,有一点点薄荷的香味,浓的时候,竟发出草和树沐发后特有的淡淡土腥气,也许那竟是蚯蚓的蜗牛的腥气吧,毕竟是惊蛰了啊。也许地上的地下的生命也许古中国层层叠叠的记忆皆蠢蠢而蠕,也许是植物的潜意识和梦吧,那腥气。

第三次去美国,在高高的丹佛他山居了两年。美国的西部,多山多沙漠,千里干旱,天,蓝似安格罗·萨克逊人的眼睛;地,红如印第安人的肌肤;云,却是罕见的白鸟。落基山簇簇耀目的雪峰上,很少飘云牵雾。一来高,二来干,三来森林线以上,杉柏也止步,中国诗词里"荡胸生层云",或是"商略黄昏雨"的意趣,是落基山上难睹的景象。落基山岭之胜，在石，在雪。那些奇岩怪石，相叠互倚，砌一场惊心动魄的雕塑展览，给太阳和千里的风看。那雪，白得虚虚幻幻，冷得清清醒醒，那股皑皑不绝一仰难尽的气势，压得人呼吸困难，心寒眸酸。不过要领略“白云回望合，青霭入看无”的境界，仍须回中国。台湾湿度很高，最饶云气氤氲[3]雨意迷离的情调。两度夜宿溪头，树香沁鼻，宵寒袭肘，枕着润碧湿翠苍苍交叠的山影和万籁都歇的岑寂，仙人一样睡去。山中一夜饱雨，次晨醒来，在旭日未升的原始幽静中，冲着隔夜的寒气，踏着满地的断柯折枝和仍在流泻的细股雨水，一径探入森林的秘密，曲曲弯弯，步上山去。溪头的山，树密雾浓，蓊郁的水气从谷底冉冉升起，时稠时稀，蒸腾多姿，幻化无定，只能从雾破云开的空处，窥见乍现即隐的一峰半堑，要纵览全貌，几乎是不可能的。至少上山两次，只能在白茫茫里和溪头诸峰玩捉迷藏的游戏。回到台北，世人问起，除了笑而不答心自闲，故作神秘之外，实际的印象，也无非山在虚无之间罢了。云缭烟绕，山隐水迢的中国风景，由来予人宋画的韵味。那天下也许是赵家的天下，那山水却是米家的山水。而究竟，是米氏[4]父子下笔像中国的山水，还是中国的山水上纸像宋画，恐怕是谁也说不清楚了吧？

雨不但可嗅，可亲，更可以听。听听那冷雨。听雨，只要不是石破天惊的台风暴雨，在听觉上总是一种美感。大陆上的秋天，无论是疏雨滴梧桐，或是骤雨打荷叶，听去总有一点凄凉，凄清，凄楚。于今在岛上回味，则在凄楚之外，再笼上一层凄迷了。饶你多少豪情侠气，怕也经不起三番五次的风吹雨打。一打少年听雨，红烛昏沉。再打中年听雨，客舟中，江阔云低。三打白头听雨在僧庐下。这便是亡宋之痛，一颗敏感心灵的一生：楼上，江上，庙里，用冷冷的雨珠子串成。十年前，他曾在一场摧心折骨的鬼雨中迷失了自己。雨，该是一滴湿漓漓的灵魂，窗外在喊谁。

雨打在树上和瓦上，韵律都清脆可听。尤其是铿铿敲在屋瓦上，那古老的音乐，属于中国。王禹偁[5]在黄冈，破如椽的大竹为屋瓦。

据说住在竹楼上面，急雨声如瀑布，密雪声比碎玉。而无论鼓琴，咏诗，下棋，投壶，共鸣的效果都特别好。这样岂不像住在竹筒里面，任何细脆的声响，怕都会加倍夸大，反而令人耳朵过敏吧。

雨天的屋瓦，浮漾湿湿的流光，灰而温柔，迎光则微明，背光则幽黯，对于视觉，是一种低沉的安慰。至于雨敲在鳞鳞千瓣的瓦上，由远而近，轻轻重重轻轻，夹着一股股的细流沿瓦槽与屋檐潺潺泻下，各种敲击音与滑音密织成网，谁的千指百指在按摩耳轮。"下雨了"，温柔的灰美人来了，她冰冰的纤手在屋顶拂弄着无数的黑键啊灰键，把晌午一下子奏成了黄昏。

在古老的大陆上，千屋万户是如此。二十多年前，初来这岛上，日式的瓦屋亦是如此。先是天黯了下来，城市像罩在一块巨幅的毛玻璃里，阴影在户内延长复加深。然后凉凉的水意弥漫在空间，风自每一个角落里旋起，感觉得到，每一个屋顶上呼吸沉重都覆着灰云。雨来了，最轻的敲打乐敲打这城市。苍茫的屋顶，远远近近，一张张敲过去，古老的琴，那细细密密的节奏，单调里自有一种柔婉与亲切，滴滴点点滴滴，似幻似真，若孩时在摇篮里，一曲耳熟的童谣摇摇欲睡，母亲吟哦鼻音与喉音。或是在江南的泽国水乡，一大筐绿油油的桑叶被啮于千百头蚕，细细琐琐屑屑，口器与口器咀咀嚼嚼。雨来了，雨来的时候瓦这么说，一片瓦说千亿片瓦说，轻轻地奏吧沉沉地弹，徐徐地叩吧挞挞地打，间间歇歇敲一个雨季，即兴演奏从惊蛰到清明，在零落的坟上冷冷奏挽歌，一片瓦吟千亿片瓦吟。

在日式的古屋里听雨，听四月，霏霏不绝的黄梅雨，朝夕不断，旬月绵延，湿黏黏的苔藓从石阶下一直侵到他舌底，心底。到七月，听台风台雨在古屋顶上一夜盲奏，千层海底的热浪沸沸被狂风挟来，掀翻整个太平洋只为向他的矮屋檐重重压下，整个海在他的蜗壳上哗哗泻过。不然便是雷雨夜，白烟一般的纱帐里听羯鼓[⑥]一通又一通，滔天的暴雨滂滂沛沛扑来，强劲的电琵琶忐忐忑忑忐忑忑，弹动屋瓦的惊悸腾腾欲掀起。不然便是斜斜的西北雨斜斜刷在窗玻璃上，鞭在墙上打在阔大的芭蕉叶上，一阵寒潮泻过，秋意便弥漫日式的庭院了。

在日式的古屋里听雨，从春雨绵绵听到秋雨潇潇，从少年听到中年，听听那冷雨。雨是一种单调而耐听的音乐是室内乐是室外乐，户内听听，户外听听，冷冷，那音乐。雨是一种回忆的音乐，听听那冷雨，回忆江南的雨下得满地是江湖下在桥上和船上，也下在四川在秧田和蛙塘，下肥了嘉陵江下湿布谷咕咕的啼声，雨是潮潮润润的音乐下在渴望的唇上，舔舔那冷雨。

因为雨是最最原始的敲打乐从记忆的彼端敲起。瓦是最最低沉的乐器灰蒙蒙的温柔覆盖着听雨的人，瓦是音乐的雨伞撑起。但不久公寓的时代来临，台北你怎么一下子长高了，瓦的音乐竟成了绝响。千片万片的瓦翩翩，美丽的灰蝴蝶纷纷飞走，飞入历史的记忆。现在雨下下来，下在水泥的屋顶和墙上，没有音韵的雨季。树也砍光了，那月桂，那枫树，柳树和擎天的巨椰，雨来的时候不再有丛叶嘈嘈切切，闪动湿湿的绿光迎接。鸟声减了啾啾，蛙声沉了阁阁，秋天的虫吟也减了唧唧。七十年代的台北不需要这些，一个乐队接一个乐队便遣散尽了。要听鸡叫，只有去诗经的韵里找。现在只剩下一张黑白片，黑白的默片。

正如马车的时代去后，三轮车的时代也去了。曾经在雨夜，三轮车的油布篷挂起，送她回家的途中，篷里的世界小得多可爱，而且躲在警察的辖区以外，雨衣的口袋越大越好，盛得下他的一只手里握一只纤纤的手。台湾的雨季这么长，该有人发明一种宽宽的双人雨衣，一人分穿一只袖子，此外的部分就不必分得太苛。而无论工业如何发达，一时似乎还废不了雨伞。只要雨不倾盆，风不横吹，撑一把伞在雨中仍不失古典的韵味。任雨点敲在黑布伞或是透明的塑胶伞上，将骨柄一旋，雨珠向四方喷溅，伞缘便旋成了一圈飞檐。跟女友共一把雨伞，该是一种美丽的合作吧。最好是初恋，有点兴奋，更有点不好意思，若即若离之间，雨不妨下大一点。真正初恋，恐怕是兴奋得不需要伞的，手牵手在雨中狂奔而去，把年轻的长发和肌肤交给漫天的淋淋漓漓，然后向对方的唇上颊上尝凉凉甜甜的雨水。不过那要非常年轻且激情，同时，也只能发生在法国的新潮片里吧。

大多数的雨伞想不会为约会张开。上班下班，上学放学，菜市来回的途中，现实的伞，灰色的星期三。握着雨伞，他听那冷雨打在伞上。索性更冷一些就好了，他想。索性把湿湿的灰雨冻成干干爽爽的白雨，六角形的结晶体在无风的空中回回旋旋地降下来，等须眉和肩头白尽时，伸手一拂就落了。二十五年，没有受故乡白雨的祝福，或许发上下一点白霜是一种变相的自我补偿吧。一位英雄，经得起多少次雨季？他的额头是水成岩削成还是火成岩？他的心底究竟有多厚的苔藓？厦门街的雨巷走了二十年与记忆等长，一座无瓦的公寓在巷底等他，一盏灯在楼上的雨窗子里，等他回去，向晚餐后的沉思冥想去整理青苔深深的记忆。前尘隔海。古屋不再。听听那冷雨。

注释：

① 惊蛰：指春雷乍动，万物复苏。二十四节气之一。

② 仓颉：中国古代传说人物，传说为黄帝的史官，汉字的发明者，被后人尊为中华文字始祖。也称苍颉。

③ 氤氲：烟气、烟云弥漫的样子；气或光混合动荡的样子。

④ 米氏：米芾，北宋书法家、画家、书画理论家。

⑤ 王禹偁：北宋诗人。

⑥ 羯鼓：中国古代一种鼓，腰部细，据说起源于羯族。

课文导读：

余光中，祖籍福建，1928 年生于南京，1949 年随父母去了香港，1950 年迁居台湾，之后辗转求学、工作在美国、中国台湾和香港地区。1974 年，他到香港中文大学任教，并于同年写下了《听听那冷雨》。1992年,他终于有了大陆之行,他曾说,“中国,最美最母亲的国度”,他还说,“要做屈原和李白的传人”。

散文《听听那冷雨》塑造了一个独行的白发游子的形象,他在台湾的春寒料峭中感受漫长的雨季,抒发一个漂泊者对故乡的思念和对故土传统文化的眷恋。作者把对少年生活的回忆和对现实生活的观感与古代诗画的意境交融在一起。全文以听雨为线索,将大陆上雨打荷叶的清雅、丹佛他山云暗雾雨的索然和台北听雨的迷茫揉在一起,将历史的经线与现实的纬线编织起来,创造出一个景深情浓的优美意境。虽然文章所用的材料多而杂,但用“听雨”这条线一连,又显得零而不乱。尤其是乡思乡恋之情的反复渗入,使读者真切感受到了作者的一颗赤子之心。

《听听那冷雨》是用身心感悟,用通感描写的佳篇。读完这篇文章,读者的视觉、听觉、嗅觉、味觉、触觉都会得到满足。听雨、看雨、唤雨,从雨中感悟人生,感受大陆古文化的气息,给读者的情感深处以强烈的触动,使读者获得强烈的情感体验与审美享受。这篇散文名为《听听那冷雨》,重点即是听觉。作者充分运用汉语的语音特点,把雨的淋淋漓漓、淅淅沥沥、点点滴滴、滂滂沱沱,把潇潇的雨、霏霏的雨,把疏雨滴梧桐和骤雨打荷叶无一不写得真真切切。原来雨是那样一场可以尽情享受的声音盛宴。在各种声音的描写中,作者也巧妙地将双声词和叠韵词搭配,使长句子和短句子交叉,尽显出汉语节奏感强、声韵优美的音乐魅力。这篇文章诵之于口,给人以酣畅淋漓之感;闻之于耳,有珠落玉盘和余石破竹之响。特别是“听听,那冷雨。看看,那冷雨。嗅嗅闻闻,那冷雨,舔舔吧,那冷雨”,节奏简洁明快,语气由弱到强,形成感情喷发之势,令人难以忘怀。作为一个散文大家,作者又融古今词汇于一炉,将叙述、描写、抒情和议论紧密结合,以抒情的基调贯穿全文,成就了一篇美文。

本文选自余光中《听听那冷雨》,台湾纯文学出版社1984年4月版。

思考与练习：

1. 分析下列句子修改后的效果。

原文：那头是秀眉长眼，皓齿红唇，脸带笑容，蓬松的头发，正如青烟一样。

改文：那头是秀眉长眼，皓齿红唇，脸带笑容，头发蓬松，正如青烟一样。

2. 分析下列句子的语音特点。

关关雎鸠，
在河之洲。
窈窕淑女，
君子好逑。

3. 分析下面两首诗的优劣。

清明时节雨纷纷，
路上行人欲断魂。
借问酒家何处有？
牧童遥指杏花村。

清明时节雨，
行人欲断魂。
酒家何处有？
遥指杏花村。

4. 你认为本篇课文中叠音词的使用有没有过度的情况？

传承上海话，就是传承上海文化

钱乃荣

上海话是上海本土文化的重要根基。从传承上海文化基因的角度出发，当前在推广普通话的同时，也要传承好上海话。因为，语言文化的主体性和多样性都不可忽视，是互补双赢的关系。上海要在文化上屹立于世界又区别于其他国际都市，应有其鲜明的本土文化特征。

语言不仅是交流思想表达感情的交际工具，而且是每个时代文化信息的载体。中华文化之所以博大精深，就是因为它自古以来是一种多元的文化，从来就包容着各地人民创造和长期积累的精神文明。作为上海本土文化的根基，上海地域的语言文化是上海一方水土独自的创造，是上海人民对人类多元文化的一己贡献。传承上海话，就是传承上海地区的文化基因。

上海话是在上海悠久历史中形成的方言，有着深厚的文化积淀。上海原来处于吴地并不发达的海滩，上海话在开埠前是吴语中发展相对滞后的语言，因此在上海话中至今还保存着比别的地方更多的古代语音、词语和语法现象及其反映出来的古代江东文化信息，甚至还保留着历史上曾经在这块土地上生活过的百越民族语言文化遗迹。上海开埠以后，在160年中迅速发展而成为一个国际大都市，五方杂处，中西交汇，具有海纳百川的胸怀。上海话在开埠后的语言杂交优势中取得长足的发展，汇聚了农业社会、工业社会、尤其是商业社会的种种精细的词汇、成语和谚语，各类词语发展得丰富多彩。比如发达的商业活动，使大量的商业词语，如“撬边”[①]、“卖相”[②]、“套牢"[3]、"推扳货"[4]等，被引入到上海的日常生活中来；由于思想活跃，还产生了大量的惯用语，如："出风头"、"收骨头"[5]、"戳壁脚"[6]、"淘浆糊"、"七荤八素"[7]等，充满了海派文化的奇思遐想，使上海话成为一种非常具有文化表现力的方言。而充分挖掘上海方言这个丰富的宝藏，可以将上海人民的生活细貌、民俗文化和上海社会变迁面貌展现得栩栩如生。

上海文化又是在中西文化交融中勇于创新的文化。当年，上海人对层出不穷的新事物见一件就在上海话中造一个新名词，大量新词如"自来水"、"电灯泡"、"马路"、"洋房"、"书局"、"报馆"、"沙发"、"课程"、"马达"、"麦克风"、"敲竹杠"、"小儿科"等等，反映了现代文明在上海的渐进。这些词语后来大多为普通话所吸收。

上海方言中所包容的这些上海文化的精神积淀，和上海的石库门、近代建筑这些物质文明融和一起，交相辉映，是上海人民智慧和勤奋的结晶和遗产。这种繁荣的都市文化，是中西融合的、博大多元的、雅俗同赏的海派文化。上海市民的生活方式、思想情调以及多样化的文艺趣味都溶化在上海话和上海海派文化中，吴侬软语伴随着上海人的亲乡情结，荡漾在那些具有浓厚乡土情的上海话民歌、童谣、绕口令、顺口溜、谜语、老古闲话、文艺作品里，萦绕在闾里巷间。可以说，上海话，是构成海派文化的重要根基。

上海是一个有容乃大的城市，上海的文化还融汇了江南语言文化的精华。晚清以来的上海，汇集着长三角这个明清以来经济文化最发达的吴语地区的知识精英，成为江南吴语文化的荟萃之地，发行了用上海话、苏州话写的诸如《海上花列传》、《九尾龟》、《商界现形记》等几十本长篇小说以及《三笑》、《描金凤》、《珍珠塔》等戏曲小说和散文小品等。即使是用普通话写作的大量海派小说、散文、电影、流行歌曲，也不同程度地打上了上海话文化的烙印。二十世纪三十年代至六十年代前期，上海的本土文化非常活跃，在国内可谓首屈一指。就地方戏曲看，江南江北诸如沪剧、滑稽戏、越剧、评弹、甬剧[8]等十多种地方文艺，都在上海草创、汇聚并迅速成熟。这种城市文化生态的繁荣使上海成为一个文化高度发达的大都会，上海也成为具有鲜明本土特色的城市。事实说明，上海话和吴语的良性生态可以创造高度繁荣的地方文化，为博采的中华文化作出贡献。上海人应该珍惜上海语言文化的这份遗产，使上海社会更和谐、更有凝聚力。

近年来，有的上海话文艺节目又开始出现了生机。比如上海话电视剧《孽债》相隔十年两次播放都获得了很高的收视率，海派情景喜剧《老娘舅》、《开心公寓》、《红茶坊》等在上海东方电视台黄金时段播出，也创造了较高的收视率。但与此同时，在生活中也出现了一些上海人不会说上海话的遗憾现象。

从传承上海文化基因的角度出发，我们认为，当前在推广普通话的同时，也要传承好上海话。因为，语言文化的主体性和多样性都不可忽视，是互补双赢的关系。一个缺失本土文化的城市不可能成为世界文化的中心。上海要建成世界性的多语多文化的国际大都市，上海要在文化上屹立于世界又区别于其他国际都市，应有其鲜明的主色调，上海的本土文化特征应该是具体的、丰富的和感性的。传承上海话，并不是排斥普通话，而是赋予我们的本土文化以更厚重的底色。对于在幼儿园小学尚在学习语言期的孩子，建议明确上课时讲普通话，下课和回家说话可以自由选择上海话或普通话；在电视频道和广播电台可适当开放上海话节目的空间，除了增加播送上海话戏曲曲艺节目外，还可以增设上海话新闻、天气预报等节目内容，拍摄播放适量上海话下加普通话字幕的娱乐节目等；应大力扶持沪剧、滑稽戏等戏剧，恢复方言话剧演出；在公交车上，除了普通话、英语外，还可增设上海话报站，以更好地实现人性化服务目标。此外，还可组织专家对上海话进行审音和审字工作，使一些正在恢复的上海话小说、散文等的创作书写更加规范化。

越是深深植根于本地沃土中的文化，越是拥有细致入微的乡情民俗异彩，蕴含世界文化的普世精神和永恒价值，就越是能够走向世界。上海要努力建设成一个有个性特色的东方文化明珠，理应继承上海语言文化的灵魂，在一个多元和谐的社会中，不断发展上海特色的语言文化，在中华文化大步迈向世界的潮流中再创辉煌。

注释：

① 撬边：词义同“起篷头”，指商店找人佯装顾客，一边吹嘘商品如何质量好、价格低，一边抢购，引诱不知情的顾客购买。

② 卖相：指物品或人的外表形态。

③ 套牢：原为金融用语，引申为陷入某事，时间、精力或财物被占用，以至影响其他工作或生活。

④ 推扳货：质量差的货物。“推扳”可能是“too bad”的音译。

⑤ 收骨头：长时间的放松后，突然就要收紧的状态。

⑥ 戳壁脚：专门在背后说人坏话，挑拨离间，告黑状，坏人家的事情的行为。

⑦ 七荤八素：原意是将素食与荤食的饮食禁忌打破，后来引申为把事情弄得一塌糊涂、不可收拾，或者让人头昏脑涨，搞不清是怎么回事。

⑧ 甬剧：早期曾名“串客”，源于浙江宁波地区、流行于浙江东部和上海市的戏曲剧种，与浙江的姚剧、湖剧一样，同属滩簧腔系。

课文导读：

钱乃荣，当代语言专家、吴语及沪语专家。

语言是文化的一部分，语言是文化的主要载体。一种语言由特定的文化而造成，它承载着特定的文化。与此同时，作为文化的一种表现形式，语言又受到文化的制约，使不同民族的语言呈现出各自不同的特点。

上海话是上海本土文化的根基,保护母语就是保护自己赖以生存的文化基因。现在上海正在大力保护老街、石库门弄堂、近代建筑,因为这是上海历史上遗留下来具有上海特色的海派建筑文化,但是除却外表,还需要保护上海人精神文化生活的遗产——上海人说的上海话和建立在上海话基础上的上海本土文化。

上海话是在悠久历史中形成的方言,有着非常丰富的积累,有其稳定的基础。上海原来处于吴地并不发达的海滩,上海话在开埠前是吴语中相对发展滞后的语言,因此至今还保存着比别的地方更多的古代语音、词语和语法现象,甚至还保留着百越民族的语言底层的状况,其语言和文化的价值很大。

上海自开埠以后的 160 年中迅速发展成为一个国际大都市,中西融合,五方杂处,具有海纳百川的胸怀。因此上海话在开埠后的语言杂交优势中取得长足的发展,汇聚了农业社会、手工业社会以及发达的商业社会的种种精细的词汇、成语和谚语。尤其是在 20 世纪前 40 年中,大量新词新语在上海话中产生,有些又很快传入普通话,成为普通话中的常用词语。

语言是平等的,没有阶级性的。地方方言不仅是一种交流工具,也是一种地域文化对国家文化的合理补充。中华文化历来植根于多元语言、多样文化之中,百舸争流,千川汇海。正是这种多元性、多样性才催生了中国 56 个民族大家庭的繁荣。方言最自然、最本质地表现了中国多元文化的根基。一方地域的文化是自己一方水土独特的创造,是对人类多元文化的一己贡献。大力提倡国语白话文的胡适在 20 世纪 30 年代就说过:"方言的文学所以可贵,正因为方言最能表现人的神理。通俗的白话固然远胜于古文,但终不如方言的能表现说话的人的神情口气。古文里的人物是死人,通俗官话里的人物是做作不自然的活人,方言土语里的人物是自然流露的人。"他认为要让人物"自然流露",就要使用方言。胡适还说:"我常常想,假如鲁迅先生的《阿Q正传》是用绍兴土话做的，那篇小说要增添多少生气啊！……最近徐志摩先生的诗里有一篇《一条金色的光痕》，是用硖石的土话做的，在今日的活文学中，要算是最成功的尝试。凡懂得吴语的，都可以领略这诗里的神气。这是真正的白话，这是真正活的语言。”五四及以后的学者对方言和文学语言的看法几乎一致，都提倡人们向人民群众学习生动活泼的语言。

普通话是全国通用语言，上海话是上海人的地方语言。两者在社会的不同使用场合发挥着不同的社会功用。它们之间应该是和谐相处，互动双赢。在我国相当长的时期内，在使用方言的同时，推行全国通用语普通话应该是最基本的共识。方言不去打压它，顺其自然，它会健康地发展。普通话和上海话在上海地区用于各自的使用场合，共同担负着交际和文化的功能。

本文选自《解放日报》2005年7月28日第6版。

思考与练习：

1. 试着用普通话中相应的词替换下列这些方言词。

   白相　珍珠米　水门汀　插扑　拎不清　老克勒　荡马路

2. 正确朗读上海市民“七不”文明规范。

   不随地吐痰
   不乱扔垃圾
   不损坏公物
   不破坏绿化
   不乱穿马路
   不在公共场所吸烟
   不说粗话脏话

3. 正确朗读下列词语。

   一致　一溜烟　一辈子　一无所有　一路领先

一五一十　一唱一和　一举一动

4. 上海话有很强的包容性,在词汇上表现为有大量的外来词,请回忆并思考上海话中的外来词现象。

第二单元　汉　字

文字本来只是记录语言的符号，并不是语言的要素之一。但是，汉语的情况非常特殊，数千年来中华民族一直用表意文字的汉字来记录汉语。有很多人想取消汉字，用简便的拼音文字来代替，连毛泽东也说，“文字必须改革，要走世界文字共同的拼音方向”。但是，汉字却并没有退出历史舞台，而且，国家语言文字法还规定要使用规范的汉字。也就是说，汉字具有法定的地位，我们所思考的不是何时取消汉字，而是如何深刻地认识汉字的特点，整理和规范汉字的形体，使汉字更好地为中国的现代化服务。因此，我们有必要了解有关汉字的知识。

一、什么是文字

语言是一种符号体系，文字则是记录语言的符号体系，是在时间上和空间上辅助语言扩大交际功能的重要工具。文字是在有声语言的基础上产生并依附有声语言而存在的，就像鱼无水不行、水却可以无鱼一样，只存在没有文字的语言，而不存在没有语言的文字。

文字的产生总是滞后于语言。文字是人类进入文明时代的标志，它总是记录并保存着某种文化。古埃及的圣书字、古美索不达米亚的楔形文字和汉字都是世界上最古老的文字，然而前两种文字都早已消失，只有汉字被一直使用至今，成为中华文化的重要载体，仍然在社会生活中发挥着重要的作用。

二、汉字的形成

汉字产生的确切年代还很难断定。根据考古发现来推断，大约五千多年前已经有了汉字，大约三千年前已经有了成熟的汉字。在西安半坡村出土的属于原始社会晚期仰韶文化的陶器（距今约五千多年），上面刻着的记号，被认为已经具有文字性质。而从河南安阳出土的商代后期大批甲骨和器物来看，上面刻着的甲骨卜辞和器物铭文（最早的大约距今三千八百五十多年），已经是相当成熟的文字了。目前我们所能知道的最古老的、明确见于历史记载的汉字，是以殷墟文字为代表的商代文字，包括甲骨文和青铜铭文。我们今天所使用的汉字正是从商代文字一路发展、演变过来的。

三、汉字的造字法

汉字的造字方法，古人已经总结出好几种。东汉许慎的《说文解字》提出“六书”，即指事、象形、形声、会意、转注和假借。东汉班固的《汉书 · 艺文志》也提出了这六类，但顺序与许慎不同。清代学者在对前人的研究成果作了缜密分析后，根据班固提出的顺序、许慎提出的名称，把“六书”归纳为象形、指事、会意、形声、转注和假借。

象形就是用描画事物形状来表示字义的方法造字。以下是象形字：

燕（）：像燕子的形体　　口（）：像张开的嘴巴

首（）：像人头　　日（）：像太阳的形状

山（）：像山的样子　　鸟（）：像鸟的外形

火（）：像火焰　　雨（）：像下雨状

木（）：像树木的形状　　贝（）：像贝壳的形状

刀（）：像刀形　　牛（）：像牛头的轮廓

象形字虽然是比照事物形体描画出来的字，但象形字不是图画，而是记录语言的符号，因此不可能也不需要画得很像。象形字是一种象形符号，代表汉语中的语素，有特定的读音和意义。象形字有见形识义的优点，也有不能表示抽象意义的弱点，所以象形字的数量并

不多。由于事物的发展和汉字形体的变化,从现代汉字中仍能想象出古人所描画之物的例子已经很少,只有人、田、井、网、日、山、雨之类。大多数的汉字,仅从形体来看很难辨别其意义。

指事就是用抽象的符号组合成字,或在象形字上面增加指示性符号组合成字。以下是指事字:

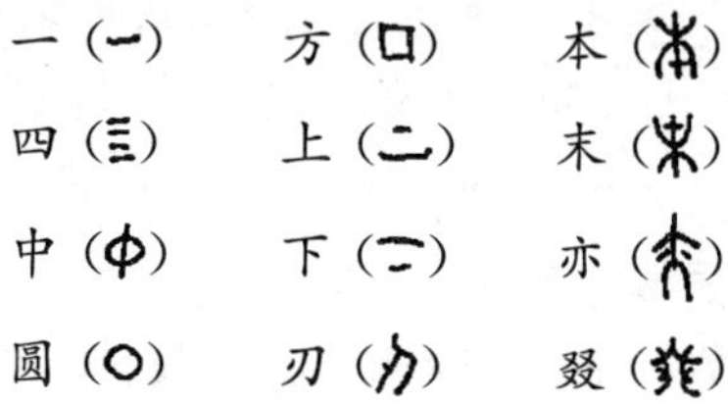

在“六书”中,指事的方法用得最少。因为识读指事字要以识读相关的象形字为基础,不认识“刀”的人无法理解“刃”,不认识“木”的人也无法理解“本”和“末”。

会意就是汇合两个或两个以上的象形字构成新的字。以下是会意字:

如果说象形字是独体字,那么会意字就是合体字,因为会意字汇合了两个汉字或两个以上的汉字成为一个新字。会意字的特点是每个字至少有两个偏旁,所谓偏旁就是用来组字的象形字或指事字。这就扩大了偏旁作为符号的作用。这种造字方法比较灵活,便于造出表示一定意义的复合的符号。这种造字方法上的进步,使会意字的数量要远多于象形字和指事字。从会意字的情况看,只取偏旁的形象意义而不取其语素意义的例子很多,也就是说,以形会意和以义会意两种情况都有。比如“困”字,以树木被围之形表示困顿、窘迫之义。又比如“羊大”会意为“美”字,“三木”会意为“森”字,就是所谓的以义会意。在商周时代,以形会意的例子较多;秦汉以后,汉字偏旁符号的象形程度大大降低,以义会意的字就多了起来。

形声就是用一个表音成分和一个表意成分组合起来造字。形声字的表音部分叫音符,也叫声旁、声符;表意部分叫意符,也叫形旁、形符。形声字的音符与整个字(所记录的那个语素)的读音相同或相近,这就比没有表音成分的象形字、指事字和会意字优越,一产生就具有强大的生命力和能产性。用一个意符加上不同的声符就可以造出许多意义相关而读音不同的字,如意符为“目”的字:見、瞥、瞧、瞄、盯、睁、盹、眈、盼、眨、眠、眯、眺、睡、瞅、瞟、瞪、瞠,等等。用同一个声符加上不同的意符也可以造出许多读音相同或相近的字,如声符为“分”的字:粉、份、纷、芬、忿、氛、吩、汾、酚,等等。甲骨文中形声字的数量还不多,在东汉许慎《说文解字》里,形声字已占到百分之八十左右,而在现代汉字中,形声字已经超过百分之九十。

象形字、指事字和会意字中都没有表音成分,字形与读音的联系不紧密,只与语素的意义发生联系。形声字中有了表音的成分,使字形与语音发生了联系,说明汉字有了表音化的趋势。文字克服了单纯表意的局限,记录语言就方便多了。不过,形声字虽然有了声符,但是声符字形并不是为了表音而造的,而是利用了原有的1 000多个象形字、指事字和会意字,在形声字中只是临时充当一个表音符号,形声字另外还有一个表意的符号。所以,形声字就其本质来说,仍然是表意的。

假借就是借音同或音近的字来代表一个新的字,是撇开被借字的意义,只把它当做表音的符号而赋予它一个新的意义。但是假借只是个别地利用表意字来表音,并没有形成独立的表音体系。所以,假借字不是表音文字。

对于什么是转注和转注字,语言学界分歧较多。一般认为,所谓转注是一对具有相同符号的字,因意义相近、读音相同或相近而互相解释。如“老”和“考”的上半部有相同的符号“老字头”。“老”指年纪大,引申为去世;“考”即死去的父亲。因此“老”、“考”构成转注关系,可互相解释为“上了岁数”。又比如,“耄”可以解释为“老”,“老”也可以解释为“耄”。颠就是顶,顶就是颠,巅峰即是顶峰。

总而言之,“六书”中的前“四书”是造字方法;而后“二书”则是用字方法。假借说的是字与字的音义关系,而转注说的是字与字的形义关系。

四、世界文字的类型

清代学者陈澧在《东塾读书记》里说:

> 盖天下事物之象,人目见之,则心有意,意欲达之,则口有声。意者,象乎事物而构之者也;声者,象乎意而宣之者也。声不能传于异地,留于异时,于是乎书之为文字。文字者,所以意与声之迹也。

这段话的意思是说,语言是用声音表达意义,而文字是通过记录声音和意义来表达语言的。因此,我们可以认为,世界上的文字不外乎通过记录声音来表达语言的表音文字和通过记录意义来表达语言的表意文字两大类。表音文字内部又分音素文字和音节文字,前者用字母记录语言中的音素或音位,如英语;后者用符号记录语言中的音节,如日语。表意文字一般被认为是用书写符号表示一个词或一个语素。

五、汉字的特点

古代汉字形、音、义之间的联系在现代汉字中逐步弱化。原来的象形字,现在看来实在是很不像那个事物的形状了,而形声字中声音符号的发音跟整个字的发音也往往变得不一样了,“读半边字”很可能会贻笑大方。但是汉字形体仍然跟声音、意义有一定的联系。我们进一步对汉字记录汉语的情况作出分析后认为,汉字正好适应汉语语素的单音节性,也就是说,汉字记录的是汉语的最小音义结合体——语素,所以汉字是语素文字。当然,也有极少数汉字只记录了一个音节，而不是一个语素。比如“芙蓉”中的“芙”只能跟“蓉”结合，它虽不表义，却能区别意义，所以仍然不同于音节文字中的符号。极少数这样的汉字并不影响汉字作为语素文字的性质。

表音文字的特点是由符号表音、再由音表意，所以符号和意义之间是间接的关系。而无论是古汉字还是现代汉字都是形声字占优势，形声字表义，而且是同时地、直接地跟语言的音和义相联系。汉字这种见形识义的特点，对于海外华人来说是感到特别亲切的。人们为了要将 rain 和雨联系起来，必须死记硬背，而一见到“雨”字马上就会联想到江南的细雨或台湾的豪雨，真是过目不忘啊。有一些字，人们即使不知道读音或读不准音，但看了字的偏旁，也能大概了解字的意义类型。这说明学习汉字与学习字母对人的视觉能力和空间感知能力的要求是不一样的。因此患了失读症的人学习字母文字相当困难，而学习汉字困难就小得多了。而且使用汉字能够做到快速阅读，将一页文字“扫”一下就能了解大致意思，而阅读字母文字必须一个词一个词地看，才能将意思连缀起来。

汉字是形差度高的平面型文字。汉字从形体构造上看是由笔画组成的，笔画可以按照顺序和结构朝上下左右多向展开而分布在一个平面方块里。而表音文字是一个符号接一个符号呈线性单向排列的。所以，笔画的排列就比线性符号的排列方式复杂，字形也丰富多样。三横加一个竖如按线性排列只有四种组合形式，而按平面型排列就可以有十几个组合形式。人对多向结构模式的识别能力要比对单向结构的识别能力强得多，平面型文字更能发挥人从多角度捕捉信息的能力。虽然“未”和“末”、“没”和“设”因为形近容易看错，但从总体上说，相对于符号数量少的表音文字，汉字是一种形差度高的文字。对于一些笔画残缺、印刷模糊、书写潦草的汉字，人们仍然能从一定程度上识读。汉字在单位面积上的高信息容量也比线性排列的表音文字更大。所以，在联合国的文件中，总是中文的文本最薄、最轻。而在高速公路上，用汉字书写的指示牌一定比用拼音文字书写的指示牌更方便司机识别。

汉字记录的语音单位是音节，意义单位是语素，而不是词，所以字和字之间的间隙只表示语素的界限而不表示词的界限，也就是不实行词的连写，这和字母文字按词连写、用空隙表示词的界限很不一样。汉字不实行按词连写，在书面语里有时会造成词的界限的误断，影响对语义的理解。

六、汉字与中国文化

语言是文化最重要的载体。汉字由于其独特的表义性，就使它的形体结构、演变趋势以及与汉语的关系，都带上了中华民族的思维特征。中国人历来对汉字情有独钟，认为它不仅是传播文化的工具，本身也是中华民族文化的一个组成部分。比如“群”这个形声字，以“君”表音，以“羊”表义。为什么要以羊表义呢？因为古人不仅把羊当做美食，而且赞赏羊的高度合群的品性。中国文化历来就是推崇族群类同，不推崇个性张扬的。与此形成鲜明对照的是“独”这个形声字。“独”的繁体字以“蜀”表音，以“犬”表义。为什么要以“犬”表义呢？许慎《说文 · 犬部》解释为：“獨，犬相得而斗也。羊为群，犬为獨也。”段玉裁注曰：“犬好斗，好斗则獨而不群。”这就表示了对狗的独而不群的品性的厌恶，也就有了“狗咬狗”等诸多有关狗的贬义说法。

汉字与文化的密切关系还应归功于汉字的超时空性。表音文字由于记录的是音素或音位，随着语音的时代变化，字母拼写必须相应变化。后代的人如果没有经过专门的语言训练就无法看懂古代的文字。而汉字跟语音的联系并不密切，跟意义的联系相对密切，所以尽管汉语语音也发生了很大变化，但汉字形体的变化相对不大。即使汉字有简化和规范化的情况，但是对于有一定文化水平的人来说，他们还是能看懂或大体看懂前代的文献。汉字的这一特点对继承和弘扬中国文化是极为有利的。从空间上来看，同一个汉字在不同方言区可能有许多不同的读音，但不同方言区的人对汉字意义的理解一般不会有分歧。所以汉字又具有一定的超方言性。这一点对于加强各地人们的交往和政治统一也是十分有利的。

汉字的这种贯通古今、连接四方的功能在很大程度上弥补了中国因为地域广阔、方言分歧严重所带来的文化传播方面的不利因素，使中华民族悠久的文化得以保存至今。所以我们才能自豪地说，我们拥有五千年的悠久文明。从古到今，用汉字记录的文献十分浩瀚，用汉字记录的文学作品丰富多彩。从一定程度上讲，汉字是中国文化的象征，废除汉字，无异于放弃中华文化。汉字对中国的政治、经济、科学技术、军事和文化的发展作出了巨大贡献，对中国国家的统一起到了积极的作用。随着我国社会进一步的改革开放，中外文化交流更加频繁和广泛，爱好中国文化和学习汉语的外国人越来越多，汉字文化必将进一步传播到世界各地。

史记·魏其武安侯列传

司马迁

魏其侯窦婴者[①]，孝文后从兄子也[②]。父世观津人[③]。喜宾客。孝文时，婴为吴相[④]，病免。孝景初即位，为詹事[⑤]。梁孝王者[⑥]，孝景弟也，其母窦太后爱之。梁孝王朝，因昆弟燕饮[⑦]。是时上未立太子，酒酣，从容言曰[⑧]："千秋之后传梁王[⑨]。"太后驩[⑩]。窦婴引卮酒进上[⑪]，曰："天下者，高祖天下，父子相传，此汉之约也，上何以得擅传梁王！"太后由此憎窦婴。窦婴亦薄其官[⑫]，因病免[⑬]。太后除窦婴门籍[⑭]，不得入朝请[⑮]。孝景三年[⑯]，吴楚反[⑰]，上察宗室、诸窦毋如窦婴贤[⑱]，乃召婴。婴入见，固辞谢病不足任[⑲]。太后亦慙。于是上曰："天下方有急，王孙宁可以让邪？"乃拜婴为大将军[⑳]，赐金千斤。婴乃言袁盎、栾布诸名将贤士在家者进之[㉑]。所赐金，陈之廊庑下，军吏过辄令财取为用[㉒]，金无入家者[㉓]。窦婴守荥阳，监齐赵兵[㉔]。七国兵已尽破，封婴为魏其侯。诸游士宾客争归魏其侯。孝景时，每朝议大事，条侯、魏其侯[㉕]，诸列侯莫敢与亢礼[㉖]。

孝景四年，立栗太子[㉗]，使魏其侯为太子傅[㉘]。孝景七年，栗太子废，魏其数争，不能得。魏其谢病，屏居蓝田南山之下数月[㉙]，诸宾客辩士说之[㉚]，莫能来[㉛]。梁人高遂乃说魏其曰："能富贵将军者，上也；能亲将军者，太后也。今将军傅太子，太子废而不能争；争不能得，又弗能死。自引谢病[㉜]，拥赵女[㉝]，屏间处而不朝。相提而论[㉞]，是自明扬主上之过[㉟]。有如两宫螫将军[㊱]，则妻子毋类矣[㊲]。"魏其侯然之，乃遂起，朝请如故。

桃侯免相[㊳]，窦太后数言魏其侯。孝景帝曰："太后岂以为臣有爱不相魏其[39]？魏其者，沾沾自喜耳[40]，多易[41]。难以为相，持重[42]。”遂不用，用建陵侯卫绾为丞相[43]。

武安侯田蚡者[44]，孝景后同母弟也[45]，生长陵[46]。魏其已为大将军后，方盛，蚡为诸郎[47]，未贵，往来侍酒魏其，跪起如子姓[48]。及孝景晚节，蚡益贵幸，为太中大夫[49]。蚡辩有口[50]，学槃盂诸书[51]，王太后贤之。孝景崩，即日太子立[52]，称制[53]，所镇抚多有田蚡宾客计筴[54]。蚡弟田胜，皆以太后弟，孝景后三年封蚡为武安侯[55]，胜为周阳侯。

武安侯新欲用事为相，卑下宾客[56]，进名士，家居者贵之[57]，欲以倾魏其诸将相[58]。建元元年[59]，丞相绾病免，上议置丞相、太尉[60]。籍福说武安侯曰："魏其贵久矣，天下士素归之。今将军初兴，未如魏其，即上以将军为丞相，必让魏其。魏其为丞相，将军必为太尉。太尉、丞相尊等耳，又有让贤名。”武安侯乃微言太后风上[61]，于是乃以魏其侯为丞相，武安侯为太尉。籍福贺魏其侯，因吊曰[62]："君侯资性喜善疾恶[63]，方今善人誉君侯，故至丞相；然君侯且疾恶，恶人众，亦且毁君侯。君侯能兼容[64]，则幸久；不能，今以毁去矣[65]。”魏其不听。

魏其、武安俱好儒术，推毂赵绾为御史大夫[66]，王臧为郎中令[67]。迎鲁申公[68]，欲设明堂[69]，令列侯就国[70]，除关[71]，以礼为服制[72]，以兴太平。举适诸窦宗室毋节行者[73]，除其属籍[74]。时诸外家为列侯[75]，列侯多尚公主[76]，皆不欲就国，以故毁日至窦太后[77]。太后好黄老之言[78]，而魏其、武安、赵绾、王臧等务隆推儒术，贬道家言，是以窦太后滋不说魏其等[79]。及建元二年，御史大夫赵绾请无奏事东宫。窦太后大怒，乃罢逐赵绾、王臧等，而免丞相、太尉，以柏至侯许昌为丞相[80]，武强侯庄青翟为御史大夫[81]。魏其、武安由此以侯家居[82]。武安侯虽不任职，以王太后故，亲幸，数言事多效，天下吏士趋势利者，皆去魏其归武安，武安日益横[83]。建元六年，窦太后崩，丞相昌、御史大夫青翟坐丧事不办免[84]。以武安侯蚡为丞相，以大司农韩安国为御史大夫[85]。天下士郡诸侯愈益附武安。

武安者，貌侵[86]，生贵甚[87]。又以为诸侯王多长[88]，上初即位，富于春秋[89]，蚡以肺腑为京师相[90]，非痛折节以礼诎之[91]，天下不肃[92]。当是时，丞相入奏事，坐语移日[93]，所言皆听。荐人或起家至二千石[94]，权移主上[95]。上乃曰："君除吏已尽未[96]？吾亦欲除吏。"尝请考工地益宅[97]，上怒曰："君何不遂取武库[98]！"是后乃退[99]。尝召客饮，坐其兄盖侯[100]，南乡[101]，自坐东乡[102]，以为汉相尊，不可以兄故私桡[103]。武安由此滋骄，治宅甲诸第[104]。田园极膏腴，而市买郡县器物相属于道。前堂罗钟鼓，立曲旃[105]；后房妇女以百数。诸侯奉金玉狗马玩好，不可胜数。

魏其失窦太后，益疏不用，无势，诸客稍稍自引而怠傲[106]，唯灌将军独不失故[107]。魏其日默默不得志，而独厚遇灌将军。

灌将军夫者，颍阴人也[108]。夫父张孟，尝为颍阴侯婴舍人[109]，得幸，因进之至二千石，故蒙灌氏姓为灌孟[110]。吴楚反时，颍阴侯灌何为将军[111]，属太尉[112]，请灌孟为校尉[113]。夫以千人与父俱[114]。灌孟年老，颍阴侯强请之[115]，郁郁不得意，故战常陷坚[116]，遂死吴军中。军法，父子俱从军，有死事，得与丧归。灌夫不肯随丧归，奋曰："原取吴王若将军头[117]，以报父之仇。"于是灌夫被甲持戟，募军中壮士所善原从者数十人[118]。及出壁门[119]，莫敢前。独二人及从奴十数骑驰入吴军[120]，至吴将麾下[121]，所杀伤数十人。不得前，复驰还，走入汉壁，皆亡其奴[122]，独与一骑归。夫身中大创十余，适有万金良药，故得无死。夫创少瘳[123]，又复请将军曰："吾益知吴壁中曲折[124]，请复往。"将军壮义之，恐亡夫，乃言太尉，太尉乃固止之。吴已破，灌夫以此名闻天下。颍阴侯言之上，上以夫为中郎将[125]。数月，坐法去。后家居长安，长安中诸公莫弗称之[126]。孝景时，至代相[127]。孝景崩，今上初即位，以为淮阳天下交[128]，劲兵处[129]，故徙夫为淮阳太守。建元元年，入为太仆[130]。二年，夫与长乐卫尉窦甫饮[131]，轻重不得[132]，夫醉，搏甫。甫，窦太后昆弟也。上恐太后诛夫，徙为燕相。数岁，坐法去官，家居长安[133]。

灌夫为人刚直使酒[134]，不好面谀。贵戚诸有势在己之右[135]，不欲加礼，必陵之[136]；诸士在己之左，愈贫贱，尤益敬，与钧[137]。稠人广众[138]，荐宠下辈[139]。士亦以此多之[140]。夫不喜文学[141]，好任侠[142]，已然诺[143]。诸所与交通[144]，无非豪桀大猾[145]。家累数千万，食客日数十百人。陂池田园[146]，宗族宾客为权利[147]，横于颍川[148]。颍川儿乃歌之曰："颍水清，灌氏宁；颍水浊，灌氏族[149]。"灌夫家居虽富，然失势，卿相侍中宾客益衰[150]。及魏其侯失势，亦欲倚灌夫引绳批根生平慕之後弃之者[151]。灌夫亦倚魏其而通列侯宗室为名高[152]。两人相为引重，其游如父子然[153]。相得驩甚，无厌，恨相知晚也。

灌夫有服[154]，过丞相[155]。丞相从容曰[156]："吾欲与仲孺过魏其侯[157]，会仲孺有服。"灌夫曰："将军乃肯幸临况魏其侯[158]，夫安敢以服为解[159]！请语魏其侯帐具[160]，将军旦日蚤临。"武安许诺。灌夫具语魏其侯如所谓武安侯[161]。魏其与其夫人益市牛酒[162]，夜洒埽，早帐具至旦[163]。平明[164]，令门下候伺[165]。至日中，丞相不来。魏其谓灌夫曰："丞相岂忘之哉?"灌夫不怿[166]，曰："夫以服请，宜往。"乃驾，自往迎丞相。丞相特前戏许灌夫[167]，殊无意往。及夫至门，丞相尚卧。于是夫入见，曰："将军昨日幸许过魏其，魏其夫妻治具[168]，自旦至今，未敢尝食。"武安鄂[169]，谢曰："吾昨日醉，忽忘与仲孺言[170]。"乃驾往，又徐行，灌夫愈益怒。及饮酒酣，夫起舞属丞相[171]，丞相不起，夫从坐上语侵之。魏其乃扶灌夫去，谢丞相。丞相卒饮至夜，极驩而去。

丞相尝使籍福请魏其城南田[172]。魏其大望曰[173]："老仆虽弃[174]，将军虽贵，宁可以势夺乎！"不许。灌夫闻，怒骂籍福。籍福恶两人有郄[175]，乃谩自好谢丞相曰[176]："魏其老且死，易忍，且待之[177]。"已而武安闻魏其、灌夫实怒不予田，亦怒曰："魏其子尝杀人，蚡活之。蚡事魏其无所不可，何爱数顷田？且灌夫何与也[178]？吾不敢复求田。"武安由此大怨灌夫、魏其。

元光四年春[179]，丞相言灌夫家在颍川，横甚，民苦之。请案[180]。上曰："此丞相事，何请。"灌夫亦持丞相阴事[181]，为奸利[182]，受淮南王金与语言[183]。宾客居间[184]，遂止，俱解[185]。夏，丞相取燕王女为夫人，有太后诏，召列侯宗室皆往贺。魏其侯过灌夫，欲与俱。夫谢曰："夫数以酒失得过丞相[186]，丞相今者又与夫有郄。”魏其曰：“事已解。”强与俱。饮酒酣，武安起为寿[187]，坐皆避席伏[188]。已魏其侯为寿，独故人避席耳，余半膝席[189]。灌夫不悦。起行酒[190]，至武安，武安膝席曰：“不能满觞。”夫怒，因嘻笑曰：“将军贵人也，属之[191]！”时武安不肯。行酒次至临汝侯[192]，临汝侯方与程不识耳语[193]，又不避席。夫无所发怒，乃骂临汝侯曰：“生平毁程不识不直一钱，今日长者为寿，乃效女儿呫嗫耳语[194]！”武安谓灌夫曰：“程李俱东西宫卫尉[195]，今众辱程将军[196]，仲孺独不为李将军地乎[197]？”灌夫曰：“今日斩头陷匈[198]，何知程李乎！”坐乃起更衣[199]，稍稍去。魏其侯去，麾灌夫出[200]。武安遂怒曰：“此吾骄灌夫罪[201]。”乃令骑留灌夫。灌夫欲出不得。籍福起为谢，案灌夫项令谢。夫愈怒，不肯谢。武安乃麾骑缚夫置传舍[202]，召长史曰[203]：“今日召宗室，有诏。”劾灌夫骂坐不敬，系居室[204]。遂案其前事，遣吏分曹逐捕诸灌氏支属[205]，皆得弃市罪[206]。魏其侯大愧，为资使宾客请[207]，莫能解。武安吏皆为耳目，诸灌氏皆亡匿，夫系，遂不得告言武安阴事。

魏其锐身为救灌夫[208]，夫人谏魏其曰：“灌将军得罪丞相，与太后家忤，宁可救邪？”魏其侯曰：“侯自我得之，自我捐之，无所恨。且终不令灌仲孺独死，婴独生。”乃匿其家[209]，窃出上书。立召入，具言灌夫醉饱事，不足诛。上然之，赐魏其食，曰：“东朝廷辩之[210]。”魏其之东朝，盛推灌夫之善[211]，言其醉饱得过，乃丞相以他事诬罪之。武安又盛毁灌夫所为横恣，罪逆不道。魏其度不可奈何，因言丞相短。武安曰：“天下幸而安乐无事，蚡得为肺腑，所好音乐狗马田宅。蚡所爱倡优巧匠之属[212]，不如魏其、灌夫日夜招聚天下豪杰壮士与论议，腹诽而心谤，不仰视天而俯画地[213]，辟倪两宫间[214]，幸天下有变[215]，而欲有大功。臣乃不知魏其等所为。”于是上问朝臣：“两人孰是？”御史大夫韩安国曰[216]：“魏其言灌夫父死事，身荷戟驰入不测之吴军，身被数十创，名冠三军，此天下壮士，非有大恶，争杯酒，不足引他过以诛也。魏其言是也。丞相亦言灌夫通奸猾，侵细民，家累巨万，横恣颍川，凌轹宗室[217]，侵犯骨肉[218]，此所谓‘枝大于本，胫大于股，不折必披[219]，’丞相言亦是。唯明主裁之。”主爵都尉汲黯是魏其[220]。内史郑当时是魏其[221]，后不敢坚对。余皆莫敢对。上怒内史曰：“公平生数言魏其、武安长短，今日廷论，局趣效辕下驹[222]，吾并斩若属矣[223]。”即罢起入，上食太后[224]。太后亦已使人候伺，具以告太后。太后怒，不食，曰：“今我在也，而人皆藉吾弟[225]，令我百岁后[226]，皆鱼肉之矣[227]。且帝宁能为石人邪[228]！此特帝在，即录录[229]，设百岁后，是属宁有可信者乎[230]？”上谢曰：“俱宗室外家，故廷辩之。不然，此一狱吏所决耳。”是时郎中令石建为上别言两人事。

武安已罢朝，出止车门[231]，召韩御史大夫载[232]，怒曰：“与长孺共一老秃翁[233]，何为首鼠两端？”韩御史良久谓丞相曰：“君何不自喜[234]？夫魏其毁君，君当免冠解印绶归[235]，曰‘臣以肺腑幸得待罪[236]，固非其任，魏其言皆是’。如此，上必多君有让，不废君。魏其必内愧，杜门齰舌自杀[237]。今人毁君，君亦毁人，譬如贾竖女子争言[238]，何其无大体也！”武安谢罪曰：“争时急，不知出此。”

于是上使御史簿责魏其所言灌夫[239]，颇不雠[240]，欺谩。劾系都司空[241]。孝景时，魏其常受遗诏[242]，曰“事有不便，以便宜论上[243]”。及系，灌夫罪至族，事日急，诸公莫敢复明言于上。魏其乃使昆弟子上书言之[244]，幸得复召见。书奏上，而案尚书大行无遗诏[245]。诏书独藏魏其家，家丞封[246]。乃劾魏其矫先帝诏，罪当弃市。五年十月，悉论灌夫及家属[247]。魏其良久乃闻，闻即恚[248]，病痱[249]，不食欲死。或闻上无意杀魏其，魏其复食，治病，议定不死矣。乃有蜚语为恶言闻上，故以十二月晦论弃市渭城[250]。

其春[251]，武安侯病，专呼服谢罪。使巫视鬼者视之，见魏其、灌夫共守，欲杀之。竟死。子恬嗣。元朔三年[252]，武安侯坐衣襜褕入宫[253]，不敬[254]。

淮南王安谋反觉[255]，治。王前朝[256]，武安侯为太尉，时迎王至霸上[257]，谓王曰：“上未有太子，大王最贤，高祖孙，即宫车晏驾[258]，非大王立当谁哉!”淮南王大喜,厚遗金财物。上自魏其时不直武安[259],特为太后故耳[260]。及闻淮南王金事,上曰:“使武安侯在者,族矣。”

太史公曰:魏其、武安皆以外戚重,灌夫用一时决策而名显[261]。魏其之举以吴楚[262],武安之贵在日月之际[263]。然魏其诚不知时变,灌夫无术而不逊,两人相翼,乃成祸乱。武安负贵而好权,杯酒责望,陷彼两贤。呜呼哀哉!迁怒及人[264],命亦不延。众庶不载[265],竟被恶言[266]。呜呼哀哉!祸所从来矣!

注释:

① 魏其(jī):汉代县名,窦婴的封地,在今天山东省临沂市南。窦婴字王孙。

② 孝文后:汉文帝刘恒的皇后,就是后来的窦太后。从兄:堂兄。

③ 这句是说:在他父亲之前世世代代都是观津人。观津:汉代县名,在今天河北省武邑县东南。

④ 吴相:吴王刘濞(bì)的宰相。

⑤ 詹事:掌管皇后、太子宫中事务的官职。

⑥ 梁孝王:即梁王刘武。“孝”是谥号。

⑦ 这句是说:梁王上京朝见,以兄弟身份参加宴饮,不行君臣之礼。昆:兄。燕:通“宴”。

⑧ 从容:很随便地。

⑨ 千秋之后:死了以后。这里为了忌讳,不说“死”。

⑩ 驩:同“欢”。

⑪ 引:拉,这里等于说拿过来。卮(zhī):圆形酒器。进:进献,这里指敬酒。上:指景帝。窦婴意思景帝失言,自己敬酒示罚。

⑫ 薄:意动用法,指嫌官职低微。

⑬ 因：借口。

⑭ 门籍：出入宫门的名籍。为二尺竹牒，上写姓名、年纪和形貌，悬挂于宫门，核对相符才得入宫。

⑮ 朝请：汉代制度，诸侯晋见天子，春天叫朝，秋天叫请。外戚按时入宫晋见也叫朝请。

⑯ 孝景三年：即公元前 154 年。

⑰ 吴楚反：指汉景帝时发生的七诸侯王叛乱。七国之中，吴王刘濞为主谋，楚国最大，所以又称“吴楚七国”。

⑱ 毋：通“无”。

⑲ 谢病：称有病推脱。

⑳ 大将军：武官名，掌征伐，位置仅次于宰相。

㉑ 袁盎：字丝，曾任吴相，官至奉常。后被梁王派人刺死。栾布：汉开国名将，曾任梁王彭越大夫，彭越被诛后拜为都尉。文帝时为燕相，官至将军。平定七国叛乱后，因功封隃侯。在家者：闲居在家的。进：推荐。

㉒ 过：指前来拜访。财：通“裁”，酌情。

㉓ 家：指自家室内。

㉔ 荥阳当南北要冲，东南抗吴楚，东北拒齐赵。攻打吴楚的军队由主帅周亚夫自己率领，攻打齐赵的军队，由窦婴在荥阳遥控。

㉕ 条侯：即周亚夫，绛侯周勃之子，文帝时改封于条(在今天河北省景县境内)。

㉖ 列侯：汉代制度，刘姓子孙封侯者称诸侯，异姓功臣封侯者称列侯，也叫徹侯。亢：通“抗”，抗衡。

㉗ 栗太子：景帝长子刘荣。后来被废，从母亲栗姬姓称栗太子。

㉘ 太子傅：官名，职掌辅佐教导太子。

㉙ 屏(bǐng)：退隐。蓝田：汉代县名，在今天陕西省西安市蓝田县西。

㉚ 说(shùi)：游说。下文“说魏其”的“说”同。

㉛ 来：使动用法，使窦婴回到京城来。下文的“富贵”、“亲”都是使动用法。

㉜ 引：指隐退。

㉝ 赵女：指美女。古人认为赵地女子美貌，所以常用“赵女”代表美女。

㉞ 相提而论：两相比对来说。

㉟ 明扬：挑明，张扬。

㊱ 有如：假如。两宫：东宫（长乐宫）和西宫（未央宫），指太后和景帝。当时太后住东宫，景帝住西宫。螫（shì）：通“奭”，恼怒。《汉书》即作“奭”。

㊲ 妻子：妻子儿女，这里指全家老小。类：种。毋类：指全家被诛杀。

㊳ 桃侯：刘舍。桃：汉代县名，在今天河北省衡水县西南。

㊴ 臣：景帝对窦太后自称。有爱：有所吝惜。相：使动用法，以某人为相。

㊵ 沾沾：轻薄的样子。

㊶ 易：轻率。

㊷ 持重：担当重任。

㊸ 建陵：在今天江苏省沭阳县西北。绾：音 wǎn。

㊹ 武安：汉代县名，田蚡（fén）的封地，即今天的河北省武安县。

㊺ 孝景后：姓王，即下文的王太后。孝景后与田蚡是同母异父的姐弟。

㊻ 长陵：汉代县名，在今天陕西省咸阳市东北。孝景后父亲死后，母亲改嫁到长陵田氏，生田蚡和田胜，所以说田蚡生长陵。

㊼ 诸郎：指郎中、侍郎、中郎和议郎等官职，负责侍卫皇帝、守护殿门等，也可出任车骑，归郎中令管。

㊽ 子姓：子孙后辈。

㊾ 太中大夫：职掌议论，归郎中令管。

㊿ 辩：能言善辩。口：指口才。

51 槃盂诸书：《槃盂》一类的书。《槃盂》，相传黄帝的史官孔甲写的书，凡二十六篇，今不见。《汉书·艺文志》将它归入杂家。槃：通“盘”。

52 太子：指太子刘彻，即汉武帝。他是景帝的次子，栗太子被废后就立为太子。

53 称制：代天子执政，这里指王太后临朝听政，因为汉武帝即位时年仅十六岁。

54 所镇抚：用软硬两手管理地方的方法。镇：镇压；抚：安抚。筴：同“策”。

55 孝景后三年：即公元前 141 年。汉景帝在位共十六年，分前七年、中六年和后三年。

56 卑下宾客：以谦恭的态度对待宾客。

57 家居者贵之：对那些赋闲在家的人委以重任。

58 倾：压过。

59 建元元年：即公元前 140 年。建元是汉武帝的第一个年号。

60 太尉：掌管军事的最高官职，景帝时一度废除，此时复设。

61 微言：暗暗地说。风：通“讽”，微言劝告。

62 吊：跟贺对应。因其位至宰相而贺，因其暗伏危机而吊。

63 君侯：汉代对列侯之官拜宰相者的称呼。

64 兼容：指包容恶人。

65 今：即将，马上就会。去：指离职。

66 推毂(gū)：推着车轮前进，此指推荐。赵绾：当时著名儒士。御史大夫：官名，秦汉时为副宰相。

67 王臧：也是当时著名儒士。郎中令：官名，九卿之一。

68 鲁申公：姓申名培，鲁国著名大儒，以治《诗经》著称，《鲁诗》即他所传，今已亡佚。赵绾和王臧都是他的学生，二人既贵，劝说武帝迎聘鲁申公，武帝聘他为太中大夫。后来赵绾和王臧免官自杀，他也免官还鲁，不久病死。

⑹ 明堂：历来说法不一，这里是指朝会诸侯的处所。赵绾和王臧要附会古制，设明堂以朝会诸侯，但是自己又办不了，所以迎来鲁申公。

⑺ 就国：当时列侯多数住在京城，并不在自己封地里。要使列侯各归封国，就叫“就国”。

⑺ 除关：解除关禁。当时列侯出入全部要凭证件，接受检查。

⑺ 以礼为服制：按照儒家之礼来制定凶吉的服制。

⑺ 举適(zhé)：揭发谴责。適：通“谪”。

⑺ 除其属籍：从族谱中去除其名字。属籍：指宗谱。

⑺ 外家：外戚。

⑺ 尚：往上攀结婚配叫尚。

⑺ 毁：指对窦婴等人的诋毁。日至：每天都传到。

⑺ 黄老：指黄帝和老子。两人被尊奉为道家的鼻祖，因此用来代表道家。

⑺ 滋：愈益，更加。说(yuè)：“悦”的本字。

⑻ 柏至：汉代地名，所在不详。

⑻ 武强：汉代县名，在今天河北省武强县东北。

⑻ 以侯家居：保留爵位，赋闲在家。

⑻ 横(hèng)：骄横。

⑻ 丧事不办：没有把丧事办好。

⑻ 大司农：九卿之一，掌管租税赋役。

⑻ 侵：通“寝”，短小丑陋。

⑻ 生贵甚：生下来就身份显贵。

⑻ 多长：多为年长之人。

⑻ 富于春秋：指年纪尚轻。春秋等于说岁月。

⑼ 肺腑：心腹之人。

⑼ 痛：等于说狠狠地。折节：屈节，降低身份。这里是使动用

法,意思是叫诸侯向自己屈节。诎之:使他们屈服。诎:同“屈”。

⑨② 肃:敬畏。

⑨③ 移日:日影移动,指时间过了很久。

⑨④ 起家:起用于家里,指以布衣起用。二千石:指俸禄为二千石的官员。按汉代二千石是高官,包括太子傅、州牧和郡太守等,俸禄仅次于九卿。

⑨⑤ 权移主上:把皇帝的权力逐渐转移到自己手中。

⑨⑥ 除吏:任命官吏。

⑨⑦ 考工地:考工官衙的地面。考工:官名,职掌制造器械。

⑨⑧ 武库:收储武器的库房。

⑨⑨ 退:指收敛。

⑩⓪ 坐其兄盖侯:请他哥哥坐下。其兄:指王太后的哥哥、田蚡的同母异父兄王信。盖:汉代县名,在今天山东省沂水县西北。

⑩① 乡:通“向”。

⑩② 自坐东乡:汉代的室内座次以东向为贵。

⑩③ 桡(náo):委屈,使宰相的尊严受屈。

⑩④ 甲:用如动词,等于说居第一位。第:宅第,即大宅子,豪宅。

⑩⑤ 旃(zhān):纯色素帛做成的旗幡。曲旃:曲柄的旃。田蚡立曲旃在当时是僭越的。

⑩⑥ 稍稍:逐渐。

⑩⑦ 故:指故态。

⑩⑧ 颍阴:汉代县名,在今天河南省许昌市。

⑩⑨ 颍阴侯:灌婴,随刘邦起兵,文帝时任宰相。

⑪⓪ 蒙:冒用。

⑪① 灌何:灌婴之子,当时已经承袭父亲的爵位。

⑪② 太尉:即周亚夫,当时任太尉执掌兵权。

⑪③ 请:向周亚夫请求。校尉:武官名。

⑪④ 俱:动词,同行。

⑮ 这是说周亚夫嫌灌孟年老，不想用他做校尉，经颍阴侯灌何勉强请求而后用之。之：指灌孟。

⑯ 陷：指冲锋陷阵。灌孟是想借此表示自己并不老。

⑰ 若：或者。

⑱ 所善原从者：与自己交好而愿意跟随自己去的人。原：通“愿”。

⑲ 壁：军营。

⑳ 从奴：随从灌夫的家奴。

㉑ 麾下：大将的旗帜。

㉒ 皆亡其奴：家奴都丧失净尽了。

㉓ 少：稍稍。瘳(chōu)：病愈。

㉔ 曲折：等于说底细和隐衷。

㉕ 中郎将：皇帝的侍从武官，统率中郎，属郎中令。

㉖ 诸公：指诸多权贵。莫弗称之：一致赞许他。

㉗ 代相：代王的相。

㉘ 淮阳：汉代县名，即今天河南省淮阳县。天下交：地处全国中央，四面八方交会的地方。

㉙ 劲兵处：强大军队驻扎的地点。

㉚ 太仆：掌管皇帝车马，九卿之一。

㉛ 卫尉：负责保卫宫禁，九卿之一。

㉜ 轻重不得：指举措有失礼数，不知轻重。

㉝ 家居长安：闲居安家在长安。

㉞ 使酒：借酒使气，等于说发酒疯。

㉟ 右：等于说上位。古人除乘车之外，都以右为上位，以左为下位。

㊱ 陵：对人不礼貌。

㊲ 与钧：与他们平等相待。钧：通“均”。

㊳ 稠：多。

㊴ 荐：推重。宠：使动用法，使风光。

⑭⓪ 多：用如动词，意动用法，意思为推重、称扬。

⑭① 文学：指文章经术。

⑭② 任：重然诺，讲信义。侠：好打抱不平。

⑭③ 已然诺：等于说到做到。已：动词，完成、兑现。

⑭④ 交通：等于说交往。

⑭⑤ 桀：通“傑”(杰)。猾：奸诈，用如名词。

⑭⑥ 意为拥有陂池田园。

⑭⑦ 为权利：追逐权势钱财。

⑭⑧ 颍川：汉代郡名，在今天河南省中部和东南部一带。灌夫的家乡颍阴县即属于颍川郡。

⑭⑨ 族：灭族。

⑮⓪ 这句意为卿相侍中这类宾客日益减少。侍中：增加的官名，在原有官职上加上“侍中”就可以出入宫禁，成为皇帝的亲随。能够加侍中的，有列侯、卿大夫和将军等。

⑮① 大意是也想依靠灌夫来纠正那些平时追随自己而后来抛弃自己的人。引绳和批根本来都是木工术语。引绳指使合乎绳墨，批根指批削根株使成为材料。四字连用，等于说纠正。

⑮② 通：等于说交往。

⑮③ 游：交游。

⑮④ 服：丧服。

⑮⑤ 过：登门拜访。

⑮⑥ 从容曰：闲聊着说道。

⑮⑦ 仲孺：灌夫的字。

⑮⑧ 况：通“贶”，恩赐，等于说赏光。

⑮⑨ 解：解说，这里是推脱的意思。

⑯⓪ 这句意为请允许我告诉魏其侯让他早作准备。帐：用如动词，设置帷帐。具：置办酒宴。

⑯① 这句意为灌夫把对武安侯说的话都告诉了魏其侯。具：副

词，完全。如所谓武安侯：如同他跟武安侯说的一样。

⑯② 益市：多多购买。

⑯③ 早：天快亮的时候。旦：太阳露出地面，即早晨。

⑯④ 平明：天大亮。

⑯⑤ 候伺：窥视，探望。

⑯⑥ 不怿(yì)：不高兴。

⑯⑦ 特：只不过。

⑯⑧ 治具：准备酒食。

⑯⑨ 鄂：通“愕”，惊讶。

⑰⓪ 忽：忘记。忽忘：同义词连用。

⑰① 属(zhǔ)：邀请。

⑰② 请：这是客气话，实际是索取。

⑰③ 望：怨恨。

⑰④ 老仆：魏其自称的谦词。弃：被抛弃。

⑰⑤ 恶(wù)：等于说不喜欢看见。两人：指魏其、武安。郄(xì)：通“卻”，裂痕，嫌隙。

⑰⑥ 谩(mán)：说谎。好谢丞相：替魏其说好话委婉谢绝了丞相的要求。

⑰⑦ 这句意为魏其老了，将要死了，容易等到这一天，你姑且等待着吧。且：将要。

⑰⑧ 何与：凭什么干预。疑问词提前作宾语。与(yù)：干预。

⑰⑨ 元光四年：即公元前131年。元光是汉武帝的第二个年号。

⑱⓪ 案：立案查办。

⑱① 阴事：见不得人的事情。

⑱② 为奸利：做犯法的事情以求利。奸：指犯法。

⑱③ 这句是说田蚡接受了淮南王的财物并且说了不该说的话。事情详后。淮南王：刘邦的庶孙刘安，编著有《淮南子》。

⑱④ 居间：在中间调停。

⑱⑤ 解：和解。

⑱⑥ 得过丞相：得罪了丞相。

⑱⑦ 为寿：在酒席上敬酒并献上祝寿之辞。

⑱⑧ 避席：离开坐席。避席伏：避开坐席两手伏地，表示不敢当。

⑱⑨ 余半：剩下的一半人。膝席：置膝于席上，就是长跪于坐席上。膝用如动词。

⑲⓪ 行酒：按次序敬酒。

⑲① 属：等于说请。

⑲② 次：按次序轮到。临汝侯：此指临阴侯灌婴的孙子灌贤。临阴侯的封爵传到灌婴的嫡孙灌强时，因犯法而被夺封。元光二年，汉武帝另封灌贤为临汝侯。临汝，汉代地名，即今天的河南省临汝县临汝镇。

⑲③ 程不识：汉武帝时名将，当时任长乐宫卫尉。

⑲④ 女儿：等于说小儿女。呫(chè)嗫(niè)：耳语的声音，等于说嘀嘀咕咕。

⑲⑤ 李：指李广，也是一时名将，当时任未央宫卫尉，与程不识齐名。

⑲⑥ 众：用作状语，当众。

⑲⑦ 不为李将军地：等于说不给李将军留有余地。

⑲⑧ 陷匈：指长矛穿过胸膛。

⑲⑨ 坐：座位，此指座位上的人。更衣：此借用指上厕所。

⑳⓪ 麾：指挥，这里指召唤。

⑳① 骄：使动用法，等于说把他养骄了。

⑳② 传(zhuàn)舍：驿站中为过客提供的房舍。

⑳③ 长(zhǎng)史：官名，为诸史(掌文书记事的官吏)之长，相当于今日秘书长。汉代宰相、御史大夫和大将军下面都设有长史。

⑳④ 居室：少府下所属的官署之一，后改名保宫。

⑳⑤ 分曹：分班，分队。

⑳⑥ 弃市：指执行死刑。古代处决罪犯多在闹市，说弃市等于说为众人所弃。

⑳⑦ 花费钱财、派出宾客为灌夫游说请罪。

⑳⑧ 锐身：挺身而出。锐就是冲在前面的意思。

⑳⑨ 匿其家：瞒着家里人。

㉑⓪ 东朝：指太后。太后居住长乐宫，在未央宫东面。廷辩之：当场辩论，名词“廷”作状语。

㉑① 盛推：极力推崇。

㉑② 倡优：乐工和戏子。

㉑③ “不”字应该是衍文，《汉书》里没有这个字。仰视天，俯视地：极力形容其目中无人的样子。

㉑④ 辟倪(bì ní)：同“睥睨”，斜视。这里是窥视、觊觎的意思。两宫：指王太后和汉武帝。

㉑⑤ 幸：希望。

㉑⑥ 韩安国：字长孺，曾任梁王相及梁内史，后犯罪失官。当时田蚡任太尉，韩安国贿赂田蚡得以任北地都尉，升大司农。等到田蚡任宰相，韩安国任御史大夫。

㉑⑦ 凌栎(lì)：等于说欺压。

㉑⑧ 骨肉：皇家骨肉，指宗室。

㉑⑨ 披：裂。

㉒⓪ 主爵都尉：官名，掌管列侯之事。汲黯(jí àn)：汉武帝时著名直臣，性格高傲，讲究气节，敢于犯颜直谏。是：意动用法，认为正确。

㉒① 内史：官名，掌管京师地面治理。郑当时：人名。

㉒② 局趣：即局促。

㉒③ 若属：你们这帮人。

㉒④ 上食：进食。

㉒⑤ 藉：践踏，就是欺负的意思。

㉖ 令：假令。百岁后：指死后。

227 鱼肉：意动用法。

228 石人：等于说木头人，比喻没有主见的人。

229 特：副词，只。录录：指随声附和，没有主见。

230 是属：这帮人。

231 止车门：宫禁的外门。百官上朝，到此必须下车，步行入宫。

232 载：指同载，同车。

233 共：用作动词，指共同审问。老秃翁：指年老头秃的窦婴。

234 自喜：等于说自爱。

235 绶：古代官员系在腰间的佩带，上面可以系官印。绶带的颜色不同，标志官位的高低。归：辞官归隐。

236 待罪：指做官，这是谦词。

237 杜门：关门谢客。齰(zé)：咬。

238 贾竖：对商人的蔑视称呼。

239 簿责魏其：按照簿册上书写的灌夫的罪状追究魏其。"簿"是名词用作状语。

240 这句说魏其所反映的灌夫的情况，与簿册上记载的颇不相符。雠：校对，符合。

241 都司空：宗正属官，主要掌管逮治宗室及外戚犯法获罪至髡(kūn，男子剃去头发)刑以上者。

242 常：通"尝"，曾经。

243 这句是说用灵活方便的方法来上奏论事，也就是可以不走正常途径。便宜：便宜行事。

244 昆弟子：就是侄子。

245 案尚书：到尚书那儿立案查找。尚书：官署名，掌管文书章奏等。大行：皇帝刚刚死叫大行，大行意思是一去不回了。这里指汉景帝。

246 家丞：官名，太子及诸侯国都有此官，掌管太子及诸侯国的家事。这里指窦婴的家丞。封：指用印封存起来。

㉔⑦ 论：论罪，这里指处决。

㉔⑧ 恚(huì)：发怒。

㉔⑨ 痱(féi)：旧说指“风病”、“风肿”。

㉕⓪ 晦：一月的最后一天。渭城：即秦代的咸阳。汉制常于立春大赦，田蚡害怕窦婴遇赦，所以抢在十二月晦杀了他。

㉕① 此指元光四年的春天。汉武帝太初元年(公元前 104 年)以前，以十月为岁首，每年先冬后春。

㉕② 元朔：汉武帝的第三个年号。元朔三年是公元前 126 年。

㉕③ 武安侯：指田恬。襜褕(chān yú)：短上衣，不是正式朝服。

㉕④ 有人认为在“不敬”下面漏掉“国除”二字，也就是侯国被废止。

㉕⑤ 觉：被发觉。

㉕⑥ 前朝：前次朝见(汉武帝)。事在建元二年。

㉕⑦ 霸上：霸也作灞，在灞水西岸，即白鹿原，在今天陕西省西安市长安区东。

㉕⑧ 即：假如。宫车晏驾：皇帝死亡的委婉语。晏：晚，迟。皇帝本来应该早起乘车临朝，车驾迟迟不出，必有缘故，所以用以代表死亡。

㉕⑨ 不认为武安是对的。直：意动用法。

㉖⓪ 这句说只是因为太后的缘故。特：仅仅。

㉖① 用：因为。一时决筴：指骑马冲入吴军求报父仇的事情。

㉖② 这句是说魏其显贵是因为平定吴楚之乱。

㉖③ 日月之际：指汉武帝初即位和王太后当权的时机。

㉖④ 迁怒：这里指田蚡将对灌夫的愤恨转移到窦婴身上。

㉖⑤ 载：同“戴”，拥戴。

㉖⑥ 被：遭受。恶言：指不佳的评价。

课文导读：

司马迁，字子长，汉武帝时候的太史令。他“读万卷书，行万里路”，凭借自己的丰富学识和对社会生活的深刻认识，写下了史学史上和文学史上的不朽名作《史记》。《史记》历来被称为“二十四史之首”，不仅因为它开创了纪传体这一“正史”体裁，更因为它的批判性和人民性的鲜明倾向、它的极高的思想水平和艺术成就，而无可争辩地被评价为二十四史中最出色的一部。鲁迅赞扬它是“史家之绝唱，无韵之《离骚》”。本文是《史记》的传记名篇之一，深刻揭露了专制社会权力政治的黑暗和残酷。

本篇的主人公实际上有三个：魏其侯窦婴、武安侯田蚡和职业军官灌夫。窦婴和田蚡都是外戚，都有裙带关系，但是他们的表现不同。窦婴是在平定吴楚七王之乱的过程中，凭借自己的智慧和勇气立下显赫功勋，从而得以封爵魏其侯、官拜宰相的；而田蚡对国家未立寸功，而且形容猥琐，仅仅因为出身高贵，也就是“娘胎投得好”，再加善于察言观色、能言善辩，竟然也得以拜爵武安侯，并且官至宰相、位极人臣。窦婴和田蚡也曾经有过合作共事的历史，但是，剥削阶级争权夺利的本质决定了他们最后的反目相向、大开杀戒。促使田蚡对窦婴动手的导火线，从表面看来，是莽夫灌夫对宰相田蚡的不敬和顶撞，但是，明眼人不难看出来，根本原因是因为窦婴的靠山倒了，是“一朝天子一朝臣”的封建官场潜规则起了决定性的作用。从窦婴特别是灌夫这方面来看，他们横行地方、鱼肉人民，某种程度上讲也是咎由自取，但是读者仍然可以体会到，司马迁谴责的火力主要是集中在当权的权贵田蚡这一方面的。他是那样的唯利是图、卑鄙无耻、残酷无情，最后为了一点小小的过节，竟然要了两位国家功勋大臣的性命。司马迁通过田蚡的形象，深刻揭露了专制权力政治的残酷本质。同时，传记还从更广阔的范围里揭示了当时的社会生活。通过窦婴和灌夫的遭遇,作者形象生动地告诉读者,什么叫欲加之罪何患无辞,什么叫世态炎凉,什么叫墙倒众人推,什么叫百件功劳不如一句错话,如此等等,一句话:官场黑暗、仕途险恶。

本文的成功还在于塑造了三个活生生的人物形象。三位主人公各具个性,给读者留下深刻印象和不同启迪。田蚡残酷无耻,但是手段并不高明,甚至还略显弱智,但是最后他可以成功、可以决定他人的生死,这完全是拜当时的权力政治所赐。最后的所谓"报应"显然很苍白。灌夫居功自傲,纵容手下盘剥百姓,应该受谴责,但是他也有可爱的地方,他不趋势附炎,不忘失势的老朋友,表现了古老的交友准则。最丰富多彩而又内涵深刻的人物形象当然是窦婴。他当年为国家挺身而出,表现出高尚的品德和超人的胆识,是名副其实的有功之臣。失势以后,他为人低调、注意保护自己,而在有些时候又会奋起维护自己的利益,表现出高超的智慧和一定的骨气。这样的人,应该是不会失败的,但是,他最后的下场竟然是"弃市"!窦婴的覆灭,可以说是因为灌夫的连累,其实更因为那个社会的不讲道理和缺乏人情味。为朋友挺身而出最后遭致灾祸降及自身,这本身就令人同情。好人不得好报,坏人乐得逍遥,这就是当时的社会!

司马迁在故事情节的安排上也颇具匠心。文章很像一部波澜壮阔的戏剧作品,从矛盾的展开到铺垫,到最后的高潮,颇具戏剧性。田蚡的贺喜酒宴可以说是戏剧的冲突焦点,各种人物形象在这时得到了最充分的展示,作品的主题也在这时得到淋漓尽致的展现。

司马迁又是一位语言大师。《史记》的语言通俗易懂,很接近当时的口语,而且委婉细致地叙述了精彩的故事和刻画了多彩的人物形象。作者特别善于通过人物自己的语言来为人物画像。窦婴的持重隐忍,灌夫的豪爽莽撞,田蚡的蛮横肤浅,还有韩安国的老奸巨猾,主要都是通过他们自己说的话传递给读者的。作者还不失时机地引用了一首童谣,恰如其分地暗示出灌夫丑陋的一面和他失败的必然性。

我们还必须注意文章中的一些汉字知识。在汉字的发展过程中，有些汉字出现了一种以上的写法，有的字形较古，有的字形较新，形成了古今字关系，比如“责”和“债”。如果两个或两个以上的字在任何情况下都可以互相代替，那就构成了异体字关系。本文中的古今字有“（不）说”、“匈”，通假字有“亢”、“乡”、“原”、“被”、“蚤”、“常”，异体字有“骦”、“慙”、“诎”、“局趣”等。我们还要注意古今词义的差异和古汉语语法上的一些特点，如词性活用有“卑下宾客”、“灌氏族”、“请语魏其侯帐具”、“请案”、“衣襜褕入宫”，名词径直用作状语有“夫从座上语侵之”、“宁可以势夺乎”、“今众辱程将军”、“上使御史簿责魏其所言灌夫”，使动用法有“相魏其”、“莫能来”、“富贵将军”、“亲将军”、“坐其兄盖侯”、“荐宠下辈”、“此吾骄灌夫罪”，意动用法有“贤之”、“壮义之”、“以此多之”、“不直武安”等。

本文选自《史记会注考据附校补》，上海古籍出版社 1986 年 4 月版。

思考与练习：

解释下列句子中加点词的意义。

(1) 窦婴亦薄其官。

(2) 军吏过辄令财取为用。

(3) 屏居蓝田南山之下数月。

(4) 卑下宾客，进名士，家居者贵之，欲以倾魏其诸将相。

(5) 君除吏已尽未？

(6) 魏其与其夫人益市牛酒。

(7) 东朝廷辩之。

(8) 主爵都尉汲黯是魏其。

(9) 如此，上必多君有让，不废君。

(10) 上自魏其时不直武安，特为太后故耳。

汉语文的特点和当前的语文问题

吕叔湘

一、引　　言

语言文字在人们生活里的重要性在增加，学习和使用语言文字中出现的问题也就更加引起人们的注意，特别是文字。不断地听到埋怨的声音：父母埋怨子女写不好家信，教授埋怨学生写不好论文，局长埋怨秘书写不好文件，等等。念错字、写错字，包括乱造简化字，随时随地都会遇到。说话方面也不是没有问题。开会发言，啰啰唆唆，冗长而不得要领，是相当普遍的现象。方言土语听不懂，也常常遇到。这些都是问题。

二、汉语和汉字

语言和文字是两样东西，又是一样东西；是一样东西，又是两样东西。从历史发展上看，先有语言，后有文字。世界上的语言有几千种，有文字的不过一二百种，有些文字造是造出来了，却没有广泛使用。语言用声音传达人们的意思，在无法用声音传达的场合，人们就用形象也就是文字来代表声音。最早的文字有直接表示意思的，就汉字说，就是所谓"六书"里边的"象形"、"指事"、"会意"。可是很快就都变成代表声音的符号了。

世界上的文字，它的形式是多种多样的。但是按照一定的原则来分类，也就是按照文字代表语言的方式来分类，可以分成三类。一类是音素文字，一个字母代表一个音素（又叫做音位），英语、法语等等所用的拉丁字母（罗马字母），俄语、保加利亚语所用的斯拉夫字母，都是音素文字。第二类是音节文字，一个字母代表一个音节，就是辅音和元音的结合体。日语的字母（假名）、阿拉伯语的字母，都属于这一类。音素文字和音节文字都是拼音文字，拼音文字的字母原则上都是没有意义的，有意义是偶然的例外。第三类文字是语素文字，它的单位是字，不是字母，字是有意义的。汉字是这种文字的代表，也是唯一的代表。汉字以外的文字都只是形和音的结合，只有汉字是形、音、义三结合。

这种性质的文字有利也有弊。有利是很明显的，写成文章，印成书，都节省篇幅。还有，因为汉字有表意作用，它就具有一定程度的超时间、超空间的特点，关于这个，后边还要讲。汉字的缺点也是很明显的，首先是难学。为什么难学呢？有四个原因。第一，看见字形读不出字音——秀才不识字念半边，念错的机会和念对的机会一半一半——读不出字音也就不明白字义，得有人一个字一个字地教。第二，笔画多，结构复杂，容易写错。第三，字数多，要学上很多字，一般要学上三四千字，才能读书读报。第四，形音义之间很多交叉关系，容易搞错。有多音多义字，像“行”xíng 和“行”háng，“还”huán 和“还”hái 。有一音多义字（指几个意义联系不上的），像“倒”（倒下来，三班倒），“批”（批评，大批）。有一义多音字，像血管的“血”念 xuè，“流血”的“血”念 xiě，“不差什么”的“差”念 chā，“差不多”的“差”念 chà，这还是合乎规定的一字两读，还有很多不合规定的读音，像“塑（sù）料”念成“朔（shuò）料”，“发酵（jiào）”念成“发孝（xiào）”等等。再举一个例子，有六个字：溜、熘、馏、遛、蹓、霤三个读音：“liū，liú，liù”；表达八种意义是这么分配的：

音义形		溜	熘	馏	遛	蹓	霤
liū	～冰	＋					
	～肝尖	＋	＋				
liú	逗～				＋		
	蒸～			＋			
liù	～馒头			＋			
	～大街　～达				＋	＋	
	大～	＋					＋
	檐～	＋					＋

有这四条,念错字的多,写错字的多,用错字的多,就一点也不奇怪了。外国来华的留学生都说,他们的学习时间小一半花在汉语上,多一半花在汉字上。

除了难学,汉字还有一个缺点是难查。曾经被人提出来过的查字法不知有多少种。有人说有一百多种。曾经用来编过字典的少说也有二三十种。从原则上分类:(1) 音序类,按汉语拼音字母排列。从前“注音字母”时代有按 b,p, m, f, d, t, n, l……排列的,现在不用了。(2) 部首类。老牌是《康熙字典》的 214 部,改良的有《辞海》的部首检字、《新华字典》的部首检字、《现代汉语词典》的部首检字。这三家都对《康熙字典》的部首作了修改,可是不完全相同。(3) 笔顺类,不止一种。笔形的数目有多有少,次序也不尽相同。(4) 字形编码类。四角号码最有名,也还有别的。除这四种以外还有一种方法,数笔画,主要是用作辅助手段,比如先按部首排,同一部首之内按笔画多少排。除此之外就只用在小范围之内,例如排人名单,以姓氏笔画为序。这些都是现代的排列法,从前还有按韵排列的,如《广韵》、《佩文韵府》等等,也是字典性质的书。查字法的多,表明给汉字排次序的困难。跟拼音文字比较,难易相差就太大了。拼音文字只有几十个字母，排一个固定的次序，很容易记住。按说咱们现在也有按汉语拼音排列的音序查字法，可是由于汉字本身不表示语音，遇到不知道读音的字就没法子查，所以音序查字法不能单独用，必得附带别种查字法作为辅助手段。缺少一种简便的查字法，不但影响语文的学习，还在其他方面产生一系列的困难，回头还要讲到。

三、语言文字的演变

语言文字总是要有变化的，时间短不觉得，时间一长就明显了。先说语文单位的演变，也就是字音、字义、字形的演变。上古时候的事情有许多现在说不清，姑且拿中古时候的情形来跟现在比较。字音是朝着简化的方向变化。古时候的字音，声母不一定比现代多，韵母可比现代多得多。字音简化的结果，许多古时候不同音的字现在变得同音了。例如：致、制、智、质、治、痔，古时候不同音，现在同音了。立、力、历、利、吏、丽、例、栗，古时候不同音，现在同音了。平、瓶、凭，右、幼、诱，换、患、幻，这三组古时候也都不同音。同音字增多的结果是一个字音代表好多个字，表示为数更多的义项，产生超负荷的现象，不利于交际。为了补救，很多单音词（单字）发展成为双音词，例如力气、经历、利益、便利、官吏、美丽等等。

字义的变化是有增有减。拿"级"字做例子，古时候有等级、台阶、首级三个义项，现在首级这个意义不用了，却多了个量词的用法。再拿"报"字做例子，古时候有判罪、报答和报复、告知、答复四个义项，现在判罪这个意义不用了，可是从告知的意义产生了报告、报纸、电报的意义，而报答和报复的意义也分开来各用一个双音词来表示。

讲到字形的演变，可以说是既有简化，又有繁化。简化指减少笔画，为的是写起来方便。繁化指增加偏旁，为的是区别字义。从元朝、明朝流传下来的通俗文学作品里就有许多简化字现在还在通用，例如，"独"、"桥"、"万"、"权"。50 年代，国务院公布了一批简化字，有原来就有的，有新造的。繁化的例子如“然”字加“火”成“燃”，“席”字加草头成“蓆”，这是字典里边认可的，安装的“安”写成“按”，包子的“包”写成“饱”，这是字典里边不承认的。

以上讲的是以汉字为代表的语文单位的演变，也就是从微观方面观察的语文演变。现在再讲语文系统的演变，也就是从宏观方面观察的语文演变。主要是两个问题，一个是文言问题，一个是方言问题。什么是文言？文言只是书面上的交际工具，不是口头的交际工具，是只能“目治”不能“耳治”的。这句话不但适用于现代，大概从秦汉以后就可以这样说。比如《论语》这部书是记录孔子和他的学生们的话的。《论语》头一卷的头一句，“子曰：学而时习之，不亦悦乎！”在孔子当时一定是听得懂的，而现在就得说成“学习并且时常温习，是一种乐趣”之类的话才能懂。这不等于说在孔子的时代，书面语和口语绝对一致。这种情况恐怕古今中外都不曾有过。但是在孔子当时，“学而时习之，不亦悦乎！”念出来是可以懂的，正如现代的英语、法语、俄语等等，尽管这些文字，包括诗，跟日常说话不一样，可是念出来都能懂。当然，这是指受过教育的人说的。可是咱们的文言，即使受过教育的人，也不能用耳朵听懂，必得用眼睛看才懂——成语和常被引用的诗句、文句除外。这种“文言”是怎么产生的？这跟汉字的存在分不开。如果一种语言用的是拼音文字，它的书面形式必然要跟着口语的变化而变化，否则就要看不懂。当然，在时间上可以有些距离，但是不能让字音改了而拼法老不改，说话的字眼换了而文字上老不换。汉语的书面形式是汉字，汉字可以离开口语而存在，这就促成了书面语和口语的分离，口语改变了而书面语不变或者少变。经典著作的学习，世代相传，就把“文言”这种书面语基本上固定下来。说“基本上”，是因为除正规的文言外也还有些受口语影响、不太正规的文言存在。到了晚唐五代，开始出现一种半文半白的文体，用于通俗文学；到宋元以后，这种“白话”越来越成熟，差不多能代表口语，但是直到本世纪初，白话的用途一直局限于通俗文学，除此之外仍然是文言的天下。

再说方言问题。古代有没有方言？一定是有的。汉朝扬雄编过一本《方言》，说明汉朝方言词汇分歧的情况。词汇有分歧，语音也不会没有分歧；汉朝有方言，汉朝以前也不会没有方言。春秋战国时代有跟“方言”相对的“雅言”，那大概是一种跟后世的“官话”相类似的口语，是通行于各诸侯国之间的上层人士的语言，同时也就是后世“文言”的底子。这种雅言或官话想来秦汉以后也应该是一直存在的，按照一般通例，随着社会的发展，一种为全民共同使用的口语逐渐取得对方言的优势。中国社会长期停留在封建阶段，也就迟迟未能以某种形式的官话为基础形成全民共同的口语。这期间，用汉字为其表现形式的“文言”能够在各个方言区通行，这一事实对于共同口语的形成也起了消极的阻滞作用。

四、语文改革运动

一方面有不受时代拘束、不受地区限制的，也就是“超时空”的文言，一方面有活跃在各个地区的方言，这两者互相配合，满足了中国人民千百年来的语言生活的需要。这是有条件的。条件是全国只有地主阶级及其附庸阶层，也许占全国人口不到1%，有足够的时间和其他条件学习那艰难的文言，其余99%的老百姓只会说话，不会读书，不会写文字，其中也许有少数人认识不多的字，可以写个简单的信，记个简单的账。封建社会不变，这种情况不会变，也没有变的需要。

到了19世纪中期，帝国主义来叩中国的大门，中国的知识分子做出了积极的反应。经过几十年，他们当中有一部分人认识到，欧美日本等国家的胜过中国，不仅仅在于船坚炮利，还在于文化教育的普及。他们也认识到，在文言加方言的局面之下是很难普及文化教育的。正是在这样的背景之下，在19世纪末、20世纪初，兴起了语文改革运动。这个语文改革运动有三个组成部分：针对言文不一致，有白话文运动；针对方言分歧有国语运动；针对汉字难学难用，有拼音字运动。赞成其中某一部分的，往往（但不是必然）也赞成其余的部分。

白话文运动最初是包含在拼音字运动里边的，拼音字不可能以文言为拼写的对象。至于撇开拼音字，大张旗鼓的提倡白话文，把白话文引进中小学课程里去，这是20世纪20年代的事情。同时，在文艺创作上，由于有白话小说的传统，白话很快就占领了全部阵地。在应用文方面，30年代白话就在共产党统治区取得胜利，又随着解放区的扩大而推行到全国。以现在而论，作为汉语的书面语，白话已经完全取代了文言。但是在某些文体里，例如法律文书和考据文章，文言的成分还是相当的多。有些作家的文艺散文里也出现不少文言词语。社会上还流行一种意见，说是要写好白话文，得先学好文言文，有些中学老师也有这种主张。这显然是不正确的。要在白话文里边使用文言词语（当然是指那些还没有归化的），能够做到“化”在里边而不是“镶”在上面，并不是一件很简单的事情，非常容易弄巧成拙，文白夹杂，引起读者的反感。我曾经在一个学校的纪念册上题过两句话：“作文要作现代文，做人要做现代人。”其实白话的潜力是很大的，咱们应当努力耕种白话的田地，不要图省事老向文言伸手。

国语运动和拼音字运动的关系始终是很密切的。国语运动的最早的形式是民国初年的教育部读音统一会，它的任务是制定一套给汉字注音的字母，这就是1913年公布的“注音字母”（后来又经过修改）。读音统一会演变为国语统一筹备委员会，后来又改组为国语推行委员会，做了不少工作。但是在军阀官僚统治下，这项工作没能取得应该可以取得的效果。解放后不说“国语”，改称“普通话”。国家大力推广普通话，在50年代后期成绩显著，可惜在三年困难时期松了劲，到了十年动乱时期更不用说了。现在“国家推广全国通用的普通话”已经写进宪法，有关方面也正在积极采取措施推广普通话。但是要达到全国的中青年都能说普通话，还有大量的工作要做。前面说有些人写文章大量使用文言词语，这跟普通话不普及也有关系。你想呢，一个人既不熟悉普通话语汇，又不便搬弄他的方言词语，自然只好向文言求救了。可见为了写好白话文也应当认真学习普通话。

拼音字运动是个总的名称，有一个共同的主张，就是要有一套拼音字母。至于要这套字母做什么用，就有三种不同的意见。一种意见是拿来给汉字注音。一种意见是拿来拼写口语，这里边又可以分为只拼官话和也拼方言，但都是作为一种初级文字，与汉字分工并用。第三种意见就是要用拼音字来代替汉字。清朝末年的拼音字运动者都不主张废除汉字，但是都主张要有一种学起来容易、用起来方便的拼音文字，与汉字并行，不仅仅是要求有一套给字注音的工具。民国以后，占优势的，并且为官方所承认的，是为汉字注音的一派，他们的成绩就是前面说过的注音字母。可是五四运动之后，用拼音字代替汉字的主张也还是不断的出现，1923 年出版的《国语月刊·汉字改革号》里边就有钱玄同等人写文章鼓吹用拼音字代替汉字。至于具体方案，则先有赵元任、黎锦熙等人研究制定的“国语罗马字”(1926)，后有吴玉章、林伯渠和一部分苏联学者研究制定的“拉丁化新文字”(1931)，后者一度在革命阵营和解放区推行。解放后，设立了中国文字改革委员会，制定了“汉语拼音方案”(1958)，广泛地用于汉语注音。汉语拼音方案为拼音文字提供了一个基础。但是虽然毛主席说过“文字必须改革，要走世界文字共同的拼音方向”的话，拼音文字目前还处于研究和试用阶段。尽管是这样，汉语拼音方案的用处还是很大的，现在还远远的没有得到充分利用。

有一个虽然不在语文改革的主流之内，可是目前相当严重的问题，那就是汉字规范的问题。从历史上看，自有汉字以来就是一个字往往有几种写法。后来分别“正体”和“俗字”，后者多数是简化字。简化字的产生是由于实际的需要，因为有很多汉字实在笔画太多，结构太复杂。缺点是：(1) 繁体简体并用，增加学习的负担；(2) 往往一个字有不止一种简化体；(3) 有些需要简化的字没有现成的简化体。1956 年国务院公布了第一批简化字，规定凡是跟这些简化字相应的繁体字不再在一般场合使用；同时，在公布简化的字表以外的简化字不得作为正式字体使用。这个规定有二十多年一直得到遵守。1977 年公布了第二批简化字试用草案，由于社会上反应不好，试用半年之后就停止试用，但一直没有作出最后处理。从那个时候到现在，社会上写字混乱的情形越来越严重。一方面，不合法的简化字到处可以看见。另一方面，繁体字又在不应该出现的地方出现(例如中央电视台)。有些商店的招牌和商品的题名，不光是用了繁体字，并且不是从左到右而是从右到左了。这个问题应当引起严重的注意。

五、联系三个面向

以上谈了汉语文的特点及其历史演变，以及由此引起的语文问题和语文改革运动。现在联系三个面向来谈谈当前的语文问题。

三个面向，第一个是面向现代化。什么是现代化？简单点说就是高效率。怎样取得高效率？一是要有高速度，二是要有高精密度。

高速度之外要讲究高精密度。在这一方面，汉语拼音在同音词问题解决以前是不如汉字的。在推广拼音电报上，在计算机的输入输出问题上，汉语拼音遇到的困难不在速度上，速度超过汉字是不成问题的。困难在于区别同音词。

讲高效率，也不得不涉及方言问题。方言对于高效率是有妨害的。无论是开会、听报告、办事，彼此的语言不能畅通，轻则一再询问，浪费时间，重则听错了话，产生不好的后果。所以普及普通话也是实现高效率的一个条件。

第二个面向是面向世界。面向世界的一个重要内容就是语言文字要有利于中外文化交流。在这个问题上，汉字也是远远不如汉语拼音便利。汉语拼音用的是拉丁字母，就因为拉丁字母已经成为世界性的字母。在外国人学汉语方面，汉字是一大障碍，需要更多的利用汉语拼音。另一方面，中国人学外语，如果学过汉语拼音，有拼音的习惯，也会有些帮助。

第三个面向是面向未来。面向未来意味着什么呢？按照我的理解，面向未来就是要更进一步现代化，更进一步国际化，而决不是相反。那么，它的内容已经包括在上面两个面向里边了。

青年朋友们，未来是属于你们的。你们继承了一份语文遗产，它既有很多优点，也有不少缺点。怎么样发扬它的优点，克服它的缺点，就有赖于你们的努力了。

课文导读：

吕叔湘，著名语言学家。

本文实际上谈了两个方面的问题：汉字的特点以及它与汉语的关系、新时期语文应该如何改革发展。作者从专家的角度向大家介绍了汉字与汉语水乳交融的关系，也指出了汉字的优缺点。世界上的语言有几千种，有文字记录的也有几百种。几百种文字只有两大类：表音文字(拼音文字)和表义文字。表音文字又分音素文字和音节文字，品种繁多，而表义文字现在依然存在的只有汉字一种。表音文字的特点是见字母识读音，再由读音联想到词义，而读音与意义的联系是必须事先掌握并牢牢记住的。而表义文字是语音、字形和字义的结合体，它的特点是见字识义，不需要死记硬背单词，但是需要把汉字写正确、并掌握从字义到词义的联系途径。拼音文字二十多个字母可以构成几十万个单词，初学容易，但是越到后来记忆的负担越大。汉字确实存在难学、难查的不便，初学时尤其感觉困难，但是学习了几千个常用汉字后，再学习新的词汇一般不需要再学新字，记忆负担相对较轻。因此，两种类型的文字是各有利弊的。进入 20 世纪80年代以后,汉语的研究有了长足进步,语言文字工作者对汉字的认识更加深入全面了。专家们指出,汉语之所以要用汉字来记录,绝不是偶然的,实在是因为汉字更适合记录单音节语素的汉语,就跟拉丁字母适合英语、假名适合日语一样。汉字与汉语互相适应、共同发展,至少已经有了四千年的历史。从传承和保护中华文化的角度讲,甚至从维护国家统一的角度讲,汉字都是功不可没的。

但是跟任何事物一样,汉语和汉字都是要发展的。文章谈到了近现代以来汉语跟汉字发展的三个重大事件:“白话文运动”、“国语运动”(现在叫推广普通话)和“拼音字运动”。其中“拼音字运动”似乎不应该成为“运动”,制定和推广《汉语拼音方案》不是用来代替汉字的、而主要是为推广国语——普通话服务的。作者还针对新时期愈演愈烈的滥用汉字的情况,大声疾呼加强汉字规范化工作。作者最后畅谈“三个面向”,对汉语和汉字的光明前途表达了充分的信心。

本文选自《吕叔湘文集》第四卷,商务印书馆1992年版。

思考与练习:

1. 按不同的文化评价把下列字分成两组。

好 娀 奸 婕 姗 婧 妖 姬 娼 婵 婊

2. 选字填空。

(1) 现在____是____时一刻,该走了。(巳 已)

(2) 纪念____ ____变法100周年。(戊 戌)

(3) 这位卫____司令是____马一生的大将军。(戎 戍)

汉字使用者看汉字

王宗炎

我是汉字使用者，不是汉字研究者。要说研究，我只研究在记录汉语时，是用汉字方便还是用拼音文字方便；如果使用汉字，又是什么字体最方便、最合理。汉字是宝贵的文化遗产，这是无疑的，但是在本文中，我把汉字只看做工具。我想，选择文字和字体，跟选择刀具、炊具、耕具一般，应以一物多用，轻便，准确，省时，省事，省费用，总之，以有利于国家现代化为最高准则。

我说汉字不可废。

原因之一：三十年代，我曾试用北方话拉丁化记日记，发现有许多思想和词语记不下来，记下了过后却看不懂。现在我赞同英国李约瑟教授（Prof. Joseph Needham，《中国科学技术史》的作者）的意见：谈中国历史、文化、哲学、科学，不能用拼音文字（国语罗马字、北方话拉丁化、汉语拼音方案都不能用），只能用汉字。

原因之二：拼音文字作为记录汉语的工具，我看有五个不便：

a. 不便于写文言词语。例如王开扬先生的《汉字优越诸说献疑》的文题和第一段最后一句，“方家达士，幸垂教焉。”如果用拼音文字写，便无人能懂。

b. 不便于写某些书名。下边是几本书的名字，左边用拼音方案写，右边用汉字写，请看哪一种易懂易记。

Shī-cí-qǔ Yǔcí Huì Shì 诗词曲语辞汇释（张相著）

Dàgōngbào Rén Yìjiù 大公报人忆旧（周雨编）

Zhōngguó Guǐ Wénhuà 中国鬼文化（徐华著）

Shuōhuàde Qíng-lǐ-fǎ 说话的情理法(王希杰著)

c. 不便于写某些科学术语。下面这些新闻标题见于《光明日报》,其中有些科学术语:

巨头鲸集体自杀　大型过塑机开始服务

波兰重视风能开发　改善地表反光可提高作物产量

用汉字写,都很易懂。可是如果把"巨头鲸"写成 jùtóujīng,"风能"写成 fēngnéng,"过塑机"写成 guòsùjī,"地表反光"写成 dìbiǎofǎnguāng,你能一看就明白吗?

d. 不便于写某些新闻用语。下面这些标题见于《光明日报》和《羊城晚报》:

为广货销外省搭桥　查获两个色情"发廊"

办理农转非要严格　洛阳电梯从低谷稳升

我猜想,把"广货"写成 guǎnghuò,"农转非"写成 nóngzhuǎnfēi,色情"发廊"写成 sèqíng"fàláng","从低谷稳升"写成 cóng dīgǔwěnshēng,读者要琢磨半天才能破译。

e. 不便于写港台方言某些字眼。下面有四个例子。前三例见于香港电视台广播,第四例见于台湾出版的学术专著。

昨天举行弱智人士竞步大赛　台湾菜价暴涨与人为托价有关

香港攀山好手登上珠穆朗玛峰

《中国文化新论》即由"文化基金会"支助出版。(见王惕吾《中国文化新论序》,台湾联经出版事业公司 1983 年出版)

看汉字,我们知道"竞步"即竞走,"托价"即抬价,"攀山"即登山,"支助"即"资助"。如果把这些词语用拼音文字写成 jìngbù、tuōjià、pānshān、zhīzhù,我们便无从索解。

简化字有某些缺点,然而不可废,这正和速食面、快餐有缺点,然而不可废一样。原因是简化字省笔画,易辨认,省力,省事,有利于提高工作速度和工作效率,有利于那些需要快速阅读、快速学习、快速设计、快速写作的人,有利于国家现代化。

应否废简化字，用繁体字，这是与若干亿人有关的事情。如果举行民意测验，无疑绝大多数的人都会支持简化字。下面试举两例：

a. 1991 年我在广州河南医院住院，有一位教授、一位高级工程师、一位研究所党委书记、几个青年学生来看我。他们偶然谈起“龟”字的繁体怎么写，大家讨论了半天才把它写出来，可是一查字典，不对！他们感叹说：“幸亏我们生在简化字时代！”

b. 桂灿昆教授最喜欢简化字。我问他什么原因，他说：“我名字当中的‘灿’字，先前写繁体‘燦’要 17 画，现在改为简化的‘灿’，只有 7 画。那不是一下子为我节省了 10/17 的时间精力吗？”

国内有许多姓陆、姓陈、姓邓、姓刘、姓赵、姓马、姓许的人，我想他们对简化字同样也有好感吧！

也许有人说，我们现在要赶上亚洲“四小龙”，可是香港、台湾都用繁体字，难道我们不该用繁体字吗？

我想对这位先生提出如下问题：(a) 新加坡用的是简化字，可是它是四小龙当中的强手，你注意了没有？(b) 台湾人现在已不用“臺”字，改写“台”字，你注意了没有？(c) 台湾《自立晚报》1992 年 3 月 13 日发表专论，公开提倡推行简化字，你注意了没有？(d) 新加坡《联合晚报》1992 年 4 月 12 日发表韩山元的专文，说大陆繁体字回潮是“改革中的保守，开放中的倒退”，你注意了没有？

港台人士的意见要听，可是我以为首先要听那些眼界开阔、思虑周密的人的意见，你说对不对？

我们到饭馆吃饭，自然可以随意点菜，丰俭由人。但是一国之内任便使用任何一种字体，这在理论上讲不通，在欧美各国也无此先例。在我们国内开汽车，必须靠右走；在香港开汽车，必须靠左走。如果你到了香港，开汽车一会靠右，一会儿靠左，那里的警察能放任不管吗？

如果想知道繁简任选会导致什么结果，最好看看广东今天的情况，因为提倡繁简任选的有些是香港人，而受香港人影响最大的是广东。

在先前，广东人的倾向是任意简化，例如把白菜写成“白才”，干部写成“干卩”，停车写成“仃车”，帮忙写成“邦忙”。现在呢，由于“香风”鼓荡，有些广东人走到了相反的方向——力求繁化。这些人的繁化有三种方式：

a. 第一种是繁简并用，例如广州《羊城晚报》1992 年 5 月 18 日第五版的大幅广告：

“新时代的东芝 TOSHIBA 東芝”，为什么左边写了“东芝”，右边又要写“東芝”呢？分明是因为感到简化字太平凡，不醒目，要加上右边的繁体字才够气派，用香港方言说是“有型”。

b. 第二种是废简用繁，例如有的工厂招牌把广州写成“廣州”，广东写成“廣東”。原广州中药三厂现在改名为“廣州衆勝藥廠”。（有人问，把厂名写得这么难认难记，这对于推销商品有利吗？）

c. 还有一种是独出心裁的繁体与有规则的繁化并行。例如“深圳海王藥業有限公司”登广告，说他们的药物“金牡蠣”是“目前國内唯一的經藥政部門批準銷售的牡蠣提取物”（1992 年 5 月 12 日《羊城晚报》第四版）。这个公司显然觉得，写“批准”不够味儿，非得改为“批準”才行（其实，繁体系统也应当写“批准”）。又如中山大学一位好心肠的打字员，有一封电传给香港的信函说“请寄样本若干份”，她把它改为“請寄樣本若幹份”，因为她误以为，既然“干部”的繁化写法是“幹部”，那么“若干”的繁化写法当然是“若幹”。

提倡繁简任选的人以为，人们繁化时都是按规则进行的。他们可没有想到，那些以繁化为时髦，把繁化当成改革开放的人会有许多发明创造，“批準”和“若幹”不过是其小焉者也。假使任凭人人都去发明创造，那么千百个发明创造者将会把交通部门、公安部门、人事部门、统计部门、经贸部门都搞得一塌糊涂，不可收拾！

a. 如果繁简任选，人们决不限于把新疆的和田改为“和闐”，广西的玉林改为“鬱林”，陕西的周至改为“盩厔”；他们还会把广东的台山繁化为"臺山"，斗门繁化为"鬥門"，陕西的咸阳繁化为"鹹陽"，山东的发城繁化为"發城"。你说这在邮递、电信、户籍、铁路交通、地图制作各方面会有什么样的后果？

b. 如果繁简任选，你怎么能防止有创造天才的人把周代的孔丘写成"孔邱"，南宋的杨么写成"杨麽"，明代的左光斗写成"左光鬥"，清代的咸丰皇帝写成"鹹豐皇帝"？这对历史研究有利吗？

c. 也许你只关心现代，不注意历史。可是翻开现代人名词典，如果你竟发现京剧名演员有余叔岩和"餘叔巖"二人；敦煌学专家有向达和"嚮達"两位；在中国文坛，郁达夫与"鬱達夫"比肩并立；在美国政坛，里根总统与"裏根總統"分庭抗礼——在这样的时候，你会有什么感想，你打算怎么清理这一笔乱账？

我们国家要现代化，不妨借鉴现代西方工业化国家的做法。谁都知道，英美两国的国语都是英语，可是拼写法各有标准。在英国，要写 colour、honour、programme、cheque、jeweller，可是在美国，要写简化体 color、honor、program、check、jeweler。这些规矩，词典里说了，学校里也教了。在这两个国家，拼写法繁简任选从来没有听说过。

但是写字要有标准，这并不是现代人的新发现。远在两千二百年前，秦始皇已经知道各地字体分歧不利于国家的统一，所以他下令要"书同文"。我们现在已到了二十世纪九十年代，难道反而要回到战国时代的"文字异形"吗？要是那样做，应该算是现代化呢，还是古代化呢？难道今天的中国文字学家的见识，还不如远古的秦始皇吗？

但是有人说，国家现代化还有另一方面的问题要考虑，这就是如何与香港、台湾沟通。大陆用简化字，港台用繁体字，如果不许繁简任选，要彼此沟通不是很困难吗？

我说，这个顾虑有道理，可是问题并不难解决。

美国人在国内通信或发表文章，要依本国习惯，写简化的 color、honor、program、check、jeweler，可是跟英国人通信或在英国发表文章，尽可写 colour、honour、programme、cheque、jeweller。我们中山大学外语系的教师平时写简化字，但是为香港商务印书馆编英汉词典，汉语注释也要用繁体字。入乡随俗是应该的，但是在不是跟港台人打交道时，也放弃简化字，改用繁体字，我看就大可不必了。其实由简转繁或同时用两种文本并不难，只要向北京大学方正公司买一套“方正汉卡”，就可以“简繁体一键转换”，根本用不着另写另抄了（请看《光明日报》1992 年 5 月 7 日第 3 版）。

这个问题，我看与下面的另一问题同一性质：一般中国人除了一双皮鞋之外，应否另买一双钉鞋？答复很简单——这要看你干的是什么工作。如果你练习跳高跳远，你自然要买钉鞋；如果你喜欢远足，钉鞋于你无用，还是买一双旅游鞋好些吧？

提出“写简识繁”的人是好心肠的。他看见古书用繁体字，香港、台湾又用繁体字，感到为了知古知今，并且联系港台，应该要求学生们写简识繁。可是我说，写简是当然之事，识繁可是额外负担。一个人能够写简了，是否还要力求识繁，这要看他的工作需要而定。

如果你是语文教师或者担任与港台联络的工作，你自然要写简识繁（有时还要写繁）。如果你研究中国上古史，那么写简识繁（繁体楷书）还不够，你还要学甲骨文、金文。要是你研究《元朝秘史》，除写简识繁之外，你还要学蒙古文呢！

可是对于一般人，对于不担任语文教师也没有联系港台的任务的人，写简而又识繁是必要的吗？对于纺织工、火车司机、售货员、银行会计员、土木工程师、原子物理学教授，识繁有很大用处吗？懂得“厂”字的繁体是“廠”，“吨”字的繁体是“噸”，“矾”字的繁体是“礬”，难道能大大提高他们的工作能力、工作效率吗？为什么他们要把许多精力和时间花费在学繁体字、记繁体字上，而不去多读现代书刊，掌握自己所迫切需要的知识呢？吃辣子，这对四川人是不可少的，可是对一般广东人也不可少吗？

最后，我们还要考虑一个问题——可行性问题。假定我们认为写简识繁对一般学生是有益的、必需的,可是国内的中学生、小学生数以亿计,你能找到足够的合格的能写简识繁的老师来教他们吗?就让香港、台湾的语文教师全部自愿辞去本职,一起前来大陆服务,恐怕还是杯水车薪,无济于事吧?再说,识繁他们是能做到的,写简他们也能胜任愉快吗?这是个麻烦问题,方家达士,幸垂教焉!

课文导读:

王宗炎,教授,外语教育学者。汉字是记录汉语的工具,又是宝贵的文化遗产,但是在本文中,作者仅仅把它看做工具、看做记录语言的符号系统,然后来讨论它的优劣。作为工具,方便实用是评判其优劣的最高原则。一百多年来,一直有废除汉字、创立汉语拼音文字的议论,原因就基于据说汉字有难认、难写、难以将字形输入机器的缺点。但是果真如此吗?作者先是用无可辩驳的事实说明,如果用拼音文字记录任何一篇汉语文稿,其结果只能是一个:谁都读不懂!《汉语拼音方案》已经经过了几代人的努力,已经相当完善了,但是它实际上只能充当学好汉语、说好普通话的辅助工具,用它来代替汉字是万万不能的。今后这种拼音文字是否会出现大可怀疑。与世界上其他语言根本不同的是,几千年来,汉字简直就成了汉语的一部分,几乎就是"三要素"之外的"第四要素";汉语离开了汉字,也差不多就要寿终正寝了。

但是汉语和汉字也是要发展的。1956 年公布的《第一批简化字方案》就是发展的丰硕成果,为几代人学习使用汉字带来极大便利,极大地提高了人们的工作效率。近年来又有人说要弘扬传统文化、要废除简化字重拾繁体字,对此作者又表示坚决反对。作者条分缕析,严正指出近年来因为不适当地使用繁体字已经造成了许多弊端、闹出了不少笑话。作者认为应该坚持使用简化字,在国内不应使用繁体字,也不应简体繁体混搭随意使用,繁体字只能用于少数有限的场合。这种意见是完全正确的。

作者讨论汉语汉字问题非常内行，是经过深思熟虑的。做任何事情，“极左”或“极右”的态度都是有害的，讨论语言这样的学术问题尤其如此。

本文选自《语言文字应用》1992年第3期，略有结构性删节。

思考与练习：

1. 使用简体字、使用繁体字和简体繁体混搭着使用这三种意见，你赞成哪一种？为什么？
2. “皇后”的“后”被“繁化”为“後”，“古人云”的“云”被“繁化”为“雲”，“停车”的“停”被“简化”为“仃”，“澳门”的“澳”被“简化”为“沃”，你认为对不对？为什么？
3. “憾祖国强盛　卫京城泰安”这副对联中有什么用错的字？

21 世纪是汉字发挥威力的时代(节选)

郁乃尧

“21 世纪是汉字发挥威力的时代!”

这是香港著名实业家和学者,精通多门外语、潜心研究汉字的安子介先生所提出的独特见解。

安子介作为香港和国际上享有盛誉的工业家、企业家、国际贸易专家、经济学家和政治家,已进入了耄耋之年,仍以巨大热情,耗费极大精力,坚持不懈地进行汉字的科学研究。他认为:“汉字存废,是中华民族的大事,不可不让大家慎重考虑,多方研讨。”汉字“这一份宝贵的文化遗产,一定要保持下去”。

安子介在少年时代就酷爱学习外语,青年时代就显露了他掌握和运用多种外语的才华。他先后熟练掌握了英、日、法、德、西班牙语,并涉猎了其他许多语种。他竭力否定“废除汉字论”、“汉字落后论”和“汉字拉丁化论”,并全面研究汉字。

安子介先生出于对中华文化的热爱和学习语言的兴趣,自创了一套学习汉字的新方法,用英文写成《解开汉字之谜》(中文名《学习汉语》)五卷。特别值得注意的是,他以工业家敏锐的眼光,高瞻远瞩,以汉字电脑化的实现为己任。他在研究汉字中,把汉字部首去掉后,汉字基本形态可减剩为 1 927 个。

他提出了“撼山难,撼汉字难”的观点。他认为“我们靠汉字统一中国,中国从黑龙江到云南,汉字全通”。“我国方言多,汉字的读音无法在语音上统一。汉字对汉族产生了不可估量的凝聚作用。”“中华民族五千年,是用‘汉字’记载的。”安子介全面总结、概括了中华五千年历史，才提出上述这样重要的结论。

元代，元世祖忽必烈在公元1260年即位后，曾封八思巴为国师，制作蒙古字。八思巴的蒙古字参照了蒙古、维吾尔字和汉字的构字方式，制定了40多个字母，用以写蒙语、汉语。八思巴蒙古字始终作为官方文字使用。“一代天骄”成吉思汗征服了许多地区，他和他的继承者“远征”的足迹，北至贝加尔湖，西至乌克兰、匈牙利、波兰，西南至叙利亚、伊朗、巴格达，南至今日的越南、缅甸、印尼，东至日本。威风凛凛，不可一世。但是，元朝始终未能废除汉字，相反，汉字文化和蒙族文化相融合，一些汉字文化典籍译成蒙文，一些蒙文书籍译成汉文。元朝的汉字书法有很大的成就：如赵孟頫的书法对后世影响极大。元曲在中华民族文化史上有很重要的地位，《窦娥冤》、《西厢记》一直是脍炙人口的文化精品。从元末到明初，出现了《水浒传》、《三国演义》等著名长篇小说。由此可见，蒙文没有取代汉字，更不可能废除汉字；相反，汉字促进了中华民族的统一、融合和发展。

统治长达260多年的清朝满族历代统治者并不排斥汉字的使用，满文作为清代“国书”在文牍中与汉字并用。

诚然，汉字的读音在“语音学”上无法统一，各地方言众多。但与欧洲完全不同，没有因为文字距离扩大、字母形式变化而分裂。1992年3月12日下午，江泽民主席在人民大会堂会见香港事务顾问时，曾热情赞扬“安子介先生对汉字很有研究”，并说“中国是靠文字统一的国家”，“中华文化能够使大家统一起来”。

20世纪30年代初，几乎所有西方语言学家，都异口同声地判定：中国的汉语是人类的原始语言，中国的汉字是古老落后的文字。安子介先生认为：这是世界语言学史上两大冤案之一。可是经过半个世纪后，西方语言学家经过研究得出了新的结论：汉语不仅不是原始的语言，而是人类智慧的语言。汉字长生不老是人类文明的奇迹。因为文字在人类进步方面的功用是相当大的，文字不应是语言的从属，汉字同埃及、希腊、罗马的古文字不能等量齐观。埃及文字产生在汉字之前，希腊、罗马文字产生在汉字之后，它们同汉字一样都对文明作出过巨大的贡献。不幸的是，这些文字都因为国家覆亡、生民离散而没能继续流传，今天已不为任何社会所使用，成了“死”的文字。而汉字从古至今源远流长，不仅为13亿中国人所用，而且已引起许多国家的重视，纷纷开办汉语学习班与汉语“托福”班，并被联合国定为世界性重要语种之一。

当今社会各个领域里，每时每刻都要产生大量的文字信息。现代科技的迅速发展，使图书资料急剧增加。目前世界上每年出版的各种书籍已达50多万种，各种科技杂志超过10万种，每年发表的学术论文大约在200万篇以上，图书资料每隔8～10年增长1倍。随着经济、科学、文化事业的发展，我国迫切需要实现文字信息处理的自动化、高速化。郭沫若早在1964年就指出：“文字工作的机械化、自动化和高速化是现代生活中一个突出的过程。”特别是进入20世纪以来，人类自有文字以来的全部文献，都可以储存在电子计算机文档中，并可以在最短时间内向使用者提供任何必需的文字信息。

中国国家图书馆采用电子计算机后，平均每10分钟查完一个课题，相当于用30种语言，浏览2 000多种期刊上9万多篇文献。国家图书馆藏书5 000多万册，可以缩减为四盘胶卷，已可利用家庭电脑作为终端设备。

1979年的一次国际会议上，西方的专家对我国著名科学家钱伟长说：“汉字将影响你们的现代化，因为今后计算机是社会信息机构，是脑袋，而你们的文字是无法进入计算机的。”他还预言：“你们的文字落后，你们的文字进入计算机要靠我们。”

钱伟长教授回国后，马上四处奔波，成立了“中文信息学会”。计算机汉字输入技术在20世纪80年代就取得了重大突破，当年预言“你们文字进入计算机要靠我们”的洋人，如今却购买了中国发明的汉字输入编码的专利。1986年美国《新闻》周刊发表了题为《古老文字终于赶上了电脑时代》的专文。文章又预言:“古老的文字和硅世界的奇特结合,将给亚洲的经济和文化生活结构带来巨大的变化。”

早在20世纪70年代就出现了汉字整字输入的大键盘和部件输入的中键盘,接着又诞生了小键盘。输入汉字的形、音、义更为丰富,一时间,各种汉字编码方案,此呼彼应,多达500种左右。键盘输入,从部件码和笔画码,进入数字键盘,包括全笔画和全拼音数字码、五笔数码。拼音输入更显示出它的生命力,只需计算机软件根据输入的拼音去查计算机中拼音字典,自动转换成相应的汉字,在屏幕上显示出来。1995年9月20日《上海科技报》报道,上海曾对七八万个电脑用户做过输入方法的调查,结果97%的人使用拼音输入。

随着计算机科技发展,近年来汉字键盘输入又有三种方法:(1) 光学字符识别法(OCR),用得最多的是图像扫描仪。(2) 笔输入法,它与平时写字相同,边写边识别,不但获得汉字的字形信息,而且知道笔画的先后,实用性强。(3) 汉语语音输入法,计算机上配上话筒、声卡等设备,利用语音信息库来辨认输入的语音信号,从而得到一节音节,然后再用拼音语句转换系统转换成用内码表示的汉字,它虽已进入实用,但还需不断探索改进。

课文导读:

郁乃尧,语言学家。

“五四”以来,中国有不少知识分子因为对封建文化失去信心,进而对汉字也取否定态度,甚至要求取消汉字。解放以后,当时的最高领导人就有“汉字必须改革、要走世界文字共同的拼音方向”的“指示”。一时间,文字面临空前的危机,似乎难逃世界上许多文字经历过的灭亡的命运。

但是实际上,就像中国传统文化尽管有种种缺陷,但是依然充满生机一样,汉字作为文化的载体同时也是文化的一部分,依然充满魅力。作者先简单回顾了历史,说明汉字曾经在历史上发挥过很好的作用,曾经为传播先进文化立下汗马功劳。然后作者提出设问,在今天的信息时代,汉字确实面临挑战,但是,它是否就像一些外国人以及我们的某些缺乏自信的同胞所说,成了落后文化的载体和象征、必然被扫进历史的垃圾筒?作者对此断然否定!作者以无可辩驳的事实证明,汉字并不落后,它并不拒绝计算机、它完全能够“与时俱进”地与这个信息时代一同发展。20 世纪 80 年代以来,在钱伟长、王选等一代又一代仁人志士的不懈努力下,汉字最受人诟病的计算机录入的瓶颈问题获得了相当完美的解决,甚至在某些地方还表现出比西方文字更大的优势。当然受文章篇幅的限制,作者在这方面不可能讲得很深很透、并举出更多的例子,但是作者所论符合事实,作者对汉字和中国文化的感情令人感动。

本文选自《汉字的故事》,光明日报出版社 2005 年 12 月版。

思考与练习:

1. 你在向计算机输入汉字时,主要是用汉语拼音输入法还是用字形输入法?你认为哪种方法方便?
2. 你认为汉语的计算机输入还可以改进吗?你有什么好的建议?
3. 分别用英文字母和汉字向计算机录入同一内容的文章,看看用哪种文字录入的速度快。

由沙尘暴说到“尘”字演变

边陇阳

2002年3月20日，十年来最大的沙尘暴侵袭北京。黄尘袭来，首都北京能见度降到100米以内，有五百多年历史的昔日皇宫紫禁城被黄尘笼罩，这场沙尘暴甚至影响到了北美。从海底沉积物的取样分析证实，沙尘暴对全球有程度不同的影响。由此想到“尘”字。

“尘”，小篆写作“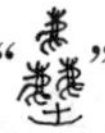”，上面有三个“鹿”，下面是个“土”，意思是一群鹿在原野上奔驰，后面尘土飞扬。繁体字作“塵”，《说文》：“塵，鹿行扬土也。”由此我们可以看出：在古人眼里，“尘”仅仅是鹿飞奔扬起的土而已。鹿这种动物，四蹄纤细而坚硬，奔跑时迅疾如飞，无论何种地面，鹿蹄一旦着地，都不免造成地面局部粉碎，进而扬起细小土粒。足见“尘”的造字灵感，透示出古人的睿智以及他们对客观世界观察的细致。然而，从中也不难领悟这样一种历史现实，在当时人们生存的大地上，要扬起尘土来，并不是一件容易的事情，非得要鹿这种四蹄尖尖的动物狂奔起来才行。这就说明，那时我国中原地区森林、草地茂密，植被覆盖面极广。当然，有大量的鹿群生活，也正说明了此种环境状况的真实性。

在唐代的敦煌变文写本和宋代韵书《集韵》中，“尘”字出现了，并最终被我们确定为规范字。“小”“土”会意的造字思维，意味着尘土飞扬的发生，已经不需要什么群鹿狂奔的前提条件，进而昭示着人们的生存环境已与上古时代不可同日而语：秦汉时期，黄河流域森林、草地开始受到严重破坏，正如唐代诗人杜牧所说“蜀山兀，阿房出。

覆压三百余里，隔离天日"。北宋时，在京城汴梁建造太一宫及洪福院，要去陕西采购木材。以后，由于人口的增多、战争的破坏，到了明清时期，黄河中上游的森林、草原被破坏殆尽。

进入现代工业文明以后，人类不但没有倍加呵护自己赖以为生的自然环境，反而借助现代科技提供的巨大生产力，无限制地追求经济的高速增长，无限制地追求物欲，无节制地浪费资源和能源，追求高消费的生活方式。1934年5月12日，从加拿大的西段边境到美国西部草原的几个州的广阔地区，突然刮起了一场史无前例的特大尘暴。这就是当时震惊全球的"黑风暴"事件。

我国20世纪90年代以来的一系列沙尘暴，正是在人口激增、工业化迅猛推进、经济不断高速发展的大背景下产生的。且不往远处看，单看看我们周围红红火火的涮羊肉、羊肉火锅，热热闹闹销售的各类羊绒衫、羊毛衫和人们津津乐道的发菜（财），我们就会有些明白：为了供应足够的羊肉，牧场要超量承载多倍的羊；为了提供轻巧保暖的羊绒衫，草原蓄养了能刨草根吃的山羊，山羊会造成草场资源的恶性破坏，而只有山羊才出产羊绒；为了满足人们一个虚幻的发财（菜）梦，几十亩乃至百亩的草场要被连根刨起。

由""到"尘"的历史在向人类讲述着一个关于自然的寓言——保护森林、草原，善待自然，否则，人类将付出巨大的代价。

课文导读：

边陇阳，语文工作者。

沙尘暴当然不是好东西，但是遗憾的是近年来它有愈演愈烈的趋势，北京市民几乎已经谈沙尘暴色变了。文章不仅告诉广大读者，保护环境、保护我们的地球已经到了刻不容缓的阶段，而且还通过对"尘"字的解读，教给了我们有关汉字造字法的有益知识。

沙尘暴的“尘”字，繁体作“塵”。这是一个会意字，意思是鹿儿奔跑带起尘土飞扬。而篆体“土”上更有三只鹿，意思是只有当鹿群飞跑时才会带起尘土。因此，作者用不无辛酸的口吻说道，在古代森林草原密布的大地上，要扬起尘土来，并不是一件容易的事情。而今天，世人皆知，只要有一点儿微风，就可以刮得尘土飞扬，把人们新换上的衣服皮鞋弄得一塌糊涂。汉字中像“尘”这样由两个字组合而成的会意字还有很多，甚至还有“三合一”的情况，如磊、淼等等。细细体会一下这些字，还是很有意思的。

本文选自郝铭鉴主编《咬文嚼字三百篇》，上海文化出版社 2008 年 7 月版。

思考与练习：

1. 用二合方法造出的会意字，除了“尘”之外，还有“牢”、“囚”等。请再举出几个例子。
2. 用三合方法造出的会意字，除了“磊”以外，还有“掰”、“狱”等。请再举出几个例子。

第三单元　词　语

词汇是一种语言所有词语的总汇，包括单词和一些固定结构如成语、惯用语、歇后语、谚语等。汉语历史悠久，源远流长，是世界上最发达、最丰富的语言之一，它词汇丰富多彩，表现力强。现代汉语词汇主要有以下特点：

一、构词方式多样

汉语的词由语素构成，构成方式多样。从一个词有几个语素来看，词有单纯词和合成词之分，单纯词由一个语素构成，合成词由两个或两个以上的语素构成。多数单纯词是由一个音节构成的，如：书、人、山。有一部分单纯词是多音节，它们是联绵词、叠音词、音译词和拟声词。联绵词大多数是由具备双声或叠韵关系的两个字构成的，如逍遥、徘徊、流离、倜傥，还有非双声或叠韵联绵词，如妯娌、蝴蝶、萧瑟。叠音词是由相同音节重叠起来又不能分开的词，如猩猩、悄悄。音译词是用译音的方法吸收的外来词，如皮尔·卡丹（Pierre Cardin）、飘柔（Rejoice）、可口可乐（Cocacola）。由于汉语和外语的语音特点不同，所以音译词在语音上只能做到近似，无法做到相同。拟声词是摹仿自然声音构成的词，如摹仿流水声的“潺潺”，摹仿布谷鸟声的“布谷”。准确地使用拟声词，会使我们的语言更加生动形象。

构成合成词的语素分为词根和词缀两类。词根是意义比较实在、具有词汇意义的语素；词缀是意义比较虚化、只有语法意义的语素。根据合成词中词根和词缀组合的不同情况，合成词的构成方式有两类：一是复合词，由词根构成，复合词的内部结构比较复杂。有联合式合成词，如“道路”、“始终”、“疲软”；有偏正式合成词，如“电脑”、“科幻”、“书包”；有主谓式合成词，如“目击”、“地震”、“霜降”；有述宾式合成词，如“走穴”、“解冻”、“斥资”、“减肥”；有补充式合成词，如“提高”、“爆满”、“冲凉”。合成词里也有重叠词，是由词根重叠而成，词根分开也能用，如“星星”、“妈妈”。二是派生词，由词根和词缀组合而成，如“阿婆”、“老师”、“规范化”、“可能性”。由于合成词的构词方式多种多样，而词根的构词能力又特别强，所以，大量的新词通过词根融合的方法造出来，由意译方法造成的外来词就能很快流行，如“提琴”、“光碟”。

二、词汇来源广泛

现代汉语丰富的词汇是在长期的历史发展过程中形成的，它对各种不同来源的词兼收并蓄，既继承了古代和近代汉语的词汇，又吸收了不同民族、不同地域、不同行业的词语，并为适应社会交际的需要大量创造新词。现代汉语词汇的来源主要有：

传承词，就是从古代汉语中继承下来的词，如“上”、“下”、“天”、“地”、“饮食”、“别号”、“诞辰”、“逝世”、“编纂”、“帝制”。

古语词，就是在古代汉语中曾经用过，而现在一般不再使用，只是在一定的场合才使用的词语。比如我们学习和介绍历史，在提到历史事件、历史故事时就要用到“状元”、“宰相”、“书童”、“巡捕”这样的词；我们谈到古代神话，也会用到“天宫”、“仙女”、“龙王”、“王母”这样的词；在介绍信中为了表示庄重，也会使用“兹”、“接洽”、“为荷”这样的词。

方言词，就是从各地方言中吸收的一些富有表现力的词，它们可以丰富普通话的表现力。如从西南方言吸收的“名堂”、“晓得”，从吴方言中吸收的“把戏”、“货色”、“瘪三”、“尴尬”。

外来词，就是从其他国家或民族的语言中吸收的词。现代汉语吸收外来词相当广泛，有国内各民族语言的词，如“戈壁”、“站”来自蒙古语，“萨其马”来自满语，“坎儿井”来自维吾尔语，“哈达”来自藏语。有的来自国外的各民族语言,如“沙发”、“苏打”来自英语,“沙龙”、“卡介苗”来自法语,“拖拉机”、“杜马”来自俄语,“纳粹”、“马克”来自德语,“木乃伊”来自阿拉伯语,“场合”、“手续”、“见习”来自日语,“法西斯”来自意大利语。

行业词语,就是在某一行业或专业内运用的词语。如“采购”、“盘货”、“亏损”、“赢利”来自商业用语;“调度”、“超载”、“晚点”来自交通用语;“小生”、“花旦”、“水袖”、“脸谱”来自戏曲用语。它们随着社会的发展,越来越多地进入到普通词汇中,比如“背景”、“温床”、“共鸣”、“套牢”等词。

新词,就是新造的词,站在今天的立场上,是指改革开放 30 年来出现的词。譬如“试管婴儿”、“一国两制”、“车匪路霸”、“人造美女”、“多媒体”、“禽流感”、“冲浪”、“传销”、“大腕”、“飙车”、“网恋”等词,涉及政治、经济、科学、文化等几乎所有社会领域。新词的大量产生,说明社会进步的速度加快,人们思想观念更新的速度加快,这是一种积极的语言现象。新词爆发式的产生,极大地丰富了现代汉语词汇。有些新词来自方言,如“歇菜”、“有戏”、“宰人”等来自北京方言词;“搞笑”、“搞定”、“开涮”、“入围”、“八卦”、“卖点”、“菜鸟”等来自粤港台方言词;“忽悠”来自东北方言词;“雄起”、“散打”、“洗白”来自四川方言词。外来词,纯音译的如“秀”、“酷”、“粉丝”、“博客”、“纳米”;音译兼意译的如“伊妹儿”、“艾滋病”、“保龄球”等。还有字母词和中西合璧词如:“LED 灯”、“AA 制”、“B 超”、“T 恤”、“U 盘”等。这些词是不是最终都进入普通话的规范词,还要经过时间的检验,也就是人民群众的实践的检验。语言是约定俗成的,词汇也不例外。随着互联网的迅速普及,近年来产生了相当数量的网络词语,如“菜鸟”(网上新手)、“灌水”(发帖子)、“斑竹”(版主)、“恐龙”(长得很难看的女人)、“94”(就是)、“886”(再见)、“DIY”(自己动手)、“BF”(男友)、“亲,你有木有年假?”等。对网络新词进行必要的引导和规范,将极大地丰富现代汉语词汇,增强现代汉语表现力。

熟语，就是一些结构固定的特殊的词语，包括成语、惯用语、歇后语、谚语，统称为熟语。它们有着一定的历史文化积淀和丰富深刻的内涵，具有一般词语所没有的表现力和独特魅力，可以使表达更加精练、更加生动。

成语绝大部分是四个字，是汉语骈偶性的一种表现。主要有来源于古代寓言和神话传说的，如“叶公好龙”、“守株待兔”、“精卫填海”、“鸡犬升天”；有来源于历史事件和历史故事的，如“卧薪尝胆”、“完璧归赵”、“滥竽充数”、“望梅止渴”；有来源于古典作品中的名句的，如“一鼓作气”、“尔虞我诈”、“唇亡齿寒”、“鞭长莫及”；有来源于口头俗语的，如“一不做二不休”、“三长两短”、“狼子野心”、“众志成城”。恰当选用这些词语，能深入浅出地显示事物的内涵，淋漓尽致地表现人们的思想感情。

惯用语在形式上突出的特点是以三音节为主要形式，我们常见的有“敲竹杠”、“磨洋工”、“走过场”、“耳边风”、“眼中钉”、“开小差”、“钻空子”、“鬼把戏”、“穿小鞋”、“马后炮”等。它们的实际意义通常不是从字面上去理解，大多是通过借喻方式获得，在感情色彩上则大多表示贬义和否定。由于它们是由人们熟知的、活生生的口语构成，因此，生活气息十分浓厚。

歇后语是我国劳动人民在长期的生产实践中创造的一种特殊的语言形式，由具有解说关系的两个部分组成。比如“八仙过海——各显神通”、“泥菩萨过河——自身难保”等喻意性歇后语，也有“孔夫子搬家——尽是书（输）”、“电线杆子绑鸡毛——好大的掸（胆子）”等谐音性歇后语。它们在表义上生动活泼，幽默风趣，寓意深刻。

谚语是我国劳动人民在总结生产和生活经验的基础上创造出来的，每条谚语都说明某种道理。有长期观测农业生产和天气变化的农谚、气象谚，如“庄稼一枝花，全靠农当家”、“日晕三更雨，月晕午时风”；有养生方面的谚语，如“春捂秋冻，一年无病”。还有关于社会生活方面的谚语，如“一寸光阴一寸金，寸金难买寸光阴”、“少壮不努力，老大徒伤悲”、“你走你的阳关道，我走我的独木桥”。它们在表义上直来直去，字面意义就是谚语的真正意义。

三、多义词占优势

翻开汉语词典，我们不难发现，许多词条下面都注有不止一种意义，越是常用的基本的词，多义的特点就越是明显。比如“打”，《现代汉语词典》一共列了 25 个义项，显示了语义的丰富多彩。一个词有多少个意义就有多少个义项，一个多义词不论它的义项有多少个，其中必有一个是最初的意义，叫做本义。其他的意义都是从本义发展变化而来的，意义发展变化的途径有两种，即引申和比喻。

引申义是由词的本义演变而来的意义。比如绿色原指大地植物的颜色，它容易使人联想起纯真、自然、不受污染等意义。在“绿色食物”、“绿色包装”、“绿色建筑”中，“绿色”的意思就是引申义，即“不污染生态环境、不危害人的健康”之意。“垃圾”原指“灰土和生活过程中产生的废物”，在“垃圾邮件”、“垃圾股”中，“垃圾”的引申义为“无用的、使用价值低、收益低”之意。

比喻义是通过比喻用法而逐步固定下来的新义。比如把捕获野兽的陷阱比喻成害人的圈套，把连接铁路路轨的“接轨”比喻为“把不同体制或措施调整贯通起来”。把使蓄电池连接电源以获得电能的“充电”比喻为“通过学习、补充知识以提高技能”。

在众多的词义中，总有一个现代最常用的意义，叫做基本义。本义跟基本义不一定一致。比如“兵”的本义是兵器，而现在的基本义是士兵。又比如“走”的本义是跑，现在的基本义是行走。另外，词的比喻义不同于修辞上的比喻用法。词的比喻义是比较固定的，无须解释，而比喻修辞则是一种临时的文学手段，离不开特定的上下文。比如我们可以说“铁路是国家的交通大动脉”，但是铁路职工不能说成动脉职工。因为前者是用一个比喻说明铁路的重要性，而后者不是这么回事。

汉语中大量的多义词满足了语言的经济性原则，即以有限的词来反映无限的客观事物,但是也给我们理解和使用语言造成了一定的困难。我们需要了解多义词有哪些意义、哪个意义经常和哪些词相搭配。这样我们在阅读时就可以根据上下文来推断用的是哪个意义;写作时,也要注意所用的多义词是否准确地表达了自己所要说的意思。

四、同义词丰富

人们在社会生产和社会生活中,为了更加准确、灵活、生动地反映现实,传达感情,交流思想,创造出了大量同义词。同义词包括等义词和近义词,真正的等义词如"演讲"、"讲演"是极少的,绝大多数的同义词是近义词。近义词词义相近,略有差别。正是这种细微的差别,表明我们中国人观察事物的细致和深刻,因此,近义词是一种积极的语言现象,而等义词则不具有积极的意义。正因为如此,我们通常所说的同义词就是指的近义词。在汉语里,同一个对象,往往有几个甚至几十个同义词可以表示。这是现代汉语词汇异常丰富的一个很重要的因素。比如,表示看的同义词就有:

(1) 一般地看:瞧、视、睹等。

(2) 看到:见、见到、看到、看见等。

(3) 向远处看:眺、望、眺望、瞭望等。

(4) 向上看:仰望、仰视等。

(5) 向下看:鸟瞰、俯瞰等。

(6) 向周围看:顾、张望、环视、巡视、环顾等。

(7) 看全身:打量等。

(8) 偷看:窥、窥视、窥测、窥探等。

(9) 亲眼看:目睹、目击、目测等。

(10) 集中精力看:盯、注视、凝视、凝望等。

(11) 斜着眼看:瞟、乜斜、斜视等。

(12) 愤怒地看:瞪、怒视、怒目等。

(13) 略微地看:一瞥、浏览等。

(14) 仔细地看:端详、察、察看、观察、检查、查看、审查、审察等。

(15) 恭敬地看：瞻仰等。

(16) 上级看下级：如检阅、视察等。

丰富多彩的同义词，为我们运用语言提供了选择的广阔天地。恰当地使用同义词，可以使我们的表达更加精确严密，避免用词重复，使语言富于变化。如“我们以我们的祖国有这样的英雄而骄傲，我们以生在这个英雄的国度而自豪”句中，“骄傲”和“自豪”是同义词的交叉运用，有强调的作用。如果都用“骄傲”或“自豪”，语言就显得呆板、平淡了。同义词可以体现鲜明的语体风格，如“鲁迅先生逝世，噩耗传来，全国震悼”、“得到先生去世的消息，我很悲痛”两句中，“逝世”和“去世”、“噩耗”和“消息”是同义词，两相比较，前者是书面语，显得庄重、严肃，后者是口语，显得通俗、亲切。同义词的使用还可以加强语势，如“你看那毛竹做的扁担，多么坚韧，多么结实，再重的担子也挑得起”中的“坚韧”和“结实”就是同义词。

掌握和运用好同义词，关键在于能辨析同义词之间的细微差别，做到求同、辨异，即找出同义词之间的“共性”和“个性”。我们应从轻重程度、感情色彩、范围大小、具体与抽象、适应对象和语法功能等方面对同义词进行辨析。

在当前的现实生活中，词语使用方面的不规范现象时有发生。这些不规范的现象主要有以下几种情况：

(1) 随意使用简称或缩略词。比如把“外语学校”简称为“外校”；将“人民银行”简缩为“人行”，无论是口语还是书面语都令人费解。而将“心脏病”简称为“心病”或把“遗失物品”简称为“遗物”，就简直是闹笑话了。

(2) 把非离合词当做离合词。现代汉语中有一些述宾式的合成动词由一个动词性语素和一个宾语性语素构成，不能拆开构成两个词，就是所谓的非离合词，如“咳嗽”、“司令”、“动员”。离合词则是可离可合的，合起来是一个词，分离开来就是一个词组，比如“拐弯”是词，“拐了个弯”是词组，“站岗”是词，“站了一班岗”是词组。有些人弄不清两者的区别,就把非离合词当做离合词用了,比如“服了一次务”、“后了一次悔”。

(3) 歧义现象。多义词运用不当就会出现歧义。如“这人又上台了”,“上台”有“到舞台或讲台上去”和“出任官职或掌权”两种含义,要是上下文缺乏交代就会使人莫名其妙。“我家水管没有锈”,是没有锈斑还是没有生锈,如果只有这么一句孤零零的话,也是令人费解的。

(4) 误用成语。“偃旗息鼓”是仗没打成的意思。某报有条新闻标题是“全国武术比赛偃旗息鼓”,而正文的内容却是全国武术比赛圆满结束。央视某频道在为 2007 年春节晚会所作的广告语中有这样的句子:“有谁崭露头角?有谁乔装打扮?有谁粉墨登场?有谁重出江湖?让我们拭目以待!”“粉墨登场”原指化妆后上台表演,现比喻坏人经过一番打扮,登上政治舞台。广告语中“粉墨登场”这一成语的使用显然不妥。

(5) 用词不当。如“他家墙上挂着一幅对联”中,“一幅”用得不恰当。因为“对联”有上、下联,只能说“一副”,不能说“一幅”;“这问题太复杂了,我也说不好,反正,你心领就是了”中的“心领”是客套话,用于辞谢别人的馈赠或酒食招待,不能用作对别人的要求;“世界强队秣马厉兵觊觎桂冠”中的“觊觎”一词,意思是非分的希望或企图,是贬义词,用在此句中也不妥。

以上这些不规范的现象,必须引起我们的重视。我们应该在语言实践中正确理解词汇,掌握词汇的用途,提高运用词汇的能力。

梦游天姥吟留别[1]

李　白

海客谈瀛洲，烟涛微茫信难求[2]。
越人语天姥，云霓明灭或可睹[3]。
天姥连天向天横，势拔五岳掩赤城[4]。
天台四万八千丈，对此欲倒东南倾[5]。
我欲因之梦吴越，一夜飞渡镜湖月[6]。
湖月照我影，送我至剡溪[7]。
谢公宿处今尚在[8]，渌水荡漾清猿啼[9]。
脚着谢公屐[10]，身登青云梯[11]。
半壁见海日，空中闻天鸡[12]。
千岩万壑路不定，迷花倚石忽已暝[13]。
熊咆龙吟殷岩泉，栗深林兮惊层巅[14]。
云青青兮欲雨，水澹澹兮生烟[15]。
列缺霹雳，丘峦崩摧[16]。洞天石扉，訇然中开[17]。
青冥浩荡不见底[18]，日月照耀金银台[19]。
霓为衣兮风为马[20]，云之君兮纷纷而来下。
虎鼓瑟兮鸾回车[21]，仙之人兮列如麻。
忽魂悸以魄动[22]，恍惊起而长嗟。
惟觉时之枕席[23]，失向来之烟霞[24]。
世间行乐亦如此，古来万事东流水[25]。
别君去兮何时还？且放白鹿青崖间[26]，须行即骑访名山。
安能摧眉折腰事权贵[27]，使我不得开心颜。

注释：

① 天姥：山名，在今天浙江新昌县东五十里，东接天台山。

② 海客：海上来的客人。瀛洲：传说中的东海仙山。烟涛：烟雾苍茫的波涛。微茫：隐约迷茫、模糊不清的样子。信：实在，的确。

③ 越：指今浙江一带。明灭：时明时暗，指云霞因天气阴晴不同而发生的变化。

④ 拔：超出。五岳：我国五座大山的总称。即东岳泰山、西岳华山、南岳衡山、北岳恒山、中岳嵩山。赤城：山名，在今浙江省天台县北，为天台山的南门，土为赤色。

⑤ 天台：山名，在今浙江省天台县北，与天姥山相对。四万八千丈：形容天台山很高，是一种夸张的说法。此：指天姥山。倾：山势倾向东南，又有倾倒、拜倒之意。

⑥ 因：依照。之：指越人对天姥山的传说。镜湖：即鉴湖，在今浙江绍兴。

⑦ 剡(shàn)溪：水名，在今浙江省嵊县南。

⑧ 谢公：指南朝著名诗人谢灵运。他常在浙东会稽一带旅游探胜。

⑨ 渌水：清水。清猿啼：凄清的猿声。

⑩ 谢公屐：指谢灵运游山时穿的一种特制的木鞋，鞋底下装有活动的锯齿，上山时抽去前齿，下山时抽去后齿，便于走山路。

⑪ 青云梯：形容山岭高峻，上山的路高耸入云。

⑫ 半壁：指朝东的半面山崖。天鸡：《述异记》有记载云："东南有桃都山，上有大树，名曰桃都，枝相去三千里。上有天鸡，日初出照此木，天鸡则鸣，天下鸡皆随之鸣。"

⑬ 暝：指天晚。

⑭ 殷：震动。层巅：层叠的山峰。栗、惊：都是使动用法。

⑮ 青青：黑沉沉的。澹澹(dàn)：水波闪动的样子。

⑯ 列缺：闪电。霹雳：雷声。

⑰ 洞天：道家用以称神仙所居的洞府，意谓洞中别有天地。石扉：石门。訇(hōng)然：形容声音很大。

⑱ 青冥：高远的青天。浩荡：广阔壮大的样子。

⑲ 金银台：传说中神仙所居的金碧辉煌的楼台。

⑳ 霓：虹。云之君：云神。

㉑ 鼓：弹的意思。瑟：一种乐器。虎鼓瑟：语出汉代张衡《西京赋》"白虎鼓瑟"。鸾：传说中凤凰一类的鸟。

㉒ 悸：心跳。

㉓ 觉时：梦醒之时。

㉔ 向来：刚才。烟霞：烟雾云霞，指梦中所见的奇景。

㉕ 东流水：比喻万事一去不返。

㉖ 君：指东鲁的友人。因此诗一作《别东鲁诸公》。白鹿：相传神仙喜欢骑白鹿。

㉗ 摧眉折腰：低头弯腰。事：侍候。

课文导读：

李白，唐代伟大的浪漫主义诗人，被称为诗仙。其诗风雄奇豪放，想象丰富，语言舒展自然。李白早年就有济苍生、安社稷的抱负。唐玄宗天宝元年，李白的朋友、道士吴筠向朝廷推荐了李白，李白便奉诏来到京城长安担任翰林学士。他本想借此施展才能，有所作为，然而玄宗只把他看做文学侍臣，并不重用他。再加上不肯与权贵同流合污，又受到权臣排挤，李白遂于天宝三年辞去翰林一职，由布衣而卿相的梦幻就此破灭。第二年，李白由东鲁(山东)南游吴越，行前写了这首诗与朋友作别，因而此诗又名《别东鲁诸公》或《梦游天姥山别东鲁诸公》。全诗通过梦游的描绘，主要表达了作者不满现实、不趋炎附势、蔑视权贵、傲岸不屈的反抗精神，同时也流露出人生如梦的虚无伤感的情绪和逃避现实的思想。

诗歌全篇想象奇特，充分体现浪漫主义的风格，在词语的运用上则大胆而灵动。开篇从“瀛洲”谈起，瀛洲“信难求”，而天姥山“或可睹”，一“信”、一“或”就使人油然而生神游天姥之念。而天姥山的高大、巍峨的气势，则是通过一连串动词“连、横、拔、掩 ”生动传神地表现出来。又用天台的“倒”与“倾”，勾画出气势凌空、云霞明灭的天姥山轮廓，表达了诗人对天姥山的向往之情，引出了梦游之景。接下来的梦中奇景中，“一夜飞渡”生动地表现了诗人梦游路上那种急切、兴奋、神往的心情。“照”、“送”写出明月与人如影随形，人与自然和谐一体，体现了诗人对自然的热爱和眷恋。“登”、“见”、“闻”、“迷”、“倚”、“惊”等动词的使用，让我们看到了一个梦游者的千般姿态。“忽”表现诗人纵情山水，留恋奇花，浑然不知傍晚的降临。“殷”活用为动词，“栗”、“惊”，均为使动用法，衬托出一种气势。“列缺霹雳、丘峦崩催、洞天石扉、訇然中开”四个短语，节奏鲜明，铿锵有力，充分表现了打开天门的雄伟气势。天门打开后出现了光辉灿烂、壮丽非凡的景象。仙人的出现带来了梦境的最高潮，“金银台、霓为衣、风为马、虎鼓瑟、鸾回车、仙如麻”令梦游中的诗人兴奋不已。梦中仙境的描绘，象征作者追求的理想境界，也表明对黑暗现实的厌恶。结尾是梦醒后的感慨，抒情言志，揭示全诗的中心思想。

本诗选自《唐诗三白首新注》，金性尧注，上海古籍出版社 1980 年 9 月版。

思考与练习：

1. 解释下列诗句中的古今异义词。

   (1) 烟涛微茫信难求 （信）

   (2) 云霞明灭或可睹 （或）

(3) 势拔五岳掩赤城 (掩)

2. 找出下列句子中词类活用的词并解释其用法和意义。

(1) 虎鼓瑟兮鸾回车

(2) 云青青兮欲雨

(3) 列缺霹雳

(4) 对此欲倒东南倾

(5) 訇然中开

(6) 古来万事东流水

(7) 栗深林兮惊层巅

登岳阳楼

杜　甫

昔闻洞庭水①，今上岳阳楼②。
吴楚东南坼③，乾坤日夜浮④。
亲朋无一字⑤，老病有孤舟。
戎马关山月⑥，凭轩涕泗流⑦。

注释：

① 昔闻：过去听说。洞庭水：指洞庭湖。

② 岳阳楼：即岳阳(今属湖南)城西门楼，下临洞庭湖。

③ 吴楚：周代两诸侯国名，其地域在我国东南一带。坼(chè)：裂，分开。吴在洞庭湖之东，楚在洞庭湖之西，洞庭湖把此地分裂成两半。

④ 乾坤：指整个天地间的景物，包括天地日月。

⑤ 字：指书信。

⑥ 戎马：兵马，指战争。大历三年八月吐蕃进犯灵武、邠州，九月郭子仪率兵五万在奉天(今陕西乾县)防范。

⑦ 凭轩：倚靠楼窗。涕泗：眼泪和鼻涕。

课文导读：

杜甫，唐代伟大的现实主义诗人，有“诗圣”之誉，其诗有“诗史”

之称。唐代宗大历三年冬，杜甫漂泊到岳阳，登上岳阳楼远望故乡，触景感怀写下此诗。这一年，诗人 57 岁，距生命的终结仅有两年。当时，诗人年老体衰，处境艰难，再加上北归无望，全家人寄居在一艘小船上，沿着洞庭湖向南漂泊。面对烟波浩渺、壮阔无垠的洞庭湖，诗人把个人的悲苦、国家的忧患与自然界雄伟壮阔的景色相互衬托，抒发了因年老多病，不能为多难的国家出力的感慨，表现了诗人忧国忧民的伟大胸怀。诗歌的意境宏大，情调悲壮，是登岳阳楼的千古名篇。首联用"昔闻"、"今上"两词，表现了诗人早闻洞庭盛名，早有渴望尽兴一游的夙愿。表面看有初登岳阳楼之喜悦，其实意在抒发早年抱负至今未能实现之情。虚实交错，今昔对照。用"昔闻"为"今上"蓄势，归根结蒂是为描写洞庭湖酝酿气氛。

颔联侧重写洞庭湖气势宏大，吞吐乾坤。用了两个表现力很强的词语"坼"与"浮"。仿佛洞庭万顷波涛、千层巨浪，把吴、楚两地的广袤区域冲开、分裂，显示出洞庭湖的磅礴气势。"浮"有鲜明的动态感，在诗人的笔下，洞庭几乎包容了整个天地万物，并且主宰着它们的沉浮，日月星辰都随着湖水的波动而漂荡起落，一派雄浑壮阔的图景展现在读者眼前。

颈联"无"、"有"两词的运用，抒写了政治生活坎坷、漂泊天涯、怀才不遇的心情。"亲朋无一字"，得不到精神和物质方面的任何援助；"老病有孤舟"，从大历三年正月自夔州携带妻儿、乘舟出峡以来，既老且病，以舟为家，前途茫茫，面对洞庭湖的汪洋浩渺，更有了身世孤危之感。

尾联直接抒情。诗人站在岳阳楼上，遥望关山以北，仍然是战火纷飞，国家动荡不安，自己报国无门，不禁"凭轩"老泪纵横，难以抑制。这种忧国伤时之感与身世凄凉之情一齐袭上心头，诗的意境从狭窄转到宽阔，由个人转而想到国家，体现了诗人同情人民疾苦、关心国家命运的情操。

本诗选自《唐诗三白首新注》，金性尧注，上海古籍出版社 1980 年 9 月版。

思考与练习：

试对比杜甫的《登岳阳楼》与孟浩然的《临洞庭湖赠张丞相》，谈谈两首诗颔联描写洞庭湖景观的不同之处。

临洞庭湖赠张丞相

孟浩然

八月湖水平，涵虚混太清。
气蒸云梦泽，波撼岳阳城。
欲济无舟楫，端居耻圣明。
坐观垂钓者，徒有羡鱼情。

无　　题[①]

李商隐

昨夜星辰昨夜风，画楼西畔桂堂东[②]。
身无彩凤双飞翼[③]，心有灵犀一点通[④]。
隔座送钩春酒暖[⑤]，分曹射覆蜡灯红[⑥]。
嗟余听鼓应官去[⑦]，走马兰台类转蓬[⑧]。

注释：

① 无题：作者对所写的内容有所忌讳，不愿或不便在题目中点明，所以自称为“无题”。

② 画楼：彩绘华美的楼阁。桂堂：用香木筑成的厅堂。画楼、桂堂，指华丽的楼阁。

③ 彩凤：有彩色羽毛的凤凰。

④ 灵犀：古人把犀牛角看做灵物。犀牛角中心有一条白色纹线贯通，其线从角端直通大脑，故犀牛反应灵敏，称为灵犀。这里比喻两心相印。

⑤ 送钩：也称藏钩。古人的一种游戏，方法是将人分为两队，一队人把钩相互传递，藏在一人手中，令另一队人猜，不中者罚酒。

⑥ 分曹：分组、分队。射覆：也是古人的一种游戏，方法是在器皿下面覆盖着东西，让对方猜。射：猜的意思。

⑦ 嗟余：嗟是嗟叹，余指自己。听鼓：指听到报时的更鼓声。

应官去：意思是应当去官府报到上班。唐时官府卯刻击鼓，召集僚属上班。唐代制度规定，五更二点击鼓，坊市开门。这里表示天亮。

⑧ 走马：跑马。兰台：原指汉代时藏书之地，唐高宗时改秘书省为兰台，掌管图书秘籍。李商隐当时在秘书省任校书郎。类：象。转蓬：飞转的蓬草。

课文导读：

李商隐，晚唐杰出的诗人，与杜牧齐名。李商隐的诗在创作手法上，众采百家，自成一体，形成了独特的风格。他喜作“无题”诗，这类诗的内容到底指向何方，难以确定，也算是一种朦胧诗吧，因而有一种独特的意境。这一首是李商隐“无题”中的名篇，写于唐文宗开成四年，诗人当时在京城任秘书省校书郎。

首联由今宵情景引发对昨夜的追忆。这是一个美好的春夜：星光闪烁，和风习习，空气中充溢着令人沉醉的温馨气息，一切都似乎和昨夜相仿佛。但昨夜在“画楼西畔桂堂东”和那个人相见的一幕却已经成为亲切而难以追寻的记忆。“昨夜”两字的连续出现，提示诗人是在今天回想往事，两字的情感含量大，说明这一特定的时间，对诗人的印象至深，难以磨灭。“星辰”，从斑斓的星光着眼，写出和暖的风在春天涌荡的情状。“画楼”写楼宇的多彩，“桂堂”写厅堂的桂木馥香，从视觉和味觉的角度烘托，暗示了诗人所经历的美好时光。

颔联由追忆昨夜回到现境，抒写今夕的思念，这一句为千古名句。自己此刻虽然没有彩凤般的双翅，得以飞越重重阻碍，但相信彼此的眷恋之心当如灵异的犀角一样，自有一线相通。“身无”、“心有”，一退一进，相互映照，组成一个包蕴丰富的矛盾统一体。双方不能会合，本是深刻的痛苦，但身不能接而心则相通，却是莫大的慰藉。诗人以此比喻双方心灵的感应和情意的契合，表现了诗人对以往的珍视和自信。

颈联似乎是描绘诗人所经历的实境，实际上实因身受阻隔而激发的想象。在诗人的想象中，对方此刻想必就在画楼桂堂上参与热闹的宴会。宴席上，觥筹交错，笑语喧哗，隔坐送钩，分曹射覆，气氛该是何等热闹。“春”和“酒”给人联想上的温热感，而“蜡灯红”的“红”，既写出了热烈的色调，又兼容了和暖的感觉，倾注了诗人强烈的向往之情。

尾联是自然的感叹。在终宵的追怀思念中，不知不觉，远处传来了阵阵鼓声，天要亮了，上班应差的时间到了。“应官”也就是应付官差，包含着无可奈何、百无聊赖的心境。“蓬”是一种很小很轻的草，随风四处飘转，在古代诗歌中，常以它来比喻飘零的生活，李商隐在这里也通过这一意象揭示了自己的人生境况。可叹的自己正像转不定的蓬草又不得不匆匆走马兰台，开始寂寞无聊的校书生涯。这个结尾，将情感阻隔的怅惘与身世飘蓬的慨叹融合起来，深化了诗的意蕴。

本诗选自《唐诗三百首新注》，金性尧注，上海古籍出版社 1980 年 9 月版。

思考与练习：

1. 谈谈课文颈联中“暖”、“红”两词在诗中的作用。
2. 为下列句子选择一个符合惯用语意思的选项。

(1) 你别在我面前耍贫嘴。(耍贫嘴)

A. 自以为幽默地唠叨不休　　B. 委婉地说自己的好话
C. 通过开玩笑讽刺别人　　D. 老是说自己穷

(2) 你是领导，大家都看着你呢，不能乱开口子。(乱开口子)

A. 说话　　B. 以权谋私
C. 堤岸被河水冲破　　D. 破例照顾某人

(3) 我可没有这种想法，你别扣帽子好不好。(扣帽子)

A. 给人加上不好的名目　　B. 对同事发脾气
C. 为人特别小心眼儿　　D. 无故怀疑别人

(4) 你们两个可不要穿连裆裤。(穿连裆裤)

A. 穿一条裤子　　B. 串通一气
C. 相互指责　　D. 阳奉阴违

反对党八股(节选)

毛泽东

现在来分析一下党八股的坏处在什么地方。我们也仿照八股文章的笔法来一个“八股”,以毒攻毒,就叫做八大罪状吧。

党八股的第一条罪状是:空话连篇,言之无物。我们有些同志欢喜写长文章,但是没有什么内容,真是“懒婆娘的裹脚,又长又臭”。为什么一定要写得那么长,又那么空空洞洞的呢?只有一种解释,就是下决心不要群众看。因为长而且空,群众见了就摇头,哪里还肯看下去呢?只好去欺负幼稚的人,在他们中间散布坏影响,造成坏习惯。去年六月二十二日,苏联进行那么大的反侵略战争,斯大林在七月三日发表了一篇演说,还只有我们《解放日报》一篇社论那样长。要是我们的老爷写起来,那就不得了,起码得有几万字。现在是在战争的时期,我们应该研究一下文章怎样写得短些,写得精粹些。延安虽然还没有战争,但军队天天在前方打仗,后方也唤工作忙,文章太长了,有谁来看呢?有些同志在前方也喜欢写长报告。他们辛辛苦苦地写了,送来了,其目的是要我们看的。可是怎么敢看呢?长而空不好,短而空就好吗?也不好。我们应当禁绝一切空话。但是主要的和首先的任务,是把那些又长又臭的懒婆娘的裹脚,赶快扔到垃圾筒里去。或者有人要说:《资本论》不是很长的吗?那又怎么办?这是好办的,看下去就是了。俗话说:“到什么山上唱什么歌。”又说:“看菜吃饭,量体裁衣。”我们无论做什么事都要看情形办理,文章和演说也是这样。我们反对的是空话连篇言之无物的八股调,不是说任何东西都以短为好。战争时期固然需要短文章,但尤其需要有内容的文章。最不应该、最要反对的是言之无物的文章。演说也是一样,空话连篇言之无物的演说,是必须停止的。

党八股的第二条罪状是:装腔作势,借以吓人。有些党八股,不只是空话连篇,而且装样子故意吓人,这里面包含着很坏的毒素。空话连篇,言之无物,还可以说是幼稚;装腔作势,借以吓人,则不但是幼稚,简直是无赖了。鲁迅曾经批评过这种人,他说:“辱骂和恐吓决不是战斗。”科学的东西,随便什么时候都是不怕人家批评的,因为科学是真理,决不怕人家驳。主观主义和宗派主义的东西,表现在党八股式的文章和演说里面,却生怕人家驳,非常胆怯,于是就靠装样子吓人;以为这一吓,人家就会闭口,自己就可以“得胜回朝”了。这种装腔作势的东西,不能反映真理,而是妨害真理的。凡真理都不装样子吓人,它只是老老实实地说下去和做下去。从前许多同志的文章和演说里面,常常有两个名词:一个叫做“残酷斗争”,一个叫做“无情打击”。这种手段,用了对付敌人或敌对思想是完全必要的,用了对付自己的同志则是错误的。党内也常常有敌人和敌对思想混进来,如《苏联共产党(布)历史简要读本》结束语第四条所说的那样。对于这种人,毫无疑义地是应该采用残酷斗争或无情打击的手段的,因为那些坏人正在利用这种手段对付党,我们如果还对他们宽容,那就会正中坏人的奸计。但是不能用同一手段对付偶然犯错误的同志;对于这类同志,就须使用批评和自我批评的方法,这就是《苏联共产党(布)历史简要读本》结束语第五条所说的方法。从前我们那些同志之所以向这些同志也大讲其“残酷斗争”和“无情打击”,一方面是没有分析对象,一方面就是为着装腔作势,借以吓人。无论对什么人,装腔作势借以吓人的方法,都是要不得的。因为这种吓人战术,对敌人是毫无用处,对同志只有损害。这种吓人战术,是剥削阶级以及流氓无产者所惯用的手段,无产阶级不需要这类手段。无产阶级的最尖锐最有效的武器只有一个,那就是严肃的战斗的科学态度。共产党不靠吓人吃饭,而是靠马克思列宁主义的真理吃饭,靠实事求是吃饭，靠科学吃饭。至于以装腔作势来达到名誉和地位的目的，那更是卑劣的念头，不待说的了。总之，任何机关做决定、发指示，任何同志写文章、做演说，一概要靠马克思列宁主义的真理，要靠有用。只有靠了这个才能争取革命胜利，其他都是无益的。

党八股的第三条罪状是：无的放矢，不看对象。早几年，在延安城墙上，曾经看见过这样一个标语："工人农民联合起来争取抗日胜利。"这个标语的意思并不坏，可是那工人的工字第二笔不是写的一直，而是转了两个弯子，写成了"工"字。人字呢？在右边一笔加了三撇，写成了"人"字。这位同志是古代文人学士的学生是无疑的了，可是他却要写在抗日时期延安这地方的墙壁上，就有些莫名其妙了。大概他的意思也是发誓不要老百姓看，否则就很难得到解释。共产党员如果真想做宣传，就要看对象，就要想一想自己的文章、演说、谈话、写字是给什么人看、给什么人听的，否则就等于下决心不要人看，不要人听。许多人常常以为自己写的讲的人家都看得很懂，听得很懂，其实完全不是那么一回事，因为他写的和讲的是党八股，人家哪里会懂呢？"对牛弹琴"这句话，含有讥笑对象的意思。如果我们除去这个意思，放进尊重对象的意思去，那就只剩下讥笑弹琴者这个意思了。为什么不看对象乱弹一顿呢？何况这是党八股，简直是老鸦声调，却偏要向人民群众哇哇地叫。射箭要看靶子，弹琴要看听众，写文章做演说倒可以不看读者不看听众吗？我们和无论什么人做朋友，如果不懂得彼此的心，不知道彼此心里面想些什么东西，能够做成知心朋友吗？做宣传工作的人，对于自己的宣传对象没有调查，没有研究，没有分析，乱讲一顿，是万万不行的。

党八股的第四条罪状是：语言无味，像个瘪三[1]。上海人叫小瘪三的那批角色，也很像我们的党八股，干瘪得很，样子十分难看。如果一篇文章，一个演说，颠来倒去，总是那几个名词，一套"学生腔"，没有一点生动活泼的语言，这岂不是语言无味，面目可憎，像个瘪三吗？一个人七岁入小学，十几岁入中学，二十多岁在大学毕业，没有和人民群众接触过,语言不丰富,单纯得很,那是难怪的。但我们是革命党,是为群众办事的,如果也不学群众的语言,那就办不好。现在我们有许多做宣传工作的同志,也不学语言。他们的宣传,乏味得很;他们的文章,就没有多少人欢喜看;他们的演说,也没有多少人欢喜听。为什么语言要学,并且要用很大的气力去学呢?因为语言这东西,不是随便可以学好的,非下苦功不可。第一,要向人民群众学习语言。人民的语汇是很丰富的,生动活泼的,表现实际生活的。我们很多人没有学好语言,所以我们在写文章做演说时没有几句生动活泼切实有力的话,只有死板板的几条筋,像瘪三一样,瘦得难看,不像一个健康的人。第二,要从外国语言中吸收我们所需要的成分。我们不是硬搬或滥用外国语言,是要吸收外国语言中的好东西,于我们适用的东西。因为中国原有语汇不够用,现在我们的语汇中就有很多是从外国吸收来的。例如今天开的干部大会,这“干部”两个字,就是从外国学来的。我们还要多多吸收外国的新鲜东西,不但要吸收他们的进步道理,而且要吸收他们的新鲜用语。第三,我们还要学习古人语言中有生命的东西。由于我们没有努力学习语言,古人语言中的许多还有生气的东西我们就没有充分地合理地利用。当然我们坚决反对去用已经死了的语汇和典故,这是确定了的,但是好的仍然有用的东西还是应该继承。现在中党八股毒太深的人,对于民间的、外国的、古人的语言中有用的东西,不肯下苦功去学,因此,群众就不欢迎他们枯燥无味的宣传,我们也不需要这样蹩脚的不中用的宣传家。什么是宣传家?不但教员是宣传家,新闻记者是宣传家,文艺作者是宣传家,我们的一切工作干部也都是宣传家。比如军事指挥员,他们并不对外发宣言,但是他们要和士兵讲话,要和人民接洽,这不是宣传是什么?一个人只要他对别人讲话,他就是在做宣传工作。只要他不是哑巴,他就总有几句话要讲的。所以我们的同志都非学习语言不可。

党八股的第五条罪状是:甲乙丙丁,开中药铺。你们去看一看中药铺,那里的药柜子上有许多抽屉格子,每个格子上面贴着药名,当归、熟地、大黄、芒硝，应有尽有。这个方法，也被我们的同志学到了。写文章，做演说，著书，写报告，第一是大壹贰叁肆，第二是小一二三四，第三是甲乙丙丁，第四是子丑寅卯，还有大ABCD，小abcd，还有阿拉伯数字，多得很！幸亏古人和外国人替我们造好了这许多符号，使我们开起中药铺来毫不费力。一篇文章充满了这些符号，不提出问题，不分析问题，不解决问题，不表示赞成什么，反对什么，说来说去还是一个中药铺，没有什么真切的内容。我不是说甲乙丙丁等字不能用，而是说那种对待问题的方法不对。现在许多同志津津有味于这个开中药铺的方法，实在是一种最低级、最幼稚、最庸俗的方法。这种方法就是形式主义的方法，是按照事物的外部标志来分类，不是按照事物的内部联系来分类的。单单按照事物的外部标志，使用一大堆互相没有内部联系的概念，排列成一篇文章、一篇演说或一个报告，这种办法，他自己是在做概念的游戏，也会引导人家都做这类游戏，使人不用脑筋想问题，不去思考事物的本质，而满足于甲乙丙丁的现象罗列。什么叫问题？问题就是事物的矛盾。哪里有没有解决的矛盾，哪里就有问题。既有问题，你总得赞成一方面，反对另一方面，你就得把问题提出来。提出问题，首先就要对于问题即矛盾的两个基本方面加以大略的调查和研究，才能懂得矛盾的性质是什么，这就是发现问题的过程。大略的调查和研究可以发现问题，提出问题，但是还不能解决问题。要解决问题，还须作系统的周密的调查工作和研究工作，这就是分析的过程。提出问题也要用分析，不然，对着模糊杂乱的一大堆事物的现象，你就不能知道问题即矛盾的所在。这里所讲的分析过程，是指系统的周密的分析过程。常常问题是提出了，但还不能解决，就是因为还没有暴露事物的内部联系，就是因为还没有经过这种系统的周密的分析过程，因而问题的面貌还不明晰，还不能做综合工作，也就不能好好地解决问题。一篇文章或一篇演说，如果是重要的带指导性质的，总得要提出一个什么问题，接着加以分析，然后综合起来，指明问题的性质，给以解决的办法，这样，就不是形式主义的方法所能济事。因为这种幼稚的、低级的、庸俗的、不用脑筋的形式主义的方法，在我们党内很流行，所以必须揭破它，才能使大家学会应用马克思主义的方法去观察问题、提出问题、分析问题和解决问题，我们所办的事才能办好，我们的革命事业才能胜利。

党八股的第六条罪状是：不负责任，到处害人。上面所说的那些，一方面是由于幼稚而来，另一方面也是由于责任心不足而来的。拿洗脸作比方，我们每天都要洗脸，许多人并且不止洗一次，洗完之后还要拿镜子照一照，要调查研究一番(大笑)，生怕有什么不妥当的地方。你们看，这是何等地有责任心呀！我们写文章，做演说，只要像洗脸这样负责，就差不多了。拿不出来的东西就不要拿出来。须知这是要去影响别人的思想和行动的啊！一个人偶然一天两天不洗脸，固然也不好，洗后脸上还留着一个两个黑点，固然也不雅观，但倒并没有什么大危险。写文章做演说就不同了，这是专为影响人的，我们的同志反而随随便便，这就叫做轻重倒置。许多人写文章，做演说，可以不要预先研究，不要预先准备；文章写好之后，也不多看几遍，像洗脸之后再照照镜子一样，就马马虎虎地发表出去。其结果，往往是“下笔千言，离题万里”，仿佛像个才子，实则到处害人。这种责任心薄弱的坏习惯，必须改正才好。

第七条罪状是：流毒全党，妨害革命。第八条罪状是：传播出去，祸国殃民。这两条意义自明，无须多说。这就是说，党八股如不改革，如果听其发展下去，其结果之严重，可以闹到很坏的地步。党八股里面藏的是主观主义、宗派主义的毒物，这个毒物传播出去，是要害党害国的。

上面这八条，就是我们申讨党八股的檄文。

党八股这个形式，不但不便于表现革命精神，而且非常容易使革命精神窒息。要使革命精神获得发展，必须抛弃党八股，采取生动活泼新鲜有力的马克思列宁主义的文风。这种文风，早已存在，但尚未充实，尚未得到普遍的发展。我们破坏了洋八股和党八股之后，新的文风就可以获得充实，获得普遍的发展，党的革命事业，也就可以向前推进了。

注释：

① 瘪三：解放前，上海人称城市中无正当职业、以乞讨为生的游民为瘪三，他们通常极瘦。

课文导读：

毛泽东，无产阶级革命家、思想家、理论家和军事家。

八股，指八股文，这是15世纪到19世纪中国封建科举考试制度规定的一种特殊文体，每篇文章都由八个部分组成。这种文章的每一段落都要按照固定的格式，字数也有限制。这种应试文章的立论严格控制在封建思想所允许的范围之内，不能有作者自己的独立思考。八股是封建统治者禁锢人们思想的工具。党八股指革命队伍中某些人所写的文章。这种文章对于事物不加分析，只是照搬一些革命的名词术语，言之无物，空话连篇，如同“八股文”，所以称之为“党八股”。

《反对党八股》是毛泽东于1942年2月8日在延安干部会上的讲演。全文深刻地论述了党八股产生的历史根源和阶级根源，分析了它对中国共产党和中国革命事业造成的危害。文章用较大篇幅列举党八股的八大罪状，号召全党抛弃党八股，恢复生动活泼新鲜有力的马克思主义文风。

毛泽东不愧是一个高明的宣传家和鼓动家，他不是板着面孔教训人，而是身体力行，带头在论述中运用生动活泼、新鲜有力的语言，把道理讲得深入浅出，通俗易懂。抗战时期的延安虽然聚集了大量追求进步、积极抗战的知识分子，但是在革命队伍里面，文化水平不高的还大有人在。因此，为了使大家都能理解自己的观点，毛泽东就在词语的运用上，大量采用了谚语、歇后语、成语和方言词语。在论述党八股的第一条罪状时，用歇后语“赖婆娘的裹脚，又长又臭”，比喻“长而空”的文章之令人掩鼻。又用俗语“到什么山上唱什么歌”、“看菜吃饭，量体裁衣”，说明文章长短要服从内容的需要。在揭露和批判党八股的第三条罪状时，借助“对牛弹琴”这个成语，强调“不看对象，乱弹一气”的可笑，形象地讽刺了不看对象，自以为是的作风，收到言简意赅的说理效果。在揭示党八股语言方面干瘪无味、面目可憎时，文章用上海方言“瘪三”来作比喻，十分生动贴切，胜过许多抽象的说理，增强了论说文的生动性，表现出强烈的思想感情。毛泽东的文风值得我们学习。

本文选自《毛泽东选集》第 3 卷，人民出版社 1966 年 7 月版。

思考与练习：

1. 辨析下列两组词语。

   津—津津

   精粹—精炼

2. 改正下列各句中用得不恰当的词语。

   (1) 马厂长在会上结合形势作了重点发言之后，许书记又作了重要的补充，他们俩一唱一和，把问题讲得十分透彻。

   (2) 红军顺利通过横跨在深谷上的木板之后，上级命令立即拆除木桥，来了一个过河拆桥，把尾随的敌人挡在了对岸。

   (3) 脑血栓病人的手平时会情不自禁地抖动。

   (4) 对于利用网络传播不实信息的情况，我们不能采取自由主义态度，当然更不能随波逐流。

   (5) 要号召全市出租车行业向他学习。

3. 将下列歇后语补充完整。

灯蛾扑火——	徐庶进曹营——
王八吃秤砣——	小葱拌豆腐——
腊月里的萝卜——	外甥打灯笼——
杨木扁担——	十五个吊桶打水——
肉包子打狗——	竹篮打水——

致蒋经国先生

廖承志

经国吾弟：

咫尺[①]之隔，竟成海天之遥。南京匆匆一晤，瞬逾三十六载。幼时同袍[②]，苏京[③]把晤，往事历历在目。惟长年未通音问，此诚憾事。近闻政躬违和[④]，深为悬念。人过七旬，多有病痛，至盼善自珍摄[⑤]。

三年以来，我党一再倡议贵我两党举行谈判，同捐前嫌[⑥]，共竟祖国统一大业。惟弟一再声言“不接触，不谈判，不妥协”，余期期[⑦]以为不可。世交深情，于公于私，理当进言，敬希诠察[⑧]。

祖国和平统一，乃千秋功业。台湾终必回归祖国，早日解决对各方有利。台湾同胞可安居乐业，两岸各族人民可解骨肉分离之痛，在台诸前辈及大陆去台人员亦可各得其所，且有利于亚太地区局势稳定和世界和平。吾弟尝以“计利当计天下利，求名应求万世名”自勉，倘能于吾弟手中成此伟业，必为举国尊敬，世人推崇，功在国家，名留青史。所谓“罪人”之说，实相悖谬。局促东隅，终非久计。明若吾弟，自当了然。如迁延不决，或委之异日，不仅徒生困扰，吾弟亦将难辞其咎。再者，和平统一纯属内政。外人巧言令色，意在图我台湾，此世人所共知者。当断不断，必受其乱。愿弟慎思。

孙先生手创之中国国民党，历尽艰辛，无数先烈前仆后继，终于推翻帝制，建立民国。光辉业绩，已成定论。国共两度合作，均对国家民族作出巨大贡献。首次合作，孙先生领导，吾辈虽幼，亦知一二。再次合作，老先生主其事，吾辈身在其中，应知梗概。事虽经纬万端[⑨]，但纵观全局，合则对国家有利，分则必伤民族元气。今日吾弟在台主政，三次合作，大责难谢。双方领导，同窗挚友，彼此相知，谈之更易。所谓“投降”、“屈事”、“吃亏”、“上当”之说，实难苟同。评价历史，展望未来，应天下为公，以国家民族利益为最高准则，何发党私之论！至于“以三民主义统一中国”云云，识者皆以为太不现实，未免自欺欺人。三民主义之真谛，吾辈深知，毋须争辩。所谓台湾“经济繁荣，社会民主，民生乐利”等等，在台诸公，心中有数，亦毋庸赘言。试为贵党计，如能依时顺势，负起历史责任，毅然和谈，达成国家统一，则两党长期共存，互相监督，共图振兴中华之大业。否则，偏安之局，焉能自保。有识之士，虑已及此。事关国民党兴亡绝续，望弟再思。

近读大作，有“切望父灵能回到家园与先人同在”之语，不胜感慨系之。今老先生仍厝[10]于慈湖，统一之后，即当迁安故土，或奉化，或南京，或庐山，以了吾弟孝心。吾弟近曾有言：“要把孝顺的心，扩大为民族感情，去敬爱民族，奉献于国家。”诚哉斯言[11]，盍不实践于统一大业！就国家民族而论，蒋氏两代对历史有所交代；就吾弟个人而言，可谓忠孝两全。否则吾弟身后事何以自了。尚望三思。

吾弟一生坎坷，决非命运安排，一切操之在己。千秋功罪，系于一念之间。当今国际风云变幻莫测，台湾上下众议纷纭。岁月不居[12]，来日苦短，夜长梦多，时不我与。盼弟善为抉择，未雨绸缪。“寥廓海天，不归何待？”

人到高年，愈加怀旧，如弟方便，余当束装就道，前往台北探望，并面聆诸长辈教益。“度尽劫波兄弟在，相逢一笑泯恩仇”。遥望南天，不禁神驰，书不尽言，诸希珍重，伫候复音。

老夫人前请代为问安。方良、纬国及诸侄不一。

顺祝

近祺！

廖承志

一九八二年七月二十四日

注释:

① 咫(zhǐ)尺:比喻距离很近。

② 幼时同袍:形容当年很亲密。

③ 苏京:苏联首都。

④ 政躬违和:政躬,对对方身体的尊称,躬:身体。违和,不平和,即生病。文中指蒋经国患病。

⑤ 珍摄:保重身体。摄,保养。

⑥ 同捐前嫌:共同抛弃积怨。

⑦ 期期:作副词用,强调程度。

⑧ 诠(quán)察:明察。

⑨ 经纬万端:形势错综复杂。

⑩ 厝(cuò):停放棺材待葬或浅埋后待改葬。

⑪ 诚哉斯言:这话说得对呀。诚哉,赞美之词。斯言,这番话。

⑫ 居:停止。

课文导读:

廖承志,国民党革命元勋廖仲恺的儿子,无产阶级革命家,杰出的社会活动家。蒋经国,蒋介石之子,1978 年任台湾地区领导人。1979 年 1 月,全国人大常委会发表《告台湾同胞书》,提出“和平解决”台湾问题的方针,此后邓小平又提出了“一国两制”解决港澳台问题的原则。1982 年 7 月 24 日,廖承志利用自己和蒋经国同为国民党要人之子的特殊身份,给蒋经国写了这封书信,劝说他从历史的高度和民族利益着想,为早日实现祖国统一做出决断和贡献。

这是一篇表达政治诉求的文言体书信,行文谦恭尚礼,语言恳切。信中作者一方面以兄弟相称,叙个人旧情,另一方面以同胞相称，共商国家大事。信的开头称对方为“经国吾弟”，情真意切。然后畅叙阔别情思，“历历在目”“此诚憾事”“深为悬念”“至盼”等词语，表达出对蒋经国深深的思念和关怀。在主体部分，作者从民族利益、历史责任、个人抱负等方面阐述和平统一乃国之大幸、民之大幸、党之大幸、家之大幸。语气委婉，措辞适当。信中“慎思”、“再思”、“三思”词语的运用，使文章内容层层深入，很有层次感。“局促东隅，终非久计”，“千秋功罪，系于一念之间”，“吾弟身后事何以自了”等词语则绵里藏针，发人深省。信的结尾“人到高年，愈加怀旧”、“遥望南天，不禁神驰，书不尽言，诸希珍重”，感情愈加深切。书信用浅近文言写成，既显得庄重又显得郑重。很多词语呈现出从古汉语到现代汉语过渡期的特点，阅读起来基本上没有障碍。由此也可见词语演变之一斑。

本文选自《廖承志文集》，人民出版社 1990 年版。

附言：

书信由称谓、正文、落款及时间四部分组成。称谓应在第一行顶格书写，后加冒号，以示尊敬。正文是书信的主体，可根据对象和所述内容的不同，灵活地采用不同的文笔和风格。正文部分首先是问候语，要单独成行，以示礼貌。然后是寒暄，可询问一下对方近况或谈谈与对方有关的情况，以表示对对方的重视和关切。接着就是自己要说的话。最后是敬语，就是向对方表达祝愿、尊重之情的短语。多用“此致、即颂、顺祝”等词，紧接正文末尾，下一行顶格，用“敬礼、安康、时绥”等词语呼应。落款即署名，要另起一行，靠右端写上写信人的姓名。再另起一行写上当天的年月日。信封的书写也有规范。信封第一行靠左，写上收信人的地址，收信人的地址要包括路名和门牌号码。第二行居中写收信人姓名，字体略大，在姓名后空二、三字处写上“同志、先生、女士”等称呼，后加“收、启、鉴”等字。另起一行靠右写寄信人的地址和邮政编码，并尽量写得详细周全，这样如果发生无法投递的情况，邮局可以把信件退回寄信人。

思考与练习：

1. 解释下列词语，掌握其正确用法。

   咎　咫尺　震慑　悖谬　苟同　同捐前嫌

   巧言令色　未雨绸缪

2. 解释下列语句。

   (1) 局促东隅，终非大计。

   (2) 如迁延不决，或委之异日，不仅徒生困扰，吾弟亦将难辞其咎。

   (3) 岁月不居，来日苦短，夜长梦多，时不我与。

   (4) 遥望南天，不禁神驰，书不尽言，诸希珍重，伫候复音。

3. 辨析下列同义词。

   珍摄—珍重　　梗概—大概

现代汉语规范化的问题

王　力

我们的党和政府是非常重视汉语规范化工作的。1951 年 6 月 6 日《人民日报》发表了题为《正确地使用祖国的语言，为语言的纯洁和健康而斗争》的社论，同时用大量篇幅连载了吕叔湘、朱德熙同志合著的《语法修辞讲话》。1955 年召集了现代汉语规范问题学术会议，1956 年 1 月又在国务院成立了中央推广普通话工作委员会，陈毅副总理任主任委员。三十年来，推广普通话的成绩是大的，但是我认为，汉语规范化工作做得还很不够。

汉语规范化有三个方面工作要做：第一是语音规范化，第二是语法规范化，第三是词语规范化。语音规范化工作做得较好，因为我们在小学里普遍推行了汉语拼音，受教育者从小就学会了普通话的语音；语法规范化工作做得也不错，因为中小学语文教师经常注意纠正少年儿童们的语法错误；词语规范化工作做得较差，这是由于这方面的工作比较难做，人们不知道哪些是不合规范的，也就无从纠正了。

今天我想谈谈词语规范化的问题。

词语不规范，大约有三方面的原因：(一) 古语的原因；(二) 方言的原因；(三) 外语的原因。

现代汉语是从古代汉语来的，沿用古语，自然是合乎规范的。有时候，词义起了变化，那也是语言的发展，无可厚非，在某种意义上还可以认为是适应思想表达的需要。例如“宣扬”本是广泛宣传的意思，近年来这个词多用于贬义，这样它和“宣传”在词义上有了分工

（“宣传”多用于褒义）。又如“千方百计”，过去多用于贬义，现在用于中性意义，那就扩大了它的用途；又如“以为”，过去都当“认为”讲（词典里也是这样解释的）。近来我注意到，这两个词的用法大有区别。“以为”表示原来以为是这样，但实际情况不是这样（“我以为昨天他会来的，结果他没有来”），“认为”则专用于肯定。那么，“我以为他是好人”和“我认为他是好人”，意思就大不相同了。这种区别，在语言应用上大有好处。但是，另有一种情况则是应该排斥的，那就是现代某些人对某些词语的用法和古语的用法相差太远，那就造成混乱。例如“不以为然”。原来是“不认为是对的”（“认为是不对的”）的意思，现在有人把它当做“满不在乎”来讲，甚至报纸上出现过这样用的词语，那就造成混乱了。造成这种错乱的原因，是由于说话人不懂古汉语“然”字的意义，《现代汉语词典》“然”字条解释说：“然，对，不错”。举的例子是“不以为然”。明白了这个道理，就不至于用错了。有些别字也属于这一类。例如现在有许多人把“启事”误写成“启示”，这是由于不知道“启事”是什么意思。古人所谓“启”是一种文体，“启事”是陈述事情的书信。后来报纸上发表的公开信也叫“启事”，和“启示”的意义大不相同（“启示”是启发指示的意思）。为了汉语规范化，我们主张学点古汉语。

普通话吸收方言词语来丰富自己，这是好的。例如“搞”字来自四川方言（四川读“搅”如“搞”），今天在普通话里变为意义范围很广的词。在今年 4 月 2 日的一次会上，叶圣陶先生嫌它用得太滥了。譬如说：“把……搞上去”，可否换一个说法。有人说，上海话的“打烊”，广州话的“收档”，可以吸收到普通话里来；又有人说，广州话的“离谱”也可以吸收到普通话里来。这些都是值得考虑的问题。总的原则是，普通话已有适当词语表达的概念，就不能再用方言来表达了。例如，普通话里有了“自行车”，就不必再吸收上海的“脚踏车”或者广州的“单车”。北京土话也是方言之一，把北京土话写进一般的文章里也是不合规范的。例如，从前北京管“肥皂”叫“胰子”，管“火柴"叫"洋火"(更早的时代叫"取灯儿"),现在都改过来了。新的北京土话更不宜采用。例如"镇了!""盖了!""没治了!"恐怕以不吸收它们进普通话里为好。最重要的问题是,某词在现代北方话是这个意思,在南方话是另一个意思,如果两个意思都用,那就乱了。例如"丢"字在现代北方话里是遗失的意思,在南方话里是扔的意思。在北方话里,"把书丢了"和"把书扔了",意思是不一样的。如果两个意思都说成"丢",那就乱了。

"五四"运动以后,汉语的词语受外语的影响很大。主要不是外语借词,而是吸收外语的概念。例如"文学"、"艺术"、"政治"、"经济"等,是借用旧词,赋予新的含义,又如"哲学"等,则是意译。借用久了,有些词语的含义就走了样。例如"摩登(modern)",本是"现代"的意思,过去我们有歌曲《摩登女性》,电影《三个摩登女性》。后来词义起了变化,专指"时髦"。现在好了,"摩登"这个词废止不用了。又如"问题"在"这件事好办,没有问题"里,"关系"在"没关系,过一会儿就会好的"里,"问题","关系"都不是外语原来的意思了。这是不足为训的。特别是在今天国际文化交流日益频繁的时代,最好语言概念能够一致,以免产生误解。例如"水平"只有高低之分,没有好坏之分,我们不能说"历史最好水平"。又如"词汇"是一种语言里所使用的词的总称,一种语言只有一个词汇,我们只能说某一部词典总共收了两万多个单词,不能说某一部词典总共收了两万多个词汇。又如"条件十分艰苦"一语,我觉得"艰苦"和"条件"似乎搭配不上。又如:"我买不到你的书,希望你帮我解决二套。""解决"一词的这种用法也是不合规范的。

半个世纪以来新兴的词语,有些大概也是受外语的影响。这些词语常常被滥用了,以致不合规范。例如"进行"一词,《现代汉语词典》说:"注意,'进行'总是用在持续性的和正式、严肃的行为,短暂性的和日常生活中的行为不用'进行',例如不说'进行午睡','进行叫喊'。"最近看见一篇新闻报道,讲到饲食鸡群时,竟出现了"进行喂"

的字眼，这显然是不合规范的。又如“进一步”这个状语本来是很好的，它表示事情以前进行过了，现在事情的进行在程度上比以前提高。这样就增加了语言的严密性。但也不能滥用。例如“贯彻”一词就不该和“进一步”结合。“贯彻”是“彻底实现”的意思，已经“彻底”了，还能更进一步吗？“加紧”、“加深”等词最好也不和“进一步”结合，因为“加”字已经有进一步的意思了。

我希望有人继《语法修辞讲话》之后，编写一本《词语规范手册》（最好是两个人合编或成立一个编写组）。这对汉语规范化工作，将是有很大的推进作用的。

课文导读：

王力，语言学家，中国现代语言学的奠基人之一。

汉语规范化是我国的基本国策，而且也是一个长期的过程。新中国成立以来，相关政府部门就一直在制定具体的规范标准，因为汉语规范化对于中国的现代化建设具有重要和深远的意义。所谓规范化，就是确立现代汉民族共同语明确的、一致的标准。这一标准包括三个方面：语音方面，以北京语音为标准音；词汇方面，以北方话词汇为基础；语法方面，以典范的现代白话文著作为语法规范。与语音、语法相比，词汇规范工作较为复杂，因为词汇是一个开放的系统，它是语言中最活跃的部分，对社会发展的反映最敏感。一方面是在广告、娱乐节目、影视剧、文学作品和生活类报刊中新词语大量涌现，另一方面是一些词义在悄然发生变化。我们对词义的理解也要与时俱进，否则就会落伍。例如“修正”一词原是中性词，20 世纪 60 年代因为“修正主义”的频繁使用而变成贬义词，近年来又还原为中性词。在公共管理中，公文语言的规范也亟待加强，否则就会影响办事效率，甚至危害政府形象。目前在词汇应用上的问题仍比较多，比如滥用方言词语和外来词语，肆意扭曲词语的本义等。在词汇规范化的工作中，我们有必要区别生造词和创新词，规范外来词，还要不滥用方言词。

作为一位德高望重的语言学家，王力在文中并不只讲大道理，而是列举生活中普遍存在的一些语言现象进行细致的分析。他的严谨认真的态度告诉我们，对待语言问题不能马虎随便，自以为是，不要容忍一些似是而非的现象出现在公务活动或重要的社会活动中。提高自身语言应用能力的好办法之一是勤查词典，勤能补拙，这是颠扑不灭的道理。

本文选自《王力论学新著》，广西人民出版社 1983 年版。

思考与练习：

1. 修改下列句子中使用不恰当的词语。

(1) 我今天报告的题目是：如何文学、怎样青年。

(2) 他是领导的心腹，领导很信任他，他也协助领导作了许多有益的事。

(3) “非典”期间，人人都要认真清理家中的常用器皿，以防传染“非典”病毒。

(4) 间隔号一般可用来表示月份和日期之间的分界。

(5) 小王昨天用木条、硬纸做了一架十分灵巧的飞机模型，同学们看了啧啧称赞，纷纷效尤。

(6) 粉笔掉在地上，他弯腰去拣。

(7) 现在我们亟需马克思主义智慧。

2. 把下列五花八门的外来词改成规范的汉语词。

起司—芝士—起司酱　　克力架饼干

朱古力糖　　公交巴士公司

3. 我们经常看到一些广告对成语作了篡改，请对这种现象加以思考。

随心所浴(某热水器广告)　　快治人口(某牙科医院广告)
有杯无患(某茶杯广告)　　无胃不治(某胃药广告)
衣表人才(某服装广告)　　鸡不可失(某饭店广告)
一见惊心(某楼盘广告)　　金枝玉孽(某电视剧名)

第四单元　语　法

在这个单元，我们要探讨现代汉语的语法。什么是语法呢？我们为什么需要语法呢？有人曾经作了一个比喻，说造房子要用砖，还要有结构的设计。砖头是人们直接用眼睛看得到的，结构却看不到，但又是不能缺少的。没有结构的支撑只管把砖头砌起来，这房子不倒才怪。那么，词汇好比语言的砖头，语法好比语言的结构。语法就是把语言单位（语素、词、词组、句子）组合起来的法规，或者叫规矩。换句话说，语法就是有关什么样的词语组合合法，什么样的词语组合不合法的一套规律。词语是人们从字面上看得到或从声音上听得到的，语法却只能用心去感受。要是没有语法，语言单位的组合就乱了套，人和人之间就无法准确地表达、无法有效地沟通。

语言的法规不同于政治意义上的法律，它不是刚性的而是柔性的。任何人触犯了法律，都要受到相应的法律制裁，很少有人敢以身试法。但是如果某人说话、写文章违反了语法，他一般不会得到什么处罚，所以有些人对语法毫不在乎。然而细究起来，语法这东西跟人们的生活、跟社会的秩序关系是很大的，马虎不得的。就说年轻人吧，谁不希望找个理想的工作，发挥自己的专长，过上体面的日子。可是社会竞争那么激烈，好一点的岗位都要通过笔试、面试，甚至还要经过实习、见习才能得到。在竞争的过程中，语言能力强的人往往占得先机，而且容易得到提拔。大家对美国的总统竞选不会陌生吧，竞选者个个都要发表演讲，都要具备很强的语言表现力。一个不懂语法的人参与竞争，简直就是一桩不可想象的事情。因此，语法虽然是柔性的、非强制性的，但是如果你不掌握它，你的生活质量一定大打折扣。

另一方面，以表述混乱、模棱两可为显著特征的语言现象频频出现在商业活动中。一些法规、条例、规章等管理文章中出现的语法错误导致了群众对政府的不满，损害了政府形象，引发了一些社会矛盾，这些都是令人痛心的。所以，学好语法、用好语法就不单单是个人的事情，它体现了政府的管理水平，是一件不容忽视的大事。

现代汉语的语法是从古代汉语、近代汉语的语法发展过来的。相比语音和词汇，它的变化是较小的。我们应该善于从与古代汉语和外语的对比中了解并掌握现代汉语语法。现代汉语的语法特点主要有两个：其一，语序是重要的语法手段。比如说“文化生活丰富”和“丰富文化生活”，这两个词组中用到的三个词是完全相同的，仅仅由于词序不同，意思就大不一样。“文化生活丰富”表达了积极、肯定的意思，而“丰富文化生活”带有对现状的不满情绪，说明眼前的文化生活不丰富、人们不满意，所以要努力使之丰富起来。又比如，“经检查，王齐今晚酒醉驾车，但其驾车撞人一说并未得到证据支持。”“王齐撞车伤人一说虽然并未获得相关证据支持，但其酒醉驾车的事实经检查已获确认。”这两个句子所用的材料完全相同，但语序不同。前句给人的感觉是从轻处罚，而后句给人的感觉是从重处罚。

其二，虚词是重要的语法手段。“本次会议有重大信息披露，希望学生家长准时参加。”这句话是要学生和家长都来开会，还是只要家长来开会，未免让人费一番猜测。如果用上虚词就明白无误了，要么是“学生和家长”，要么是“学生的家长”或者干脆是“家长”。所谓“我们中国朋友”是指中国人，而“我们中国的朋友”是指外国人，意思相差十万八千里了。

现代汉语语法的具体内容首先是词类，汉语的词类主要是依据词在语言结构中表现出来的类别划分出来的。能够单独充当句法成分的是实词，不能单独充当句法成分的是虚词。实词和虚词又有若干小的分类,它们都有各自的语法功能。比如说区别词,过去也叫非谓形容词,它虽然和形容词一样也能充当定语,但却不能单独作谓语,不能用“不”表示否定,而能用“非”表示否定。因此,我们可以说“正式访问”、“非正式访问”、“这次会谈是正式的”,但却不能说“不正式访问”、“这次会谈正式”。依此类推,“字典精装”、“电视彩色”之类也是不对的,只能说“精装字典”、“彩色电视”。有些词是兼类的,从“很繁荣”、“繁荣创作”来看,可见“繁荣”是个形容词和动词的兼类词。但所谓兼类只针对静态,不能说“很繁荣创作”,“繁荣”一词不能同时既作形容词又作动词。

其次是虚词,其基本作用是连接和附着各类实词及词组,表明词语之间的语法关系。虚词的用法有时显得有些玄乎,经常会被用错。比如介词“于”,它的意思很多,容易被误用。有一则广告曾经在广播里反复播出,但听着总让人不敢相信,觉得是在忽悠消费者。广告词中有句话说:“黄金胶囊是专门针对于成年男性的。”句中的介词“于”有“向”的意思,“求救于人”指的是别人救我,而非我救别人。“针对于成年男性”到底针对谁,实在是一笔糊涂账,还是不买为好。其实,黄金胶囊如果是专为成年男性研制的,只需说“针对”就行了,“于”字纯属多余。

再次是语序,比较句子内部的语序而言,词组内部的词序较为固定,不能随意改动,否则意思就大相径庭。“创作小说”是说要做一件事,要写小说。“小说创作”是说一种艺术活动怎么样怎么样。“去年我到日本访问”、“我到日本访问是去年”、“去年到日本访问的是我”、“我去年访问的是日本”,这四个句子的语序不同,意思却差不多。由此看来,语序的安排大有讲究,值得我们研究一番。

一个句子写得合法不合法,写得好不好,可以通过语法分析得知。语法分析包括对词组、对句子的层次分析和成分分析。有些学生对语法分析很不耐烦,觉得要搞清楚这是什么什么,那是什么什么,管那么多干啥,对方明白不就行了吗!而事实恰恰是,你的句子如果不合语法,对方很有可能不明白甚至误解,或者虽然明白,但是因此而看不起你,认为你文化素质差。“我们要学习文件”是个错误的句子,经过语法分析我们知道它是一个歧义句。谓语“要学习文件”,既可以理解为连动词组,意为要学习,又可以理解为动宾词组,意为需要文件。所以,如果想表达前一种意思,应该写成“我们想(应)学习文件”;如果是后一种意思,应该写成“我们要学习的文件”。“我吃饭去”虽然不至于让人弄不懂,但这个句子不符合普通话语法规范,是个方言句子,“我去吃饭”才是规范的句子。如果是政府文件,规范与否就显得相当重要,来不得半点含糊的。

教外国人学汉语,尤其要取法乎上,一开始就要让他们接触规范的句子,否则,养成了不好的语言习惯,再花几倍的努力去纠正也不一定奏效。

标点符号也是重要的语法手段,标点符号如果用错,可能带来严重的后果。“为了迎接世博会,对老旧城区进行改造,镇政府决定依照法律规定对城北A地块部分土地实施征用,并给地产所有人予以补偿。”这句话里最后一个逗号是滥用,它会使人误解为“征用”是依法行事,而“补偿”不是依法行事,只是镇政府的一种“照顾”或“恩赐”。实际上,补偿就是法律规定的,只征地而不补偿是违法的。因此,最后一个逗号应该去掉。

汉语语法是汉族人民在长期的语言实践中自然形成的法规,语法学家只是把它归纳出来,并不是创造出来。语法学习虽然比较枯燥,但却不失为一种事半功倍的学好语言的办法。学习语法是让人们理解并更好地运用祖国的传统文化,并非要把一种外在的东西强加于人。只有符合语法地说话、写文章,人与人之间才能顺利地交际与沟通。

廉　耻

顾炎武

《五代史·冯道传》[①]论曰："礼义廉耻，国之四维，四维不张，国乃灭亡。善乎，管生之能言也[②]！礼义，治人之大法；廉耻，立人之大节。盖不廉，则无所不取；不耻，则无所不为。人而如此，则祸败乱亡，亦无所不至；况为大臣而无所不取，无所不为，则天下其为不乱，国家其有不亡者乎？"然而四者之中，耻尤为要。故夫子之论士，曰："行己有耻[③]。"孟子曰："人不可以无耻，无耻之耻，无耻矣。"又曰："耻之于人大矣，为机变之巧者，无所用耻焉。"所以然者，人之不廉，而至于悖礼犯义，其原皆生于无耻也。故士大夫之无耻，是谓国耻。

吾观三代[④]以下，世衰道微，弃礼义，捐廉耻，非一朝一夕之故。然而松柏后凋于岁寒[⑤]，鸡鸣不已于风雨[⑥]，彼昏之日，固未尝无独醒之人也[⑦]！顷读《颜氏家训》[⑧]有云："齐朝一士大夫尝谓吾曰：'我有一儿，年已十七，颇晓书疏，教其鲜卑[⑨]语，及弹琵琶，稍欲通解，以此伏事公卿，无不宠爱。'吾时俯而不答。异哉，此人之教子也！若由此业自致卿相，亦不愿汝曹为之[⑩]。"嗟乎！之推不得已而仕于乱世[⑪]，犹为此言，尚有《小宛》诗人之意，彼阉然媚于世者，能无愧哉？

罗仲素[⑫]曰："教化者，朝廷之先务；廉耻者，士人之美节；风俗者，天下之大事。朝廷有教化，则士人有廉耻，则天下有风俗。"

古人治军之道，未有不本于廉耻者。《吴子》[⑬]曰："凡制国治军，必教之以礼，励之以义，使有耻也。夫人有耻，在大足以战，在小足以守矣。"《尉缭子》[⑭]言："国必有慈孝廉耻之俗，则可以死易生。"而太公对武王[⑮]："将有三胜，一曰礼将，二曰力将，三曰止欲将[⑯]。故礼者，所以班朝治军而兔罝之武夫[17]，皆本于文王后妃之化；岂有淫刍荛[18]、窃牛马，而为暴于百姓者哉！"《后汉书》[19]：张奂为安定属国都尉[20]，"羌豪帅感奂恩德，上马二十匹，先零酋长又遗金鐻八枚[21]，奂并受之，而召主簿于诸羌前[22]，以酒酹地曰：'使马如羊，不以入厩；使金如粟，不以入怀。'悉以金马还之。羌性贪而贵吏清，前有八都尉率好财货，为所患苦。及奂正身洁己，威化大行。"呜呼，自古以来，边事之败，有不始于贪求者哉？吾于辽东之事[23]，有感。

杜子美诗："安得廉颇将，三军同晏眠！"一本作"廉耻将"。诗人之意，未必及此，然吾观《唐书》，言王佖为武灵节度使[24]，先是，土蕃欲成乌兰桥，每于河壖先贮材木[25]，皆为节帅遣人潜载之，委于河流[26]，终莫能成。蕃人知佖贪而无谋，先厚遗之，然后并役成桥[27]，仍筑月城守之[28]。自是朔方御寇不暇，至今为患，由佖之黩货也。故贪夫为帅，而边城晚开。得此意者，郢书燕说[29]，或可以治国乎？

注释：

①《五代史》：北宋初薛居正等人撰修的史书。冯道：先后任后唐、后晋、后汉和后周四个朝代六个皇帝的宰相，毫无是非观念和民族文化界限的区分，因此被讲究道德气节的宋人鄙视。《冯道传》中引用了《管子·牧民》的话，所以顾炎武的读书笔记便从《管子》的引文引发出来。

② 礼义廉耻等四句，本是《管子》中的话，这里赞扬管仲的话是至理名言。

③ 行己有耻：语出《论语·子路》，意为懂得廉耻才可以有所行动。

④ 三代：指夏、商、周。

⑤《论语·子罕》："子曰岁寒然后知松柏之后凋也。"

⑥《诗经·郑风·风雨》:“风雨如晦,鸡鸣不已。”

⑦《楚辞·渔父》:“世人皆浊我独清,世人皆醉我独醒。”

⑧《颜氏家训》:北齐至隋代时著名学者颜之推所著弘扬传统伦理道德的著作。

⑨ 鲜卑:古代北方少数民族,北朝时在中国北部很有势力。

⑩ 这是颜之推对后辈说话的口气。汝曹:你们这帮人。

⑪ 之推不得已而仕于乱世五句:颜之推出于不得已而在乱世出仕做官,他尚且能说出这样的话,其中含有《诗经·小雅·小宛》自勉清廉的意思,而那些浑浑噩噩媚世邀宠的人,对此能够内心无愧吗?

⑫ 罗仲素:南宋时名儒。

⑬《吴子》:战国时代著名军事家吴起所著兵书。

⑭《尉缭子》:又作《尉僚子》,战国时代著名军事家尉缭所著兵书。

⑮ 太公:指姜望姜吕尚,字子牙。武王:指周武王。世传有兵书《太公六韬》,但是下面一段话并不存在于今天看到的《六韬》一书。

⑯ 礼将、力将、止欲将:大致指爱护士兵之将、身体力行之将、不存私欲之将。《六韬·虎韬·励军》中有较详细阐述。

⑰ 兔苴:在草丛中张网捕兔。

⑱ 淫刍荛:男女在草丛中交合。

⑲《后汉书》:南朝刘宋时范晔编撰的史书,记东汉历史。

⑳ 这句说张奂作为执掌安定(郡名,在今甘肃平凉一带)等属国的军事长官。都尉:武官名。

㉑ 金鐻(jù):黄金铸造的像钟的乐器。

㉒ 主簿:军中主管文书典册的官员。

㉓ 辽东之事:指明末镇守辽东的封疆大吏多为贪官,从索取努尔哈赤贿赂开始,最终引狼入室。

㉔ 武灵节度使:辖地在今天甘肃。

㉕ 河壖(ruán):河边的空地。

㉖ 委于河流：扔进河的中流。

㉗ 并役成桥：集中力量造桥成功。

㉘ 月城：此指桥头堡。

㉙ 郢书燕说：出自《韩非子》的一个典故。楚国郢都人晚上给燕国宰相写信，喊仆人"举烛"，因笔误将"举烛"两字写入信中。燕相猜度"举烛"必是叫他明己察人，于是报告燕王。燕王从之，燕国大治。这是"歪打正着"的著名例子。顾炎武在这里带有谦逊的意思。

课文导读：

顾炎武，明末松江昆山（今属江苏省昆山市）亭林镇人，人称亭林先生。早年参加复社，反对宦官政治。接着参加昆山、嘉定一带的抗清斗争，失败后周游各地，联合同志以图再举，同时广有著述。他是明末清初的大思想家和学问家，与黄宗羲、王夫之并称"三大儒"。他留给后人一部重要的文史著作《日知录》，是读史的读书笔记。

本文提到五代时的冯道，人称"六朝宰相"，只求高官厚禄，不仅毫无民族气节可言，就是以封建道德中的"忠孝节义"来衡量，也是格格不入的。针对当时大批士大夫先是大肆贪污掏空明朝国本、继而卖身投靠满清异族统治者的无耻行径，作者大声疾呼："故士大夫之无耻，是谓国耻。"作者认为，如果孔孟的道德文章扫地以尽、再没有人将礼义廉耻当一回事，那就不仅仅是"亡国"了，而是更加可怕的"亡天下"了。作者希望借弘扬传统的伦理道德来挽回糜烂的政局、来挽救世道人心，尽管这种想法存在历史的局限性，但在今天看来仍然具有一定的积极意义。

顾炎武的文章晓畅通达，清丽素雅。尽管文章讲的是国家政治的大道理，但是从写作上讲可以说是"平易近人"的最好范例。文章不长，但是引用了大量前人事迹和前人言论，读来丝毫不觉得拖沓冗长，反而觉得处处与作者所论丝丝入扣。本文是政论文，多用短句，在语法上正处于向近代汉语过渡的阶段,已不像先秦古文那么难读。阅读本文的时候,我们可以多注意“之、乃、则、而、以”这些词的意义和用法,只要掌握这些常用词的用法,阅读文言议论文就并非很难的事情。本文中的“是”仍然是代词,并非动词。

本文选自《日知录集释》,黄建华标点,上海古籍出版社1985年版。

思考与练习:

把下列句子翻译成现代汉语。

(1) 善哉,管生之能言也!

(2) 人不可以无耻,无耻之耻,无耻也。

(3) 夫人有耻,在大足以战,在小足以守。

(4) 故礼者,所以班朝治军而兔苴之武夫,皆本于文王后妃之化。

(5) 故贪夫为帅,而边城晚开。

中国建筑之特征（节选）

梁思成

建筑之始，产生于实际需要，受制于自然物理，非着意创制形式，更无所谓派别。其结构之系统，及形式之派别，乃其材料环境所形成。古代原始建筑，如埃及、巴比伦、伊琴、美洲及中国诸系，莫不各自在其环境中产生，先而胚胎，粗具规模，继而长成，转增繁缛。其活动乃赓续的依其时其地之气候，物产材料之供给；随其国其俗，思想制度，政治经济之趋向；更同其时代之艺文，技巧，知识发明之进退，而不自觉。建筑之规模，形体，工程、艺术之嬗递演变，乃其民族特殊文化兴衰潮汐之映影；一国一族之建筑适反鉴其物质精神，继往开来之面貌。今日之治古史者，常赖其建筑之遗迹或记载以测其文化，其故因此。盖建筑活动与民族文化之动向实相牵连，互为因果者也。

中国建筑乃一独立之结构系统，历史悠长，散布区域辽阔。在军事、政治及思想方面，中国虽常与他族接触，但建筑之基本结构及部署之原则，仅有和缓之变迁，顺序之进展，直至最近半世纪，未受其他建筑之影响。数千年来无遽变之迹，渗杂之象，一贯以其独特纯粹之木构系统，随我民族足迹所至，树立文化表志，都会边疆，无论其为一郡之雄，或一村之僻，其大小建置，或为我国人民居处之所托，或为我政治、宗教、国防、经济之所系，上自文化精神之重，下至服饰、车马、工艺、器用之细，无不与之息息相关。中国建筑之个性乃即我民族之性格，即我艺术及思想特殊之一部，非但在其结构本身之材质方法而已。

建筑显著特征之所以形成，有两因素：有属于实物结构技术上之取法及发展者,有缘于环境思想之趋向者。对此种种特征,治建筑史者必先事把握,加以理解,始不至淆乱一系建筑自身优劣之准绳,不惑于他时他族建筑与我之异同。治中国建筑史者对此着意,对中国建筑物始能有正确之观点,不作偏激之毁誉。

今略举中国建筑之主要特征:

一、属于结构取法及发展方面之特征,有以下可注意者四点:

(一)以木料为主要构材　凡一座建筑物皆因其材料而产生其结构法,更因此结构而产生其形式上之特征。世界它系建筑,多渐采用石料以替代其原始之木构,故仅于石面浮雕木质构材之形,以为装饰,其主要造法则依石料垒砌之法,产生其形制。中国始终保持木材为主要建筑材料,故其形式为木造结构之直接表现。其在结构方面之努力,则尽木材应用之能事,以臻实际之需要,而同时完成其本身完美之形体。匠师既重视传统经验,又忠于材料之应用,故中国木构因历代之演变,乃形成遵古之艺术。唐宋少数遗物在结构上造诣之精,实积千余年之工程经验,所产生之最高美术风格也。

(二)历用构架制之结构原则　既以木材为主,此结构原则乃为"梁柱式建筑"之"构架制"。以立柱四根,上施梁枋,牵制成为一"间"(前后横木为枋,左右为梁)。梁可数层重叠称"梁架"。每层缩短如梯级,逐级增高称"举折",左右两梁端,每级上承长榑,直至最上为脊榑,故可有五榑,七榑至十一榑不等,视梁架之层数而定。每两榑之间,密布栉篦并列之椽,构成斜坡屋顶之骨干;上加望板,始覆以瓦葺。四柱间之位置称"间"。通常一座建筑物均由若干"间"组成。此种构架制之特点,在使建筑物上部之一切荷载均由构架负担;承重者为其立柱与其梁枋,不借力于高墙厚壁之垒砌。建筑物中所有墙壁,无论其为砖石或为木板,均为"隔断墙"(Curtain Wall),非负重之部分。是故门窗之分配毫不受墙壁之限制,而墙壁之设施,亦仅视分隔之需要。欧洲建筑中,唯现代之钢架及钢筋混凝土之构架在原则上与此木质之构架建筑相同。所异者材料及科学程度之不同耳。中国建筑之所以能自热带以至寒带；由沙漠以至两河流域及滨海之地，在极不同之自然环境下始终适用，实有赖于此构架制之绝大伸缩性也。

（三）以斗拱为结构之关键，并为度量单位　在木构架之横梁及立柱间过渡处，施横材方木相互垒叠，前后伸出作“斗拱”，与屋顶结构有密切关系，其功用在以伸出之拱承受上部结构之荷载，转纳于下部之立柱上，故为大建筑物所必用。后世斗拱之制日趋标准化，全部建筑物之权衡比例遂以横拱之“材”为度量单位，犹罗马建筑之柱式(Order)，以柱径为度量单位，治建筑学者必习焉。一系统之建筑自有其一定之法式，如语言之有文法与辞汇，中国建筑则以柱额、斗拱、梁、槫、瓦、檐为其“辞汇”，施用柱额、斗拱、梁、槫等之法式为其“文法”。虽砖石之建筑物，如汉阙佛塔等，率多叠砌雕凿，仿木架斗拱形制。斗拱之组织与比例大小，历代不同，每可借其结构演变之序，以鉴定建筑物之年代，故对于斗拱之认识，实为研究中国建筑者所必具之基础知识。

（四）外部轮廓之特异　外部特征明显，迥异于他系建筑，乃造成其自身风格之特素。中国建筑之外轮廓予人以优美之印象，且富于吸引力。今分别言之如下：

1. 翼展之屋顶部分　屋顶为实际必需之一部，其在中国建筑中，至迟自殷代始，已极受注意，历代匠师不殚烦难，集中构造之努力于此。依梁架层叠及“举折”之法，以及角梁、翼角，椽及飞椽，脊吻等之应用，遂形成屋顶坡面，脊端，及檐边，转角各种曲线，柔和壮丽，为中国建筑物之冠冕，而被视为神秘风格之特征，其功用且收“上尊而宇卑，则吐水疾而霤远”之实效。而其最可注意者，尤在屋顶结构之合理与自然。其所形成之曲线，乃其结构工程之当然结果，非勉强造作而成也。

2. 崇厚阶基之衬托　中国建筑特征之一为阶基之重要；与崇峻屋瓦互为呼应。周秦西汉时尤甚。高台之风与游猎骑射并盛，其后日渐衰弛，至近世台基阶陛遂渐趋扁平，仅成文弱之衬托，非若当年之台榭，居高临下，作雄视山河之势。但宋辽以后之“台随檐出”及“须弥座”等仍为建筑外形显著之轮廓。

3. 前面玲珑木质之屋身　屋顶与台基间乃立面主要之中部，无论中国建筑物之外表若何魁伟，此段正面之表现仍为并立之木质楹柱与玲珑之窗户相间而成，鲜用墙壁。左右两面如为山墙，则又少有开窗辟门者。厚墙开辟窗洞之法，除箭楼仓廒等特殊建筑外，不常见于殿堂，与垒石之建筑状貌大异。

4. 院落之组织　凡主要殿堂必有其附属建筑物，联络周绕，如配厢、夹室、廊庑、周屋、山门、前殿、围墙、角楼之属，成为庭院之组织，始完成中国建筑物之全貌。除佛塔以外，单座之建筑物鲜有呈露其四周全部轮廓，使人得以远望其形状者。单座殿屋立面之印象，乃在短距离之庭院中呈现其一部。此与欧洲建筑所予人印象，独立于空旷之周围中者大异。中国建筑物之完整印象，必须并与其院落合观之。国画中之宫殿楼阁，常为登高俯视鸟瞰之图，其故殆亦为此耶。

5. 彩色之施用　彩色之施用于内外构材之表面为中国建筑传统之法。虽远在春秋之世，藻饰彩画已甚发达，其有逾矩者，诸侯大夫且引以为戒，唐宋以来，样式等级，已有规定。至于明清之梁栋彩绘，鲜焕者尚夥。其装饰之原则有严格之规定，分划结构，保留素面，以冷色青绿与纯丹作反衬之用，其结果为异常成功之艺术，非滥用彩色，徒作无度之涂饰者可比也。在建筑之外部，彩画装饰之处，均约束于檐影下之斗拱横额及柱头部分，犹欧洲石造建筑之雕刻部分约束于墙额(Frieze)及柱顶(Capital)，而保留素面于其他主要墙壁及柱身上然。盖木构之髹漆为实际必需，木材表面之纯丹纯黑犹石料之本色；与之相衬之青绿点金，彩绘花纹，则犹石构之雕饰部分。而屋顶之琉璃瓦，亦依保留素面之原则，庄严殿宇，均限于纯色之用。故中国建筑物虽名为多色，其大体重在有节制之点缀，气象庄严，雍容华贵，故虽有较繁缛者，亦可免淆杂俚俗之弊焉。

6. 绝对均称与绝对自由之两种平面布局　以多座建筑合组而成之宫殿、官署、庙宇，乃至于住宅，通常均取左右均齐之绝对整齐对称之布局。庭院四周，绕以建筑物。庭院数目无定。其所最注重者，乃主要中线之成立。一切组织均根据中线以发展，其布置秩序均为左右分立，适于礼仪(Formal)之庄严场合；公者如朝会大典，私者如婚丧喜庆之属。反之如优游闲处之庭园建筑，则常一反对称之隆重，出之以自由随意之变化。部署取高低曲折之趣，间以池沼花木，接近自然，而入诗画之境。此两种传统之平面部署，在不觉中，含蕴中国精神生活之各面，至为深刻。

7. 用石方法之失败　中国建筑数千年来，始终以木为主要构材，砖石常居辅材之位，故重要工程，以石营建者较少。究其原因有二：

(1) 匠人对于石质力学缺乏了解。盖石性强于压力，而张力曲力弹力至弱，与木性相反，我国古来虽不乏善于用石之哲匠，如隋安济桥之建造者李春，然而通常石匠用石之法，如各地石牌坊、石勾栏等所见，大多凿石为卯榫，使其构合如木，而不知利用其压力而垒砌之，故此类石建筑之崩坏者最多。(2) 垫灰之恶劣。中国石匠既未能尽量利用石性之强点而避免其弱点，故对于垫灰问题，数千年来，尚无设法予以解决之努力。垫灰材料多以石灰为主，然其使用，仅取其黏凝性；以为木作用胶之替代，而不知垫灰之主要功用，乃在于两石缝间垫以富于粘性而坚固耐压之垫物，使两石面完全接触以避免因支点不匀而发生之破裂。故通常以结晶粗沙粒与石灰混合之原则，在我国则始终未能发明应用。古希腊罗马对于此方面均早已认识。希腊匠师竟有不惜工力，将石之每面磨成绝对平面，使之全面接触，以避免支点不匀之弊者；罗马工师则大刀阔斧，以大量富于黏性而坚固之垫灰垫托，且更进而用为混凝土，以供应其大量之建筑事业，是故有其特有之建筑形制之产生。反之，我国建筑之注重木材，不谙石性，亦互为因果而产生现有现象者也。

二、属于环境思想方面,与其他建筑之历史背景迥然不同者,至少有以下可注意者四:

(一)不求原物长存之观念　此建筑系统之寿命,虽已可追溯至四千年以上,而地面所遗实物,其最古者,虽待考之先秦土垣残基之类,已属凤毛麟角,次者如汉唐石阙砖塔,不止年代较近,且亦非可以居止之殿堂。古者中原为产木之区,中国结构既以木材为主,宫室之寿命固乃限于木质结构之未能耐久,但更深究其故,实缘于不着意于原物长存之观念。盖中国自始即未有如古埃及刻意求永久不灭之工程,欲以人工与自然物体竞久存之实,且既安于新陈代谢之理,以自然生灭为定律;视建筑且如被服舆马,时得而更换之;未尝患原物之久暂,无使其永不残破之野心。如失慎焚毁亦视为灾异天谴,非材料工程之过。此种见解习惯之深,乃有以下之结果:1. 满足于木材之沿用,达数千年;顺序发展木造精到之方法,而不深究砖石之代替及应用。2. 修葺原物之风,远不及重建之盛;历代增修拆建,素不重原物之保存,唯珍其旧址及其创建年代而已。唯坟墓工程,则古来确甚着意于巩固永保之观念,然隐于地底之砖券室,与立于地面之木构殿堂,其原则互异,墓室间或以砖石模仿地面结构之若干部分,地面之殿堂结构,则除少数之例外,并未因砖券应用于墓室之经验,致改变中国建筑木构主体改用砖石叠砌之制也。

(二)建筑活动受道德观念之制裁　古代统治阶级崇向俭德,而其建置,皆征发民役经营,故以建筑为劳民害农之事,坛社宗庙,城阙朝市,虽尊为宗法,仪礼,制度之依归,而宫馆,台榭,第宅,园林,则抑为君王骄奢,臣民侈僭之征兆。古史记载或不美其事,或不详其实,恒因其奢侈逾制始略举以警后世,示其“非礼”;其记述非为叙述建筑形状方法而作也。此种尚俭德,诎巧丽营建之风,加以阶级等第严格之规定,遂使建筑活动以节约单纯为是。崇伟新巧之作,既受限制,匠作之活跃进展,乃受若干影响。古代建筑记载之简缺亦有此特殊原因;史书各志,有舆服食货等,建筑仅附载而已。

（三）着重布置之规制　古之政治尚典章制度，至儒教兴盛，尤重礼仪。故先秦两汉传记所载建筑，率重其名称方位，部署规制，鲜涉殿堂之结构。嗣后建筑之见于史籍者，多见于五行志及礼仪志中。记宫苑寺观亦皆详其平面部署制度，而略其立面形状及结构。均足以证明政治、宗法、风俗、礼仪、佛道、风水等中国思想精神之寄托于建筑平面之……分布上者，固尤深于其他单位构成之因素也。结构所产生立体形貌之感人处，则多见于文章诗赋之赞颂中。中国诗画之意境，与建筑艺术显有密切之关系，但此艺术之旨趣，固未尝如规制部署等第等之为史家所重也。

（四）建筑之术，师徒传授，不重书籍　建筑在我国素称匠学，非士大夫之事。盖建筑之术，已臻繁复，非受实际训练，毕生役其事者，无能为力，非若其他文艺，为士人子弟茶余酒后所得而兼也。然匠人每暗于文字，故赖口授实习，传其衣钵，而不重书籍。数千年来古籍中，传世术书，惟宋清两朝官刊各一部耳。此类术书编纂之动机，盖因各家匠法不免分歧，功限料例，漫无准则，故制为皇室官府营造标准。然术书专偏，士人不解，匠人又困于文字之难，术语日久失用，造法亦渐不解，其书乃为后世之谜。对于营造之学作艺术或历史之全盘记述，如画学之《历代名画记》或《宣和画谱》之作，则未有也。至如欧西、文艺复兴后之重视建筑工程及艺术，视为地方时代文化之表现而加以研究者，尚属近二三十年来之崭新观点，最初有赖于西方学者先开考察研究之风，继而社会对建筑之态度渐改，愈增其了解焉。

本篇之作，乃本中国营造学社十余年来对于文献术书及实物遗迹互相参证之研究，将中国历朝建筑之表现，试作简略之叙述，对其蜕变沿革及时代特征稍加检讨，试作分析比较，以明此结构系统之源流而已。中国建筑历史之研究尚有待于将来建筑考古方面发掘调查种种之努力。

课文导读：

梁思成，现代建筑学家，古建筑研究界的泰斗，《中国建筑史》是他的代表作。本文是《中国建筑史》第一章“绪论”的第一节，也可以说是最重要的一节，诚如标题所示，对中国古建筑的基本特征作了概括的描述。

梁先生分两个方面来谈中国建筑的特征，即“结构取法及发展方面”（硬件方面）和“环境取法方面”（软件方面）。讲到中国古建筑硬件方面的基本特征，梁先生认为有四点，其中最重要的应该是第一点构材上的土木结构和第二点架构上的木框架结构。中国古建筑最基本的用材一定是泥土和木料（砖头属于经过加工的泥土），这与世界上其他地方主要用岩石来垒砌建筑有很大的不同。有意思的是，古代把搞大型建筑工程说成“大兴土木”，现在中国许多大学的建筑系仍然不叫建筑系，而是叫“土木工程系”，虽然研究的其实已经是钢铁建筑甚至是玻璃建筑。讲到木框架，也是中国古建筑最根本的特征，木质的立柱和横梁，再加上第四个特征中提到的“人字大屋顶”，构成了古建筑的三要素。梁先生告诉读者，在古建筑中墙不是要素，古建筑一般没有“承重墙”、只有隔断墙，幢幢建筑物承重的任务全部是由立柱与横梁来承担的。第四个特征是外部轮廓方面的，又分六个方面，其中“翼展之屋顶”（俗称“人字大屋顶”）、完整的院落组织和对称布局比较重要。硬件方面的第三个特征是与梁柱架构密切相关、又极具审美价值的斗拱结构。

课文的第二部分讨论中国建筑软件方面的特征。中国历来有“天人合一”的思想，建筑界尤其有所谓“风水学”，就其积极面说，就是强调建筑要与周围环境合拍、要体现某种理念和追求。梁思成自己就有“建筑是文化的记录”的名言。那一幢幢精美的土木古建筑，不仅给人们提供了遮风避雨和从事活动的场所，更是灿烂辉煌的中国传统文化的活生生的见证物。令人扼腕叹息的是，伴随着推土机的巨响，在今天的中华大地上，这类可贵的见证物越来越少了。

文章也可以看做是科普文章的范例，其朴素自然，平易流畅，绝无矫揉造作和哗众取宠之优点，表现了一位著名科学家求真务实的态度和谦逊的性格，读来令人肃然起敬。文章行文规范，语法组织严密，绝不存在“欧化”的句子和“新潮”的用词，完全可以作为学习语文的典范。只是因为作者是上世纪的老一辈学者，文字中稍有一点文言文的痕迹，但于阅读绝无障碍。

本文选自《中国建筑史》，百花文艺出版社 1998 年 2 月版。

思考与练习：

1. 将中国传统的土木结构建筑与岩石垒砌的洋楼（如上海外滩的万国建筑群）、钢铁架构的当代大楼（如上海陆家嘴的金茂大厦）或者是你居住的钢筋混凝土建筑相比较，你认为有什么特点？其中蕴藏着怎样的文化内涵？
2. 将下列句子改写成现代汉语句。
   (1) 中国建筑乃一独立之结构系统。
   (2) 中国建筑之个性乃我民族之性格。
   (3) 建筑在我国素称匠学，非士大夫之事。
   (4) 崇伟新巧之作，既受限制，匠作之活跃进展，乃受若干影响。

“友邦惊诧”论

鲁　迅

只要略有知觉的人就都知道：这回学生的请愿，是因为日本占据了辽吉，南京政府束手无策，单会去哀求国联[1]，而国联却正和日本是一伙。读书呀，读书呀，不错，学生是应该读书的，但一面也要大人老爷们不至于葬送土地，这才能够安心读书。报上不是说过，东北大学逃散，冯庸大学[2]逃散，日本兵看见学生模样的就枪毙吗？放下书包来请愿，真是已经可怜之至。不道国民党政府却在十二月十八日通电各地军政当局文里，又加上他们“捣毁机关，阻断交通，欧伤中委，拦劫汽车，攒击路人及公务人员，私逮刑讯，社会秩序，悉被破坏”的罪名，而且指出结果，说是“友邦人士，莫名惊诧，长此以往，国将不国”了！

好个“友邦人士”！日本帝国主义的兵队强占了辽吉，炮轰机关，他们不惊诧。阻断铁路，追炸客车，捕禁官吏，枪毙人民，他们不惊诧。中国国民党治下的连年内战，空前水灾，卖儿救穷，砍头示众，秘密杀戮，电刑逼供，他们也不惊诧。在学生的请愿中有一点纷扰，他们就惊诧了！

好个国民党政府的“友邦人士”！是些什么东西！

即使所举的罪状是真的罢，但这些事情，是无论那一个“友邦”也都有的，他们的维持他们的“秩序”的监狱，就撕掉了他们的“文明”的面具。摆什么“惊诧”的臭脸孔呢？

可是“友邦人士”一惊诧，我们的国府就怕了，“长此以往，国将不国”了，好象失了东三省，党国倒愈像一个国，失了东三省谁也不响，党国倒愈像一个国，失了东三省只有几个学生上几篇“呈文”，党国倒愈像一个国，可以博得“友邦人士”的夸奖，永远“国”下去一样。

几句电文，说得明白极了：怎样的党国，怎样的“友邦”。“友邦”要我们人民身受宰割，寂然无声，略有“越轨”，便加屠戮；党国是要我们遵从这“友邦人士”的希望，否则，他就要“通电各地军政当局”，“即予紧急处置，不得于事后借口无法劝阻，敷衍塞责”了！

因为“友邦人士”是知道的：日兵“无法劝阻”，学生们怎会“无法劝阻”？每月一千八百万的军费，四百万的政费，作什么用的呀，“军政当局”呀？

写此文后刚一天，就见二十一日《申报》登载南京专电云：

“考试院部员张以宽，盛传前日为学生架去重伤。兹据张自述，当时因车夫误会，为群众引至中大③，旋出校回寓，并无受伤之事。至行政院某秘书被拉到中大，亦当时出来，更无失踪之事。”而“教育消息”栏内，又记本埠一小部分学校赴南京请愿学生死伤的确数，则云：“中公④死二人，伤三十人，复旦伤二人，复旦附中伤十人，东亚⑤失踪一人（系女性），上中失踪一人，伤三人，文生氏⑥死一人，伤五人……”可见学生并未如国府通电所说，将“社会秩序，破坏无余”，而国府则不但依然能够镇压，而且依然能够诬陷，杀戮。“友邦人士”，从此可以不必“惊诧莫名”，只请放心来瓜分就是了。

注释：

① 国联：国际联盟的简称，第一次世界大战结束后成立的国际政府间组织，第二次世界大战爆发后开始瓦解，1946 年正式解散。“九一八”事变后，国民党政府多次向国联申诉，请求干涉，阻止日本扩大侵华战争。

② 冯庸大学：奉系军阀冯庸创办的大学，1927 年成立于沈阳，“九一八”以后停止办学。

③ 中大：南京的中央大学。

④ 中公：上海的中国公学。

⑤ 东亚：上海的东亚体育专科学校。

⑥ 文生氏：上海的文生氏高等英文学校。

课文导读：

鲁迅，中国现代伟大的文学家、思想家、革命家。1931 年“九一八”事变以后，各地学生反对蒋介石抗战不力的声讨活动风起云涌。12 月间，前往南京举行请愿示威的事件时有发生。国民党政府面对学生们要求抗日的愿望不仅不爱护、不支持，反而于 5 日通电各地政府加以禁止。17 日，各地学生联合起来向国民党中央党部请愿，南京警方向手无寸铁的游行学生射击，当场造成二十余人死亡，一百多人受伤，许多学生被逮捕。就在血腥镇压后不久，国民党政府又通电全国军政当局，说近日的游行学生是为“暴烈分子”所胁迫，行动越轨，破坏了社会秩序，下令严行制止抗日群众的爱国活动，还说什么“友邦人士，莫名惊诧，长此以往，国将不国”。

针对这样的局面，鲁迅先生就拿一则国民党政府的电文来进行剖析，写了这篇著名的杂文。文章一石二鸟，深刻揭露了一主一奴互相勾结、镇压中国人民的丑恶面目。国民党政府所说的“友邦”，指的是某些貌似支持中国的外国，其实他们并非中国人民的友邦，只是国民党政府的“友邦”。这样的“友邦”不惊诧日本军队的残暴，却惊诧中国人民的抗议。这样的“友邦”有时也制约一下日本的侵略，但目的只在于不让日本独吞中国，要和日本分享中国这块“肥肉”。“友邦”的最大敌人并非日本侵略者，而是追求独立、民主、进步的中国人民。国民党政府所害怕的也既不是失去国土，也不是人民遭受宰割，而是引起“友邦”人士的不满，影响自己统治的安稳，好一副卖国的嘴脸！

本文的写作方法是引用政府电文和《申报》专电，用事实作证，展开议论。语言风格则是尖锐犀利、对比加反语，痛快淋漓。文章也呈现出鲜明的语法特点，就是顺势沿用并强化“国”的反语法效果。在20世纪30年代，现代汉语语法的主导地位已经奠定。名词不和副词搭配，“国”不是名词和动词的兼类词，不能作动词用，已是众所周知的规范。而鲁迅先生正是利用了“国将不国”、“永远‘国’下去”这种反常用法的修辞效果，引发读者的惊奇、思考和愤怒，很好地发挥了杂文的战斗作用。规范的语言表达可以显示严肃、庄重和有力，不规范的词语搭配可以显示滑稽、讽刺和批判。语法的正用有正用的效果，反用也有反用的效果，嬉笑怒骂皆成文章。本文正是一个反用的例子，用来揭露和批判真是妙不可言。

说鲁迅是一个优秀的修辞家并不过分，因为他在很多文章里采用与现代汉语语法不符的词语搭配，创造出某种修辞效果，用以讽刺、用以揭露，无不给人新鲜、痛快的语感。比如把“国”临时活用为动词大做文章，又如把“堂·吉诃德”临时活用为形容词幽它一默等，使人一读到这样的文字就知道出自鲁迅的手笔。

本文选自《鲁迅杂文选》，上海人民出版社1973年5月版。

思考与练习：

1. 分析鲁迅先生文章中结构助词的区别性用法。

   我记得有一种开得极细小的粉红花，现在还开着，但是更极细小了，她在冷的夜气中，瑟缩地做梦，梦见春的到来，梦见秋的到来，梦见瘦的诗人将眼泪擦在她最末的花瓣上，告诉她秋虽然来，冬虽然来，而此后接着还是春，蝴蝶乱飞，蜜蜂都唱起春词来了。

2. 分析下列句子存在着哪方面的错误。

   王教授花了很大功夫对该书的内容、语法、体例等一项项进行梳理，并将之与《史记》、《汉书》及历代方志作了对比。

3. 比较下列两句在语法上的关系。

(1) 天下之无道也久矣,天将以夫子为木铎。

(2) 这出戏的上演使人们大开眼界。

4. 改正下列病句。

(1) 奥巴马对“占领华尔街”示威行动表示了一个支持。

(2) 我觉得这样的日子太无聊,但是我无论如何也不能忍受了。

(3) 一段时间以来,人们不难发现大量的赝品字画充斥市场。刘扬先生就否认本家族中并没有刘照光此人,至于他们的字画,当然更是无稽之谈了。

(4) 住建部今日发出通知,开发商严禁收取定金。

(5) 考虑到“曲美”存在的有害成分,监管部门表示应坚决停止“曲美”下架。

麦　地

海　子

吃麦子长大的
在月亮下端着大碗
碗内的月亮
和麦子
一直没有声响

和你俩不一样
在歌颂麦地时
我要歌颂月亮

月亮下
连夜种麦的父亲
身上像流动金子

月亮下
有十二只鸟
飞过麦田
有的衔起一颗麦粒
有的则迎风起舞，矢口否认。

看麦子时我睡在地里
月亮照我如照一口井

家乡的风
家乡的云
收聚翅膀
睡在我的双肩

麦浪——
天堂的桌子
摆在田野上
一块麦地。

收割季节
麦浪和月光
洗着快镰刀。

月亮知道我
有时比泥土还要累
而羞涩的情人
眼前晃动着
麦秸。

我们是麦地的心上人
收麦这天我和仇人
握手言和
我们一起干完活
合上眼睛,命中注定的一切
此刻我们心满意足地接受。

妻子们兴奋地
不停用白围裙
擦手。

这时正当月光普照大地
我们各自领着
尼罗河、巴比伦或黄河
的孩子　在河流两岸
在群蜂飞舞的岛屿或平原
洗了手
准备吃饭。

就让我这样把你们包括进来吧
让我这样说
月亮并不忧伤
月亮下
一共有两个人
穷人和富人
纽约和耶路撒冷
还有我
我们三个人
一同梦到了城市外面的麦地
白杨树围住的
健康的麦地
健康的麦子
养我性命的麦子！

课文导读：

海子，当代诗人。15 岁就考入北京大学法律系，毕业后任大学教师。1989 年去世时年仅 25 岁，留下 200 多万字的作品。他的诗歌是对中华民族的传统美德和现代文明深入思考的艺术结晶。《麦地》

是海子最负盛名的抒情短诗之一。诗歌表现出一种对于纯朴的自然和农村的父老乡亲们的深深眷恋,对于劳动和收获的感激之情,以及对于人类命运的关怀。诗歌对劳动场面的描写好像一幅幅速写,而其中的意象则令人产生无穷的联想,妙不可言。诗歌里的几个比喻也是十分精彩的。这都说明诗人对生活的感受和理解超乎常人,诗人对自由体诗歌语言和节奏的把握也是炉火纯青,不愧是一位年轻的成熟诗人。

诗歌有诗歌的语言,自由体诗歌除了在音节上要讲究音拍和节奏、词汇上要讲究对词的推敲外,在语法上就要有较多的省略和一些词语的超常搭配。有人认为写诗可以不讲究语法,只要按自己的意愿把词搭配在一起便可。也有人认为,现代派的诗词语组合越超常越好。其实,写诗还是需要一点规矩的,诗歌总要让人看得懂,但绝不是大白话,也不是晦涩的诗谜。好的诗是在懂与不懂之间让人产生联想和回味。海子的《麦地》符合诗歌语言的语法。它的分段虽然长长短短很不整齐,但每个段落不管有没有句号,都表达一个相对完整的意思。较单纯的句子用一行,较复杂的句子分几行。句内的分行则考虑词组的单位和音拍的停顿,因此在总体意蕴的理解上毫无障碍。不过,"诗无达诂",每个人能够从中得到什么,一定是因人而异的。在《麦地》一诗中,诗人较多地使用了比喻和比拟,有时实写,有时虚写,用近乎平白的语言写出宽广的胸怀和深邃的意境。

本文选自《海子诗全编》,生活·读书·新知三联书店 1997 年 2 月版。

思考与练习:

1. 找出诗中的比喻和比拟用法。
2. 如何理解"麦浪和月光洗着快镰刀"这样的词语搭配?
3. 第 8 段(月亮知道我)里有几个主语?"羞涩的情人"是指什么?

4. 分析元代马致远的《天净沙·秋思》的语法特点。

枯藤　老树　昏鸦
小桥　流水　人家
古道西风瘦马
夕阳西下
断肠人在天涯

走进嘉定孔庙

陶继明

嘉定，江南的一片“清嘉之土，安定之地”，自古就是精致发达的吴文化圈中的一个重镇，历来人文荟萃，人杰地灵。嘉定的文化生态环境得天独厚，文物古迹众多，其中最负盛名的当数嘉定孔庙。

孔庙位于历史文化名镇嘉定镇南端，掩映在一片绿色的丛林中，素有“吴中第一”的美誉。十分庆幸的是我服务的嘉定博物馆就在孔庙内。我终日与孔庙为伴，每天都能感受孔庙的气息，每当我触摸嘉定的历史文化时，一种“心向往之”的崇高美便迎面扑来。

嘉定孔庙已有近800年的历史，早在南宋嘉定十二年(1219年)，即嘉定建立县治仅一年，首任嘉定知县高衍孙为“教化人民”，手辟草莱，筚路蓝缕，建造了高峻雄伟的大成殿和明伦堂。嘉定人民应当感谢这位进士出身的宁波人，是他奠定了孔庙的基础。以后又历时30年，直至南宋淳祐九年(1249年)，占地30余亩的孔庙建筑体制终于初具规模。从此，虔诚的嘉定人民视孔庙为文明的圣殿，对她珍爱有加。800年来，无数次天灾未能改变她，无数次战火未能摧毁她，无数次动乱未能消灭她。如今，经历了800年风雨沧桑的嘉定孔庙更加巍峨庄严，水木清华。

在古代，孔庙有双重职能：一方面是古代地方官员和士子们祭孔的场所；另一方面又是当地的官办学校——县学，古时候也称为“学宫”，或“庠”，从而使孔庙形成“庙学合一”的基本格局，全国各地一概如此。

嘉定孔庙是嘉定文人智慧的产物，凝聚了他们的奇思妙想。在国内也堪称独一无二。孔庙由内景和外景两部分组成。

外景以碧波荡漾的汇龙潭和林木葱茏的应奎山为主体。明代中叶，嘉定士子们认为孔庙前半里许的一座留光寺破坏了孔庙的风水，妨碍了他们的中举。嘉定知县就下令在佛寺与孔庙之间堆一座土山，又挖了一个大潭，当时孔庙附近有五条河道纵横，于是形成了“五龙戏珠”的胜景。依我看，士子们提出佛寺破坏孔庙风水不过是个借口，真正的目的是为孔庙营造惬意的山水自然景观，体现孔子智者乐水、仁者乐山的美学理念，满足自己亲近山水的文人情结。

汇龙潭东为魁星阁，初建于清雍正十年(1734 年)。传说魁星是上天执掌文运的星宿，也是士子们顶礼膜拜的命运之神。全国各地的孔庙都建有魁星阁，但都建于庙内，唯有嘉定文人将其建于水畔，使魁星阁与水景配合，可以入诗入画。也许是嘉定的教化发达，故魁星阁造得特别大，重楼飞檐，底层四面有门，阁影映入潭水，令人产生无穷的遐思。

汇龙潭北，有三座高大的牌坊。东西对峙的是分别建于宋代的“兴贤坊”和建于元代的“育才坊”，显示了举才任贤的传统办学理念。明代中叶，在东西两坊之间、直对棂星门处又建造了一座“仰高坊”。“仰高”语出《论语·子罕》中的“仰之弥高”一语，赞扬孔子的学问博大精深。三座牌坊器宇轩昂，其中仰高坊最为高敞雄伟，四根高 7 米的石柱，粗可两人合抱，上覆重檐屋顶，配有鸱吻等装饰，檐下斗拱小而紧密，造型精美古朴。三坊之间以石栏连接。石栏杆柱顶上，坐落着姿态各异的 72 尊石狮子，象征着孔门七十二贤。两侧是十几棵有 200 年以上树龄的古枫树，形成一条绿色的长廊。

跨进“棂星门”，就是孔庙的内景，进门便给人以藏龙卧虎之感。泮池平静如镜，绿水盈盈，游鱼可数。泮池上飞架三座石桥，中间一座雕龙石桥称为“状元桥”，只有考中状元的士子才有资格走过。有史以来，嘉定有三位士子考中了状元，他们是清代王敬铭、秦大成、徐郙。可以想见这三位蟾宫折桂的嘉定才子，当年走过状元桥时，是何等的风流倜傥，威风自在。

走过泮桥，只见古木森森，最引人注目的是植于元代的桧柏，它已经670多岁了，在同类树种中名列第一，三人方能合抱。它半身已经枯死，另半身却依然生机勃勃，如一位阅尽人间沧桑的历史老人，默默地守望在大成门前，极富智慧之美。传说孔子曾在家门前亲植桧柏，从此沿传成习。据地方志记载，这棵桧柏栽于至顺三年(1332年)，当时种植60棵，如今就它硕果仅存。1961年，被周恩来称为“国宝”的文博大师、版本学权威徐森玉先生在这棵桧柏下徘徊抚摸良久。临走时，充满感情地嘱咐孔庙管理人员：“桧柏不仅是孔庙一宝，更是上海一宝，它像一位老人，每年春天你们要在它的根部浇一些烧酒，刺激它焕发青春，千万不要忘记呵……”

穿过朱漆高槛的大成门，有一条笔直的石砌甬道，直通大成殿。甬道两旁苍松翠柏，生机勃勃，每逢春天杂树生花，可闻鹧鸪的啼叫声。院内还有三棵枝干虬曲、苍老遒劲的古桧柏，它们虽已枯死，但死而不倒，老而弥坚，抚摸其干，滑泽坚润，扣之有金石声，外形如刺向天空的巨笔。看着它们，你就会理解孔子“岁寒，然后知松柏之后凋”的名言，不只是指松柏的颜色，更是指松柏的精神。

大成殿是历代官员和士子祭孔的场所。大殿雄伟宏敞，重檐歇顶，飞檐高翘。里面有孔子塑像及祭孔器具，还悬挂着清代康熙皇帝题写的“万世师表”、雍正皇帝题写的“生民未有”、嘉庆皇帝题写的“圣集大成”，以及光绪皇帝题写的“斯文在兹”等匾额，显得庄严肃穆。

大成殿前是石板铺成的月台，这里是举办祭孔活动的场所。每当祭祀时，士子们演奏祭孔乐，跳祭孔舞，场面十分壮观。如今，这宽敞平整的月台显得年深日久，当你漫步在上面时，可以感受到这里曾经的漫长岁月。

东部明伦堂，是孔庙中学校的部分。我翻阅有关史料后得知，旧时，这里是学官讲学、入学秀才就学之所。明清时期，新进秀才由县官率领到孔庙，先入大成殿拜谒孔子，然后到明伦堂见学官。每月学官负责考核，还召集文、武生员上课。明伦堂内还布置本县士子科举成绩的匾额，以鼓励士子们努力求进。如今，这里是“中国科举文物陈列”，展出各种考卷、作弊用具，还有复原的考场，生动地展现了旧时士子们科举之路的艰辛。

走过明伦堂前玉兰老桂、梅花兰草的一条石径，前面是当湖书院。嘉定历史上曾出现过数十个书院，如今仅剩这一家书院，同时它也是上海地区仅存的书院建筑。当湖书院是嘉定文人为纪念康熙时期曾任嘉定知县的著名理学家、教育家陆陇其所修。他任职期间，传播理学，推动教化，为嘉定文化注入了一种独特的道德美感，深得嘉定士子的拥戴。

明伦堂和书院都与科举密切相关。科举刺激了嘉定文化的发展，嘉定士子以读书为荣，敢于搏击科场，孔庙成为“教化嘉定”的沃土。从这里走出了 5 000 多名秀才，900 多名举人，192 名进士，星汉灿烂，云蒸霞蔚，堪称奇观。有清一代三名状元金榜题名，科举夺魁，为上海地区之最。发祥于齐鲁大地的儒家文化，在嘉定这块烟雨之土上生根、发芽、开花、结果。

孔庙是“教化嘉定”的脊梁。无论是名震江南文坛的“嘉定四先生”唐时升、娄坚、程嘉燧、李流芳，仗节而起的风骨之士侯峒曾、黄淳耀，科学家孙元化，还是著作等身的乾嘉学派巨擘钱大昕、王鸣盛……哪一个不是从孔庙中走出？

孔庙是“教化嘉定”的源头。明伦堂里精彩的论辩声，当湖书院中朗朗的读书声，横沥河潺潺的流水声，汇龙潭汹涌的波涛，以及孔庙八面来风声，嘉定的诗海文潮，生生不息，清初著名学者阎若璩称“天下文章萃于嘉定”。

孔庙内林林总总的碑刻则是另一道风景。一百多通碑刻如一本可圈可点的大书。这里有宋代哲学家、教育家朱熹所书的大字碑，全碑由五幅青石组成，气势不凡，行书点画波磔，合乎法度，端塞谨密，气韵生动，被人赞为“笔法险劲，精彩四射”；有元代大画家倪云林、诗人顾阿瑛的自撰墓志铭，但死后并没有置于墓中，想不到经过600多年辗转，到了嘉定孔庙；还有“嘉定四先生”的画像、诗词石刻。这些历史的积淀，无处不渗透出浓烈的文化氛围和艺术气息。

孔庙是一个有着巨大引力的磁场。孔庙周边出过无数文人学者，他们都曾得到过孔庙的滋养和影响。孔庙南数十公尺是明代古建筑“涛阁”，受到毛泽东接见过的著名戏剧家葛一虹就诞生在这里，他翻译的苏俄名剧《带枪的人》在根据地演出时盛况空前。涛阁东边是著名电影艺术家、戏剧家瞿白音的故居，他的《电影艺术的创新独白》一文，冲破“左”的坚冰，敏锐而富有才气，他导演的《红日》是战争影片的经典。瞿白音故居再往东，是著名翻译文学家陈冰夷的故居。陈冰夷对苏俄和东欧文学有精深的研究，曾任中国作协书记处书记、《世界文学》主编。陈冰夷故居再往南百步是著名作家秦瘦鸥的故居，他以长篇小说《秋海棠》一鸣惊人，饮誉文坛。秦瘦鸥生前曾对我说：“孔庙离我家近，我从小喜爱到孔庙玩，孔庙里的风景和气息都能触发我的创作灵感。”孔庙往西数十公尺，是曾被毛泽东称为“坐过班房的记者”浦熙修的故居。她从小在孔庙边的企云小学读书，孔庙是她每天上学的必经之路。1947年及1949年，她曾两次回嘉定重游孔庙，寻找儿时的感觉。孔庙往北数十公尺，是著名诗人、报人唐大郎的故居。唐大郎的诗严格遵守传统格律，又有浓厚的海派气息，诗作被周恩来称为“有良心有才华的爱国主义诗篇”。

著名作家陈白尘曾说：“作家都应有一片乡土，都应有在自己植根的土地上所培育出的特有的自尊心。有没有这种倔强和自尊是大不一样的，这是一种财富。”新时期旅居他乡的作家同样有着嘉定所特有的风骨和气质，并以此创造着新的辉煌。陈四益以老辣锋利的杂文称誉文坛，已完成《古话今说》、《新百喻解》、《瞎操心》等十余种杂文集；钱宁在完成长篇小说《留学在美国》后，又完成了长篇历史小说《秦相李斯》、《圣人》，写出了历史的厚度，又写出了新意；钱江则以纪实文学见长，他已完成了《乒乓外交始末》、《秘密征战》、《周恩来与日内瓦会议》等七部长篇纪实文学，史料严谨，文笔流畅优美；姜戎以长篇小说《狼图腾》崛起文坛，此书被小说界称为"奇书"；"孤岛"作家、诗人陆象贤宝刀未老，笔耕不辍，近年来又奉献散文随笔集《爝火集》；社会科学大师于光远戏称自己为"文坛新秀"，《古稀手记》、《碎思集》、《窗外的石榴花》等一部部作品喷涌而出；复旦大学中国语言文学研究所所长黄霖，学养深厚，著作甚丰。

今天，在上海作家协会会员名单中，有一长串嘉定人的名字：陈祖芬、竹林、殷慧芬、须兰、龚静、许佳、赖云青、赵春华、陈一凡、张旻、陆棣、魏滨海、楼耀福、柳易冰、戴达、戴臻、陆惠明……

孔庙的故事还在演绎，孔庙的历史还在延伸，孔庙那脉文化血骨必将积薪传火，绵延流长。

课文导读：

两宋以来，江南一带建造了大量孔庙——学宫建筑，它们星罗棋布，如种子一般洒遍江南大地，为传承和弘扬以儒学为中心的中国传统文化作出了卓越的贡献。它们积薪传火，几经患难而不会灭绝，显示了我们民族顽强不息的精神和我们文化的强大生命力。而嘉定孔庙就是其中最具有代表性的一座。著名建筑学家梁思成说过："建筑是文化的记录。"信然！

对以孔子为代表的儒学文化，本来应该像对待任何事物一样，采取一分为二的态度，应该将孔子孟子等思想家孜孜不倦的追求与封建专制统治者利用孔孟之道来巩固自己罪恶统治的卑劣行径区分开来，就是对儒学的第三阶段——宋明理学也应作如是观。产生于封建社会后期的理学，确实较多地体现出保守、落后的一面，但是，有时也有鼓舞士气、凝聚人心、崇尚民族气节的积极的一面，如明末活跃于江南一带的东林党—复社就是其中的光辉代表。本文立足孔庙，当然不便对儒学作出全面评价，更不便展示和批判孔孟之道中的消极落后的部分，而是着重宣传和弘扬其中比较积极的、至今仍然有生命力的部分。这种写法，应属人之常情，也是无可厚非的。

本文介绍嘉定孔庙、赞颂中国正统的传统文化，行文朴素自然、中规中矩，本身就是一篇绝佳的作文范文和展示现代汉语语法的范例。文章多用短句，但多数是完整规范的主谓句，很少见省略句和非主谓句，更绝无“新潮”怪异的句式和不规范的词语。这样的文风跟文章的内容正好吻合。请同学们细细体会其中的道理。

本文选自《上海文史资料·嘉定卷》，上海市政协文史资料编辑部，2006年10月出版。

思考与练习：

1. 分析下列句子的句型特点。
   (1) 嘉定孔庙已有近800年的历史。
   (2) 孔庙由内景和外景两部分组成。
   (3) 跨进“棂星门”，就是孔庙的内景，进门便给人以藏龙卧虎之感。
   (4) 大成殿是历代官员和士子祭孔的场所。
   (5) 这些历史的积淀，无处不渗透出浓烈的文化氛围和艺术气息。
2. 举出文章中三个并列关系的复句，并分析这种表述的好处。
3. 仔细审读并修改下句。
   (1) 然而不幸的是，在医务人员的全力抢救下，被压成重伤的何女士仍因伤重不治身亡。（上海某报2010年1月12日第10版社会新闻稿）
   (2) 指定日门票已经售完，请市民不要前往世博场馆，以免耽误您的行程。
   (3) 我看了，明天给你回音。

第五单元　结　构

结构也被称之为谋篇布局，它是作者根据表达主题的需要和文章体裁的要求，按照客观事物的内在联系及其发展规律，对选用的材料所作的有步骤、有主次的组织和安排，使文章成为一个紧密、有机、统一的整体。有人说主旨是文章的灵魂，材料是文章的血肉，那么结构就是文章的骨架。因为主旨决定了结构的安排，结构表达了主旨；材料是结构的物质基础，结构又使材料得到有序的组织与排列。任何一篇文章的写作，都需要有明确的主旨、合适的材料和良好的结构，这样才能写出好文章。清代的戏曲家李渔非常重视结构，他在论述戏曲时首先讲的就是结构问题。他说："工师之建宅亦然，其址初平，间架未立，先筹何处建厅，何处开户，栋需何木，梁用何材，必俟成局了然，始可挥斤运斧。倘造成一架，而后再筹一架，则便于前者不便于后，势必改而就之，未成先毁……故作传奇者，不宜卒急拈毫。袖手于前，始能疾书于后。"

文章结构的基本要求是：条理清楚，前后连贯，详略得当，首尾完整。所谓条理清楚，讲的是段落层次之间的有序安排，要围绕文章的主题来安排段落层次，分清先后顺序，不能颠三倒四，语无伦次。所谓前后连贯，讲的是段落层次之间的联系问题，文章的各部分在内容上要互相贯通，在语言形式上有紧密的衔接和合理的过渡，不能相互脱节，彼此不相关联。所谓详略得当，指的是分清材料主次轻重并作出相应的安排。所谓首尾完整，就是要注意通篇的格局，要有始有终，不能无头无尾，残缺不全。

一篇完整的文章一般都由开头、主体、结尾三个部分组成,可再细化为开头、结尾、层次、段落、过渡、照应。文章的开头是全文的起笔,或叫“开卷”,为全文确定基调。有道是:“万事开头难”、“良好的开头,是成功的一半”。开头关系到整篇文章的结构和表达效果。开头的写法很多,但最基本的只有两种:一是开门见山,直接入题,如提出问题、阐明观点等,议论文经常这样开头;二是间接入题。开头并不急于点题,而是先用一些文字,或描写环境、制造气氛,或交待背景、说明缘由、介绍人物、抒发感情等等,引导入题。此种开头记叙文用得较多。结尾是全文的终结表述。结尾的写法很多,如总结全文,点化主旨;提出希望,鼓舞斗志;感慨抒情,加深印象,画龙点睛,耐人寻味;事完文止,自然结尾等等。总之,一个好的结尾,能令通篇增色,使主题得到完全的表达。虎头蛇尾是文章之大忌。

层次是文章的思想内容的编排次序,称“部分”或“意义段”。安排层次就是安排文章各个部分的次序,体现文章内在线索展开的步骤。它是结构文章的最重要的环节。层次的安排最常见的方式有两种:一是按照事物发展的自然顺序来安排层次(即自然层次)。记叙文一般按照事件发生发展的先后顺序或自然过程来安排层次。二是依据事物的内在逻辑联系来安排层次(即分类层次),将事物(事理)分门别类,一一记录或叙说。层次由段落组成。段落是构成文章的基本单位,形式上具有换行另起的标志,也叫“自然段”。段落的设置,体现了行文过程中的转折、强调、间歇情况,使文章眉目清楚,重点突出,方便读者阅读理解。文章的过渡是指上下文之间的衔接或转换。过渡段、过渡句、关联词,都可以用作过渡文。在文章内容转换、论述分总变化时恰当地运用过渡,能使文章层次更清晰,结构更显严谨完整。而照应是指出现在文章首尾、前后不同地方有关内容之间的配合与呼应。它们都是使文章上下语意贯通、联系紧密“天衣无缝”的重要手段。常用的照应方法有首尾照应、题文照应、前后文照应三种。前后文照应往往表现为前有伏笔,后有揭示性。

文章的内容是五光十色的，相应的结构方式也应之千变万化，不能老是拘泥于几种模式化的体式。上面所说的主要是指应用类的文章，这类文章有章可循，讲究规范，我们一般应该遵循规范。但是对于文学作品就要另当别论了。因为文学最讲究独创，追求个性化，推陈出新往往成为作家的爱好。改革开放以后，小说创作和戏剧创作在结构上“先锋”频出，也是值得注意的现象。因此，我们在安排文章的结构时，不仅要遵循一定的结构模式，更要不拘一格，努力找寻适合文章内容的表达方式；既要满足一般的共同要求，更需要敢于创新、寻求变化，以使文章别具一格，独特新颖。

本单元所选取的几篇作品，体裁不同，在文章的组织结构上各有特色。关汉卿的《南吕 · 一枝花 · 杭州景》属元曲中的套曲，是按套曲中的模式来建构曲子的；彭德怀的《保卫延安》是回忆录，严格按照战争进程安排结构；陈从周的《园日涉以成趣》是说明文，按中国园林特点的重要性程度依次排列，逻辑性很强；季羡林的《漫谈散文》是一篇文艺论文，其结构是依照作者的思辨逻辑来组织的；余秋雨的《道士塔》是一篇文化散文，它摒弃了散文惯常的叙述手法，将小说叙事特点引入文中；鲍昌的《桃花三月天》是微型小说，以意识流的梦境手法来组织文章。我们可以细细体会其中的异同。

南吕·一枝花·杭州景

关汉卿

普天下锦绣乡，寰海内风流地。大元朝新附国[1]，亡宋家旧华夷[2]。水秀山奇，一到处堪游戏[3]。这答儿忺富贵[4]。满城中绣幕风帘，一哄地人烟凑集[5]。

【梁州】 百十里街衢整齐，万余家楼阁参差，并无半答儿闲田地[6]。松轩竹径[7]，药圃花蹊[8]；茶园稻陌，花坞梅溪。一陀儿一句题诗[9]，行一步扇面屏帏[10]。西盐场便似一带琼瑶[11]，吴山色千叠翡翠[12]。兀良[13]，望钱塘江万顷玻璃。更有清溪绿水，画船儿来往闲游戏。浙江亭紧相对[14]，相对着险岭高峰长怪石，堪羡堪题。

【尾】 家家掩映渠流水，楼阁峥嵘出翠微，遥望西湖暮山势。看了这壁[15]，觑了那壁，纵有丹青下不得笔[16]。

注释：

① 大元朝新附国：作者写作此曲时，杭州刚刚归附元朝。

② 亡宋家旧华夷：杭州是刚刚灭亡的南宋王朝的都城。夷本是汉族对周边异民族的鄙视性称呼，这里站在蒙古人的立场上称呼南宋。

③ 堪：当时口语，很，非常。

④ 这答儿：当时口语，这里，这地方。

⑤ 一哄地：形容人烟稠密，十分热闹。凑集：聚集，集中。

⑥ 半答儿：当时口语，半点儿，半块。

⑦ 轩：周围都是窗子的屋子或走廊，多见于园林中。

⑧ 蹊：步行小路。

⑨ 一陀儿：当时口语，一块地方，一块儿。

⑩ 屏帏：屏风和帷幕。

⑪ 西盐场：这里指位于钱塘江南岸的西兴盐场。琼瑶：这里用来形容露天晾晒的食盐像白雪般晶莹剔透。

⑫ 吴山：位于杭州城与钱塘江之间。翡翠：这里用来形容吴山林木葱郁，远看就像一块美玉。

⑬ 兀良：也写作兀剌，当时语气词，即“哎呀”。

⑭ 浙江亭：位于钱塘江南面，离城十五里。

⑮ 壁：边，面。

⑯ 丹青：原指古代绘画中常用的红色颜料和青色颜料，这里指画师。下不得笔：极力形容杭州美景如画、胜似图画。

课文导读：

关汉卿，元代著名戏曲作家，号已斋叟，大都（今北京）人。一生从事杂剧和散曲创作活动。性格风流倜傥，多才多艺，能吟诗演剧，吹弹歌舞。作品大都以社会下层人物为主人公，揭露社会黑暗，抨击贪官污吏和财主豪绅。其杂剧结构完整，人物鲜明，情节曲折生动，曲词质朴凝练，有很高的艺术价值，代表作有《窦娥冤》、《救风尘》、《拜月亭》、《单刀会》等。其散曲作品，贴近生活，风格本色泼辣。他与马致远、白朴、郑光祖并称“元曲四大家”，并且位于“四大家”之首。散曲是元代新兴的一种诗歌样式，包括小令和套数两种体式。套数又叫套曲，由同一宫调的若干支曲子联缀而成。《南吕·一枝花·杭州景》是关汉卿的著名套曲之一，其中“南吕”是宫调名称，“一枝花”是曲调，“杭州景”是套曲表达的主题，相当于现在的题目。杭州自唐代以来日渐繁华，尤其在南宋成为都城以后，经过一百多年的建设，已经成为当时世界上少见的工商和文化名城。这篇《杭州景》就是赞美杭州的美丽风光和繁华市井的著名作品。

《杭州景》在结构上由一枝花、梁州第七、尾声等三支曲子组成。序曲即“一枝花”，是“总起”，描写杭州的历史变迁和都市的繁华景象。“梁州第七”生动而详尽地把杭州城里城外作了具体的铺叙。“尾”是高潮，作者再一次赞叹杭州景色的美不胜收，情不自禁地发出赞叹：杭州的景物，真是“纵有丹青下不得笔”呀！

作者以清丽流畅的语言、充满赞美之情的笔调，描述了杭州“堪羡堪题”的美丽景色和“楼阁参差”、“人烟凑集”的繁华景象，行文之间渗透了作者热爱祖国山河的深挚情感，同时也表达了他对朝代更替、国家兴亡的万千慨叹。本作品结构完整，起承转合表述流畅。风格通俗生动，率真本色。语言方面铺叙手法运用较多，这也是散曲套曲的一大特色。写景细腻生动而传神，同时把写景和抒情、描写和议论很好地融合在一起，景物鲜明，情感浓烈，充满了动人的艺术力量。本套曲和北宋柳永著名的《望海潮》词有着异曲同工之妙。

本文选自《全元散曲》，中华书局 1964 年 2 月版。

思考与练习：

本套曲只有三支曲子，照“起承转合”的固有结构模式，似乎还可以再加上一支曲子。你认为如果再加上一支曲子应该加在什么地方为好？应该再写什么内容？

延安保卫战

彭德怀

"七大"开完，我留在延安中央革命军事委员会任参谋长工作。一九四六年蒋介石发动内战，向解放区进攻以后，至当年冬十一月，被我人民解放军歼灭三十五个旅，蒋军受到严重打击，他的机动兵力有些近于枯竭，想以开伪"国大"[①]和进攻延安两着，一方面从政治上来打击人民解放战争；另一方面以压倒优势兵力，歼灭陕甘宁边区我军，压迫我军和我党中央、解放军总部到黄河以东，然后沿无定河、黄河封锁之。这样，蒋介石可以抽出嫡系胡宗南部主力控制于中原或华北，加强机动兵力。这是蒋介石当时的阴谋企图。

一九四七年春，蒋军向解放区的全面进攻，被迫改为向山东、延安重点进攻。毛主席坚定而英明的方针是："必须用坚决战斗精神，保卫和发展陕甘宁边区和西北解放区，而此项目的是完全能够实现的。"很明显，中央的目的是要以较小的兵力吸引和歼灭敌军大量主力部队。为了鼓舞全国解放战争胜利，中央和解放军总部留在陕甘宁边区，继续指导全国解放战争；同时直接指挥西北人民解放战争，滞留胡宗南部于西北，粉碎蒋介石的阴谋。

胡宗南部进攻延安时，敌我兵力大概是十与一之比：敌军二十四万左右，我军二万五千余人。胡部是蒋嫡系，经过长期整训补充，部队比较充实，装备也是头等的，有一定的战斗力。一九四七年三月初，胡宗南以五个旅进攻我陇东区庆阳、合水地域。我方三五八旅、新四旅、警备一旅约一万二千人，西华池序战没有打好，伤亡一千二百人左右，从陇东撤到鄜(富)县集结，准备直接参加保卫延安。因西华池战斗打得不太好，意见很多。

这时，胡匪主力也正在向洛川、宜川集结，准备向延安进攻。

我赶到鄜县，向该部队同志讲了全国各解放区战争形势很好；保卫延安、保卫毛主席、党中央、保卫陕甘宁边区的意义重大。大家听到保卫毛主席，劲头很大。当时，部队正在开陇东战斗检讨会，我未参加完，即到防卫延安的主要阵地南泥湾检查教导旅设防情形。听了罗元发同志的介绍，就是子弹太少，平均每枪不到十发。同他们商量了部署，认真研究能防御几天，他们说五天。我说，尽可能阻击，给敌以杀伤，但不死守，争取防守一星期，使中央机关撤出延安有余裕时间。以后证明，也守了七天。如果有充分的弹药，当然还可能延长守备时间。以后，我仍回到鄜县。

三月十二日回到延安，向毛主席报告了上述情况。当时贺龙同志在晋绥，不在延安。我向毛主席说，在贺未来延安前，陕北几个旅并后勤人员也不过两万人，是否由我暂时指挥。毛主席说："很好！"同意了我的意见。以后中央又任命习仲勋同志为西北野战军政治委员，我为司令员，贺龙同志为西北军区司令员兼管后方。这时我党在南京的办事处撤销，周恩来同志等已从南京撤回延安。党中央秘书长为任弼时同志，军委参谋长由周恩来同志兼。此后，我离开了军委，从西北局调了张文舟同志作参谋长。我要三局配备了两个手摇马达小电台，调了几个参谋、译电员，组织了一个小司令部，全部人员五、六十人。此时，胡宗南已在向洛川、宜川集结兵力，并向北推进。西北局召集了群众大会，习仲勋同志和我讲了话，动员保卫延安、保卫边区，对敌人坚壁清野、封锁消息；号召拥护人民解放军，打倒蒋介石，消灭胡宗南匪军。这次动员大会是开得很好的。

在敌人进攻南泥湾的第三、四天时，告新四旅即刻派人到青化砭预伏地区详细侦察了地形。撤出延安的前一天，教导旅也作了同样的侦察。他们在南泥湾的防御战斗和保护主席安全通过拐峁中，都尽了很大的责任。

三月十七日，毛主席已由枣园搬来王家坪住。毛主席对我说，这次撤出延安时，要把房屋打扫得干干净净，家具一点也不要破坏。十八日黄昏，主席离开延安，我们悄悄地送到飞机场。敌进迫离城约七里处，也即是教导旅的最后掩护阵地。主席经飞机场、桥儿沟、拐峁向青化砭前进时，沿途都可听到延河南岸敌之枪声。在主席离开王家坪后，我即到西北局、联防司令部、杨家岭等地检查：房屋都按照主席吩咐打扫得还干净，家具也摆好了。约九时许，我回到了王家坪，同前方部队首长都通了电话，规定了撤退路线，告诉了意图和撤退时间，特别要三五八旅大摇大摆地向安塞以北撤退。我以小部兵力诱敌向安塞(延安西北)进攻，主力埋伏于延安东北之青化砭地区。

我军撤出延安是最有秩序的，这也证明毛泽东思想教育下的人民军队是何等镇静，何等可佩呵！我率小司令部从王家坪东面一条小路爬上山，向青化砭前进，当天午后到达。敌从南泥湾、甘泉进到延安大概用了七天。三月十九日胡宗南进占延安。

青化砭、羊马河、蟠龙战斗

我军到了预伏圈的第二天、第三天还不见敌军到，有些同志就有些着急，想：不会来了吧！我相信敌人终于会来的。一九四七年三月二十五日，胡宗南之整编二十七师的三十一旅，以一个团控制于拐峁，旅部率一个团进入我军预伏圈内，约战一小时余，即全歼该敌，缴获了近三十万发子弹，抓了两三千名俘虏，活捉了其旅长。这是胡宗南进攻延安的第一批礼物。虽然不多，但当时我军弹药奇缺，人员补充也甚困难，实在是太需要了。此役虽小，对我军帮助不少，补充了新四旅和教导旅在陇东和南泥湾战斗的消耗。

毛主席于四月十五日给了西北野战军作战方针，就是：采取蘑菇战术拖疲敌人，逐渐削弱它，各个消灭它。这是总的意图。我们如何执行主席的战略方针呢，这就必须了解敌人的方针，根据敌我双方方针，定出自己的切实可行的战斗计划。

我们取得青化砭序战胜利后，将主力隐蔽集结于青化砭西北，观察敌军进攻动向。胡宗南发现我在青化砭地区，即以主力三个旅从延安经拐峁从南向北进攻（而不由安塞向东），一路向延长、延川、清涧进攻扑了空，一路向瓦窑堡、永坪、蟠龙又扑了空。这时胡宗南已发现我主力在青化砭西北地区，他又不由清涧、瓦窑堡、蟠龙向西分路进攻，而将主力集结蟠龙、青化砭，由南向北进攻；在瓦窑堡、清涧各以一部兵力守据点。从他这些行动中，判明胡宗南的企图是要把我军赶到黄河以东，而没有歼灭我军的信心。以此定下了西北野战军的作战方针，其特点就是要求每战必胜，粮食、弹药、被服、人员的补充，主要取之于敌人。

当敌人开始行动时，我军已转移到瓦窑堡以西偏北地区集结。敌人扑空后，又回头控制一个旅（一三五旅）于瓦窑堡。这时我军又转移至青化砭西北，安塞以东地区。敌防我向西南发展，胡宗南把永坪、蟠龙、瓦窑堡各部向延安地区及其以北集结；又怕瓦窑堡之一三五旅孤立，故派两个旅由青化砭北进接出该敌。在判明敌之企图后，我以主力埋伏于瓦窑堡以南五里外，至羊马河大道两侧；以精干小部队坚决抗击北援敌于羊马河以南（羊马河离瓦窑堡十五里）。四月十四日，待南撤之一三五旅进入我夹击阵地时，不到两小时，全歼该敌，其代旅长被俘。

胡宗南发现我主力后，集结七个旅分三路由南向瓦窑堡齐头并进，企图压我退绥德、米脂线。我以小部队采取节节向后抗退，将主力乘夜转移，隐蔽集结于蟠龙、永坪、瓦窑堡、清涧之间。我每旅抽出一个连，摆在敌北进道上阻击，将北进敌诱至无定河、绥德、米脂线。我主力争取了四天时间休息。敌刚到米脂、绥德线，我即向蟠龙发起进攻（蟠龙是敌人的一个重要补给点，驻有较强的一个旅）。从五月二日开始，四号晚攻克。消灭一六七旅约六千人，俘旅长李昆岗等；缴获夏季军服四万套，面粉一万余袋，子弹百万余发（这是最宝贵的），医药品无数。解决了我军当时严重困难的粮食、衣服、医药问题。等第四天胡宗南部回到蟠龙，兵站基地已一无所有，变为一座空堡。

三战连捷，我军集结安塞地区整训近月，开了庆祝大会。

由防御转入进攻

毛主席在一九四七年四月十五日提出“蘑菇”战术的指示，要我军在瓦窑堡、清涧、青化砭地区周旋一月。从三月十九日敌占延安时起，到现在一月余的时间里，打了三仗，消灭五个团、三个旅直属队。主席指示要“磨”得他十分疲劳，现在还只磨得他七、八分疲劳，一仗还不能顺利地消灭敌两个旅。把打和磨，磨和打灵活地结合起来，整垮胡宗南的信心是大大地增加了。

引诱胡军由南向北进：胡宗南准备六、七个旅由延安向安塞及其以北大举进攻。我主力军两天前即已离开安塞地区，从下寺湾、甘泉之间出环县、曲子，越梢山。王震部进攻合水，遇马继援部，未能取得胜利。围攻环县、曲子县，消灭马鸿宾部两个多团。胡宗南害怕我军出西兰公路，星夜集结主力于西峰镇、庆阳，由南向北进攻，抽调延安主力南援。待胡宗南部向环县进攻时，我已休息半月了。即出盐池、定边、安边、靖边，恢复三边，马鸿逵部退宁夏。胡宗南部约八、九个整编旅尾随追击。我军第一次围攻榆林打援，因敌靠紧未打好，即撤至榆林城东南七十里，米脂以北六十里。胡部又尾追之。我撤至沙家店以北，摆开阵势，八月二十日伏击整编三十六师。一役消灭三十六师两个旅，俘一二三旅旅长。至此，胡宗南号称二十万大军进占延安，半年中，被歼灭和拖垮近半数。敌二十九军军长刘戡率五个旅退守绥德，廖昂师守清涧、延长、延川。

为了威胁敌人后方，命王震率二纵队出南泥湾、宜川、洛川、韩城以南。这时，胡宗南令刘戡退守洛川；敌五兵团裴昌会总指挥率两个旅守延安;整编七十六师廖昂师守清涧原防未动。我主力从绥德上游渡过无定河,控制清涧、绥德公路。绥德敌南撤时,我军出延安、甘泉及其以南,将绥德之敌引回延安。我军主力适时从绥德下游偷偷渡过无定河,从清涧以东侧黄河南进,突然袭占延长、延川,将整编七十六师师长廖昂所率二十四旅两个团和师直属队围困于清涧。一九四七年十月十一日,该部被我歼灭,廖本人被俘。

陕北气候寒冷,部队经过半年多的紧张战斗,本应集结清涧、延川地区进行休整,不要再去打榆林了。当时为顾虑中央安全,第二次去进攻榆林,结果围攻近月未下。且十二月冬临,故停止进攻,这算是犯了一个小错误。否则可以多休整一月,新式整军成绩会更大些。

十二月中旬即准备新式整军。

一九四七年,西北战场同全国各解放区战场一样,是取得伟大胜利的一年。在毛主席亲自指挥下,由防御转入进攻了。

从瓦子街战役到攻克兰州

一九四八年一月中旬,一、三、四纵队约三万二千人,集结于甘谷驿、南泥湾、临真镇,二纵队一万二千人集结于韩城以东。西北野战军总计有四万四、五千人,经过新式整军后,士气异常旺盛。

当时敌军布置是:两个旅困守延安孤城,三个旅守洛川,中部、宜川各有一个旅驻守,共七个旅。我军当时最大困难是没有粮食。前进无后方接济,后退更无办法,非打宜川无其他更合适的办法;而围攻宜川打援有八成把握,敌如不援即可打开宜川。我们决定突然包围宜川打援。胡宗南令中部、洛川四个旅全部来援,加上宜川一个旅共是五个旅,每旅平均不超过六千人,这样敌军共约三万人。

二月二十八日已布置就绪,二十八日晚大雪,打了一次电话问一纵的情况。他们说:“雪下得越大越好”。三月一日,在瓦子街干干净净全部歼灭敌援军四个旅,无一漏网。三日晚攻克宜川,守敌一个旅全歼。此役消灭敌人五个旅共三万人,击毙敌军长刘戡、师长严明等人。一九四七年三月,我们一次只能消灭敌一个旅,过了一年,一次就能消灭五个旅,这个变化多么大啊!

此役后,如果有粮食时,可以回师围攻延安,而且围延打援,也是一个好办法。因为没有粮,故未拟议。

当时也想帮助中原区刘邓、陈谢两路大军。故决定经马栏峪出淳化,取邠州,扼断西兰公路。对延安、洛川之敌,留了两个旅交许光达指挥,乘延、洛之敌撤退时截击,但未起到作用,所以这次分兵是不对的。

占领邠州控制西兰公路后,胡宗南从河南方面调回四个旅,另有广西军一个师(似六十五师);撤出延安两个旅,逃回西安。我军收复延安,这离我军撤离延安的时间为一年。

我一纵深入宝鸡,破坏胡宗南总兵站基地。这对缩短西北战争,增加胡宗南困难,起了某些作用。但对马步芳部积极援胡估计不足;对胡从豫抽援部队之快,也估计不足;加以分散了部分兵力,使我深入宝鸡后,回师时弄得很被动,也很疲劳。毛主席一九四七年四月指示,要把胡宗南军磨得十分疲劳,这是一个很深刻的指示。部队到了十分疲劳时,即消失了战斗力,非亲自经历是很难体会的。

为了就粮和休整,又回到白水地区,在蒲城县以北歼灭由韩城南退的一个师。我一野全部即分布在黄龙山区、韩城、中部、宜君、同官、耀县、富平、白水、蒲城广大地区做群众工作。一九四八年冬也就在这个地区过年的。

一九四九年二月十七日,我奉中央命令离开西北前线,去参加七届二中全会。二中全会未开完,毛主席即令我去帮助指挥进攻太原。得手后,大约四月中旬,中央将华北野战军十八、十九两兵团拨归第一野战军建制,我即将十八、十九兵团带去西北。去中央开会及打太原来往共用去三个月时间。

五月下旬返回西北前线。部队得到了一次较长时间的休整。十八、十九兵团到西安平原时，巩固了西安、咸阳两城。经过了一次扶郿战役，消灭胡宗南四个军，结束了胡宗南在西北十二年的统治，解放了宝鸡。十八兵团留守宝鸡，对付胡宗南退汉中残部。十九兵团随第一野战军西征，在兰州进行了一次恶战，全歼了马继援军。八月二十五日解放了兰州，九月五日解放了西宁。十九兵团单独消灭马鸿逵三个旅，马鸿宾五个团。一九四九年九月，西北人民解放战争基本结束。

十月初（大约五、六号）我到酒泉，同新疆派来的陶峙岳谈判关于和平解放新疆的问题。

一九四七年三月份，当我军撤离延安时，全国解放区均处于战略防御；到一九四八年三月初，这一年中，全国各解放区均先后转入进攻，这个变化是多么大呵！由放弃延安到瓦子街战役胜利是一年零十八天，由瓦子街胜利到攻克兰州，是一年半的时间。在这一年半内，解放全国领土五分之二（包括新疆），打了二十次旅以上的战斗，至于团以下的小战斗，就没有去计算它了。只有人民的武装斗争，才能解放人民自己。

西北解放战争时间共是两年半，中国人民解放战争不到四年。全国以一与四的对比，战胜了优势的敌人，解放了全世界四分之一的人口，把世界革命运动推进到了一个崭新的阶段。这是伟大的毛泽东思想的胜利。

两次错误和一条宝贵经验

我在西北战场有过两次错误，和取得一条宝贵经验。

第一次错误，是在一九四七年十月下旬，打下清涧，活捉了蒋部师长廖昂后。陕北气候寒冷，部队经过半年多的紧张战斗，应该就在清涧、延长线进行整训，不要再去打榆林了。结果围攻榆林近月未下，妨害部队休整训练。如不再打榆林，新式整军可以多搞一个半月，成绩会更大些。我在作战指挥上有一个优点，就是不满足于已得胜利；但求之过急，就变成了缺点，而且屡戒屡犯，不易改正。第二次打榆林，只是想到中央在米脂、绥德一带不安全，打下榆林就放心了，未考虑其他方面。

第二次错误是在瓦子街战役大胜后。进占陇东、邠州，截断了西兰公路之后，应当集结兵力，进行休整，争取教育瓦子街战斗中的大批俘虏。但当时想乘胜进攻宝鸡，破坏胡宗南后方，缩短西北战争时间。这就是思想上的急躁病，产生了轻敌思想。结果胡宗南采取了异常迅速的手段，从延安、主要是从河南调集最大的兵力，和青海马继援部一起向我夹击。我撤出宝鸡后，搞得很疲劳；因为过度疲劳，使本来可以歼灭之敌而未能歼灭。这样的教训在我的战斗生活中，过去就有几次，但都没有这次深刻。过急求成，在思想上是主观主义，在行动上是冒险主义，而且往往发生于连续大胜之后。这就是骄傲，但当时还会得到一定的群众支持。

一条宝贵经验是新式整军，已在前面叙述了，不再重复。

注释：

① 伪“国大”：1946 年 11 月 15 日至 12 月 25 日，国民党政府违背政协决议在南京单独召开“国民大会”。这一分裂行为遭到中国共产党、各民主党派和全国人民的反对。

课文导读：

彭德怀，杰出的无产阶级革命家、军事家，新中国成立后任军委副主席、国防部长。

本文是彭德怀写的回忆录。它记录了解放战争中期,国民党在对解放区的全面进攻失败后改变战略,重点进攻山东和西北。延安战役成了国民党西北战区的重要战役,因为中共中央在延安,毛泽东在延安。蒋介石的如意算盘是攻占延安,活捉毛泽东,从而扭转整个战局。因此,蒋介石抽调了嫡系部队胡宗南部20余万人包围了延安,形势十分危急。但是毛泽东冷静应对,作出了主动撤离延安的决定。面对这一决定,很多指战员和群众不理解,他们提出了誓死保卫党中央、誓死保卫毛主席的口号。毛泽东和党中央一方面开展耐心细致的思想工作,解释暂时撤离延安是为了打回延安、收复延安。另一方面又命令彭德怀担任延安保卫战的前敌总指挥,具体部署整个战役的打法。彭德怀正确地领会了毛泽东的军事思想,即在运动中拖疲敌人并抓住战机消灭敌人的有生力量,最后迫使敌人不得不放弃延安,以达到保卫延安的最终目的。所以,主动退出延安只是延安保卫战的一个序幕。短短一年,延安就重新回到了人民的怀抱,西北战局也朝着有利于共产党的方向发展,中国人民解放军由战略防御转入战略进攻。解放战争翻开了新的一页。

彭德怀将军是延安保卫战的功臣,但是我们在回忆录中看到的只是作者对战役的客观回顾和总结,并没有丝毫居功自傲的意味,而且作者还真诚地检讨了自己的判断失误导致几次战斗的失利。世界上没有永胜将军,只有常胜将军。彭大将军实事求是、虚怀若谷的精神堪称榜样。本文的结构特点是充分利用小标题,把保卫延安战役的几个段落交代清楚,这也是回忆录文章常用的结构方法。标题怎么列,段落怎么分,主要应根据战争的实际情况,但是也要考虑到便于阅读。一个段落如果过长会造成阅读的疲劳,所以作者要对材料作合理安排、适当裁剪。作者的叙述语言也是相当简洁、明确的,这对读者了解战争经过提供了帮助。

本文选自《彭德怀自述》,人民出版社1981年2月版,有删节,标题为编者所拟。

思考与练习：

1. 课文第一段第二句很长，如果要改成短句子，该如何断句？
2. “撤离延安”这一部分内容并不都是讲撤离延安的，能否将其分析出几个小部分？各小部分都讲了什么？
3. 阅读课文后你是如何从战术上理解“保卫”的意思的？

园日涉以成趣

陈从周

中国园林如画如诗，是集建筑、书画、文学、园艺等艺术的精华，在世界造园艺术中独树一帜。

每一个园都有自己的风格，游颐和园，印象最深的应是昆明湖与万寿山；游北海，则是湖面与琼华岛；苏州拙政园曲折弥漫的水面、扬州个园峻拔的黄石大假山等，也都令人印象深刻。

在造园时，如能利用天然的地形再加人工的设计配合，这样不但节约了人工物力，并且利于景物的安排，造园学上称为“因地制宜”。

中国园林有以山为主体的、有以水为主体的，也有以山为主水为辅，或以水为主山为辅的，而水亦有散聚之分，山有平冈峻岭之别。园以景胜，景因园异，各具风格。在观赏时，又有动观与静观之趣。因此，评价某一园林艺术时，要看它是否发挥了这一园景的特色，不落常套。

中国古典园林绝大部分四周皆有墙垣，景物藏之于内。可是园外有些景物还要组合到园内来，使空间推展极远，予人以不尽之意，此即所谓“借景”。颐和园借近处的玉泉山和较远的西山景，每当夕阳西下时，在湖山真意亭处凭栏，二山仿佛移置园中，确是妙法。

中国园林，往往在大园中包小园，如颐和园的谐趣园、北海的静心斋、苏州拙政园的枇杷园、留园的揖峰轩等，它们不但给园林以开朗与收敛的不同境界，同时又巧妙地把大小不同、结构各异的建筑物与山石树木安排得十分恰当。至于大湖中包小湖的办法，要推西湖的三潭印月最妙了。这些小园、小湖多数是园中精华所在，无论在建筑处理、山石堆叠、盆景配置等，都是细笔工描，耐人寻味。游园的时候，对于这些小境界，宜静观盘桓。它与廊引人随的动观看景，适成相反。

中国园林的景物主要模仿自然，用人工的力量来建造天然的景色，即所谓“虽由人作，宛自天开”。这些景物虽不一定强调仿自某山某水，但多少有些根据，用精炼概括的手法重现。颐和园的仿西湖便是一例，可是它又不尽同于西湖。亦有利用山水画的画稿，参以诗词的情调，构成许多诗情画意的景色。在曲折多变的景物中，还运用了对比和衬托等手法。颐和园前山为华丽的建筑群，后山却是苍翠的自然景物，两者予人不同的感觉，却相得益彰。在中国园林中，往往以建筑物与山石作对比，大与小作对比，高与低作对比，疏与密作对比等等。而一园的主要景物又由若干次要的景物衬托而出，使宾主分明，像北京北海的白塔、景山的五亭、颐和园的佛香阁便是。

中国园林，除山石树木外，建筑物的巧妙安排，十分重要，如花间隐榭、水边安亭。还可利用长廊云墙、曲桥漏窗等，构成各种画面，使空间更加扩大，层次分明。因此，游过中国园林的人会感到庭园虽小，却曲折有致。这就是景物组合成不同的空间感觉，有开朗，有收敛，有幽深，有明畅。游园观景，如看中国画的长卷一样，次第接于眼帘，观之不尽。

“好花须映好楼台。”到过北海团城的人，没有一个不说团城承光殿前的松柏，布置得妥帖宜人。这是什么道理？其实是松柏的姿态与附近的建筑物高低相称，又利用了“树池”将它参差散植，加以适当的组合，使疏密有致，掩映成趣。苍翠虬枝与红墙碧瓦构成一幅极好的画面，怎不令人流连忘返呢？颐和园乐寿堂前的海棠，同样与四周的廊屋形成了玲珑绚烂的构图，这些都是绿化中的佳作。江南的园林利用白墙作背景，配以华滋的花木、清拔的竹石，明洁悦目，又别具一格。园林中的花木，大都是经过长期的修整，使姿态曲尽画意。

园林中除假山外，尚有立峰，这些单独欣赏的佳石，如抽象的雕刻品，欣赏时，往往以情悟物，进而将它人格化，称其人峰、圭峰之类。它必具有“瘦、皱、透、漏”的特点，方称佳品，即要玲珑剔透。中国古代园林中，要有佳峰珍石，方称得名园。上海豫园的玉玲珑、苏州留园的冠云峰，在太湖石中都是上选，使园林生色不少。

若干园林亭阁，不但有很好的命名，有时还加上很好的对联，读过刘鹗的《老残游记》，总还记得老残在济南游大明湖，看了“四面荷花三面柳，一城山色半城湖”的对联后，暗暗称道：“真个不错。”可见文学在园林中所起的作用。

不同的季节，园林呈现不同的风光。北宋名山水画家郭熙在其画论《林泉高致》中说过：“春山淡冶而如笑，夏山苍翠而如滴，秋山明净而如妆，冬山惨淡而如睡。”造园者多少参用了这些画理，扬州的个园便是用了春夏秋冬不同的假山。在色泽上，春山用略带青绿的石笋，夏山用灰色的湖石，秋山用褐色的黄石，冬山用白色的雪石。黄石山奇峭凌云，俾便秋日登高。雪石罗堆厅前，冬日可作居观，便是体现这个道理。

晓色春开，春随人意，游园当及时。

课文导读：

陈从周，著名古建筑专家、古园林艺术家、散文家。毕生致力于保护和弘扬中国古建筑尤其是园林建筑文化，成果卓著，作品等身。

本文是一篇说明文，题目出自晋代诗人陶渊明的《归去来兮辞》，意思是好园子应该每天流连其中，这样自然就会兴味盎然。文章用最精炼的语言概括介绍了中国古典园林的艺术特点。文章结构表面看似乎有点松散，其实却独具匠心，逻辑严密。文章先是总说了中国园林的特点，即如画如诗，集中了建筑、书画、文学、园艺等艺术的精华。接着谈到具体的构园之法和赏园之径，由外到内、从宏观到微观，逐步依次展开。先谈最精髓的“因地制宜”的原则；再谈“借景”的巧妙手法;继之以大园包小园的巧妙构思;对比映衬的关系;中国园林的重点既不在园也不在林,而在其中的建筑物;再谈贯穿于园子的人文精神,最后以“晓色春开,春随人意,游园当及时”这样亲切又随意的语句作为结语。行文中穿插一个个名园的例子,有的是一笔带过,有的叙述较为详细,准确地概括出中国园林艺术所遵循的原则。

本文选自《陈从周散文》,同济大学出版社 2001 年版。

思考与练习:

1. 本文可分为几个层次?中间部分又可以分成几个小的层次?
2. 本文的举例是有详有略的,其中哪个例子说得比较详细?

道士塔

余秋雨

一

莫高窟大门外，有一条河，过河有一溜空地，高高低低建着几座僧人圆寂塔。塔呈圆形，状近葫芦，外敷白色。从几座坍塌的来看，塔心竖一木桩，四周以黄泥塑成，基座垒以青砖。历来住持莫高窟的僧侣都不富裕，从这里也可找见证明。夕阳西下，朔风凛冽，这个破落的塔群更显得悲凉。

有一座塔，由于修建年代较近，保存得较为完整。塔身有碑文，移步读去，猛然一惊，它的主人，竟然就是那个王圆箓！

历史已有记载，他是敦煌石窟的罪人。

我见过他的照片，穿着土布棉衣，目光呆滞，畏畏缩缩，是那个时代到处可以遇见的一个中国平民。他原是湖北麻城的农民，逃荒到甘肃，做了道士。几经转折，不幸由他当了莫高窟的家，把持着中国古代最灿烂的文化。他从外国冒险家手里接过极少的钱财，让他们把难以计数的敦煌文物一箱箱运走。今天，敦煌研究院的专家们只得一次次屈辱地从外国博物馆买取敦煌文献的微缩胶卷，叹息一声，走到放大机前。

完全可以把愤怒的洪水向他倾泄。但是，他太卑微，太渺小，太愚昧，最大的倾泻也只是对牛弹琴，换得一个漠然的表情。让他这具无知的躯体全然肩起这笔文化重债，连我们也会觉得无聊。

这是一个巨大的民族悲剧。王道士只是这出悲剧中错步上前的小丑。一位年轻诗人写道，那天傍晚，当冒险家斯坦因装满箱子的一队牛车正要启程，他回头看了一眼西天凄艳的晚霞。那里，一个古老民族的伤口在滴血。

二

真不知道一个堂堂佛教圣地，怎么会让一个道士来看管。中国的文官都到哪里去了，他们滔滔的奏折怎么从不提一句敦煌的事由？

其时已是二十世纪初年，欧美的艺术家正在酝酿着新世纪的突破。罗丹正在他的工作室里雕塑，雷诺阿、德加、塞尚已处于创作晚期，马奈早就展出过他的《草地上的午餐》。他们中有人已向东方艺术投来歆羡的目光，而敦煌艺术，正在王道士手上。

王道士每天起得很早，喜欢到洞窟里转转，就像一个老农，看看他的宅院。他对洞窟里的壁画有点不满，暗乎乎的，看着有点眼花。亮堂一点多好呢，他找了两个帮手，拎来一桶石灰。草扎的刷子装上一个长把，在石灰桶里蘸一蘸，开始他的粉刷。第一遍石灰刷得太薄，五颜六色还隐隐显现，农民做事就讲个认真，他再细细刷上第二遍。这儿空气干燥，一会儿石灰已经干透。什么也没有了，唐代的笑容，宋代的衣冠，洞中成了一片净白。道士擦了一把汗憨厚地一笑，顺便打听了一下石灰的市价。他算来算去，觉得暂时没有必要把更多的洞窟刷白，就刷这几个吧，他达观地放下了刷把。

当几面洞壁全都刷白，中座的塑雕就显得过分惹眼。在一个干干净净的农舍里，她们婀娜的体态过于招摇，她们柔美的浅笑有点尴尬。道士想起了自己的身份，一个道士，何不在这里搞上几个天师、灵官菩萨？他吩咐帮手去借几个铁锤，让原先几座塑雕委屈一下。事情干得不赖，才几下，婀娜的体态变成碎片，柔美的浅笑变成了泥巴。听说邻村有几个泥匠，请了来，拌点泥，开始堆塑他的天师和灵官。泥匠说从没干过这种活计，道士安慰道，不妨，有那点意思就成。

于是，像顽童堆造雪人，这里是鼻子，这里是手脚，总算也能稳稳坐住。行了，再拿石灰，把它们刷白。画一双眼，还有胡子，像模像样。道士吐了一口气，谢过几个泥匠，再作下一步筹划。

今天我走进这几个洞窟，对着惨白的墙壁、惨白的怪像，脑中也是一片惨白。我几乎不会言动，眼前直晃动着那些刷把和铁锤。“住手！”我在心底痛苦地呼喊，只见王道士转过脸来，满眼困惑不解。是啊，他在整理他的宅院，闲人何必喧哗？我甚至想向他跪下，低声求他：“请等一等，等一等……”但是等什么呢？我脑中依然一片惨白。

三

1900年5月26日清晨，王道士依然早起，辛辛苦苦地清除着一个洞窟中的积沙。没想到墙壁一震，裂开一条缝，里边似乎还有一个隐藏的洞穴。王道士有点奇怪，急忙把洞穴打开，嗬，满满实实一洞的古物！

王道士完全不能明白，这天早晨，他打开了一扇轰动世界的门户。一门永久性的学问，将靠着这个洞穴建立。无数才华横溢的学者，将为这个洞穴耗尽终生。中国的荣耀和耻辱，将由这个洞穴吞吐。

现在，他正衔着旱烟管，扒在洞窟里随手拣翻。他当然看不懂这些东西，只觉得事情有点蹊跷。为何正好我在这儿时墙壁裂缝了呢？或许是神对我的酬劳。趁下次到县城，拣了几个经卷给县长看看，顺便说说这桩奇事。

县长是个文官，稍稍掂出了事情的分量。不久甘肃学台叶昌炽也知道了，他是金石学家，懂得洞窟的价值，建议藩台把这些文物运到省城保管。但是东西很多，运费不低，官僚们又犹豫了。只有王道士一次次随手取一点出来的文物，在官场上送来送去。

中国是穷。但只要看看这些官僚豪华的生活排场，就知道绝不会穷到筹不出这笔运费。中国官员也不是都没有学问，他们也已在窗明几净的书房里翻动出土经卷，推测着书写朝代了。但他们没有那副赤肠，下个决心，把祖国的遗产好好保护一下。他们文雅地摸着胡须，吩咐手下："什么时候，叫那个道士再送几件来！"已得的几件，包装一下，算是送给哪位京官的生日礼品。

就在这时，欧美的学者、汉学家、考古家、冒险家，却不远万里、风餐露宿，朝敦煌赶来。他们愿意变卖掉自己的全部财产，充做偷运一两件文物回去的路费。他们愿意吃苦，愿意冒着葬身沙漠的危险，甚至做好了被打、被杀的准备，朝这个刚刚打开的洞窟赶来。他们在沙漠里燃起了股股炊烟，而中国官员的客厅里，也正茶香缕缕。

没有任何关卡，没有任何手续，外国人直接走到了那个洞窟跟前。洞窟砌了一道砖、上了一把锁，钥匙挂在王道士的裤腰带上。外国人未免有点遗憾，他们万里冲刺的最后一站，没有遇到森严的文物保护官邸，没有碰见冷漠的博物馆馆长，甚至没有遇到看守和门卫，一切的一切，竟是这个肮脏的土道士。他们只得幽默地耸耸肩。

略略交谈几句，就知道了道士的品位。原先设想好的种种方案纯属多余，道士要的只是一笔最轻松的小买卖。就像用两枚针换一只鸡，一颗纽扣换一篮青菜。要详细地复述这笔交换账，也许我的笔会不太沉稳，我只能简略地说：1905 年 10 月，俄国人勃奥鲁切夫用一点点随身带着的俄国商品，换取了一大批文书经卷；1907 年 5 月，匈牙利人斯坦因用一叠子银元换取了二十四大箱经卷、五箱织绢和绘画；1908 年 7 月，法国人伯希和又用少量银元换去了十大车、六千多卷写本和画卷；1911 年 10 月，日本人吉川小一郎和橘瑞超用难以想象的低价换取了三百多卷写本和两尊唐塑；1914 年，斯坦因第二次又来，仍用一点银元换去五大箱、六百多卷经卷……

道士也有过犹豫，怕这样会得罪了神。解除这种犹豫十分简单，那个斯坦因就哄他说，自己十分崇拜唐僧，这次是倒溯着唐僧的脚印，从印度到中国取经来了。好，既然是洋唐僧，那就取走吧，王道士爽快地打开了门。这里不用任何外交辞令，只需要几句现编的童话。

一箱子，又一箱子。一大车，又一大车。都装好了，扎紧了，吁——，车队出发了。

没有走向省城，因为老爷早就说过，没有运费。好吧，那就运到伦敦，运到巴黎，运到彼得堡，运到东京。

王道士频频点头，深深鞠躬，还送出一程。他恭敬地称斯坦因为"司大人讳代诺"，称伯希和为"贝大人讳希和"。他的口袋里有了一些沉甸甸的银元，这是平常化缘时很难得到的。他依依惜别，感谢司大人、贝大人的"布施"。车队已经驶远，他还站在路口。沙漠上，两道深深的车辙。

斯坦因他们回到国外，受到了热烈的欢迎。他们的学术报告和探险报告，时时激起如雷的掌声。他们在叙述中常常提到古怪的王道士，让外国听众感到：从这么一个蠢人手中抢救出这笔遗产，是多么重要。他们不断暗示，是他们的长途跋涉，使敦煌文献从黑暗走向光明。

他们都是富有实干精神的学者，在学术上，我可以佩服他们。但是，他们的论述中遗忘了一些极基本的前提。出来辩驳为时已晚，我心头只是浮现出一个当代中国青年的几行诗句，那是他写给火烧圆明园的额尔金勋爵的：

我好恨
恨我没早生一个世纪
使我能与你对视着站立在
　　阴森幽暗的古堡
　　晨光微露的旷野
要么我拾起你扔下的白手套
要么你接住我甩过去的剑

要么你我各乘一匹战马
远远离开遮天的帅旗
离开如云的战阵
决胜负于城下

对于这批学者,这些诗句或许太硬。但我确实想用这种方式,拦住他们的车队。对视着,站立在沙漠里。他们会说,你们无力研究;那么好,先找一个地方,坐下来,比比学问高低。什么都成,就是不能这么悄悄地运走祖先给我们的遗赠。

我不禁又叹息了,要是车队果真被我拦下来了,然后怎么办呢?我只得送缴当时的京城,运费姑且不计。但当时,洞窟文献不是确也有一批送京的吗?其情景是,没装木箱,只用席子乱捆,沿途官员伸手进去就取走一把,在哪儿歇脚又得留下几捆,结果,到京城时已零零落落,不成样子。

偌大的中国,竟存不下几卷经文!比之于被官员大量糟践的情景,我有时甚至想狠心说一句:宁肯存放在伦敦博物馆里!这句话终究说得不太舒心。被我拦住的车队,究竟应该驶向哪里?这里也难,那里也难,我只能让它停驻在沙漠里,然后大哭一场。

我好恨!

四

不止是我在恨。敦煌研究院的专家们,比我恨得还狠。他们不愿意抒发感情,只是铁板着脸,一钻几十年,研究敦煌文献。文献的胶卷可以从外国买来,越是屈辱越是加紧钻研。

我去时,一次敦煌学国际学术讨论会正在莫高窟举行。几天会罢,一位日本学者用沉重的声调作了一个说明:“我想纠正一个过去的说法。这几年的成果已经表明,敦煌在中国,敦煌学也在中国!”

中国的专家没有太大的激动，他们默默地离开了会场，走过王道士的圆寂塔前。

课文导读：

余秋雨，艺术理论家，戏剧教育家，当代著名散文家。他的散文沉静而具有文化底蕴，广受海内外读者的喜爱，长期位居全球华文书畅销排行榜前列。在本文中，作者描述了我国古代极其珍贵的敦煌文物被掠夺的经过，用自己深切的思考将我们带进了中国文化的深处，引领读者去反思、去考问形成这场不堪回首的民族文化悲剧的社会根源。文章突破了惯常的那种对史实平板式叙事的方式，在尊重史实的基础上对王道士出卖敦煌文物的行径进行了生动、具体而动情的描述，其中穿插的作者与王道士对话的想象场面更增添了一种悲怆苍凉的氛围，从而使敦煌文物的流失海外更触动人心。在结构上，作者也一反散文的写法，用分列的形式，将敦煌文物的悲剧命运一一写来。前三个部分是叙述、议论和抒情的结合，结尾处的“我好恨”使抒情达到高潮。第四部分复归于平静的叙述，却是此时无声胜有声，只用“默默”两字起到发人深思的作用。

本文选自《中国当代文学作品选》，人民文学出版社 1998 年 5 月版。

思考与练习：

1. 本文的开头用的是什么手法？
2. 第二部分的开头是一个问句，这样写起到什么效果？
3. 找出第三部分中议论的段落。

桃花三月天

鲍　昌

他来了，正是桃花三月天。

他入了梦，也在桃花三月天。

桃花很盛，庭院很深，整天里没几个人来往，花瓣悠悠落在地上。

那张脸正像一朵桃花，因为羞怯而时常发红。黑布鞋，白线袜，朴素的蓝布大褂，只知道干活，低头干活。

墙壁太古老了，缀满暗绿色的爬山虎。房屋也太古老了，朱楹丹柱的漆皮大都剥落，只有隶书的楹联仍很清晰："纵老岂容妨痛饮，抱病仍未废新诗。"

抱病的人真老了，七十个春秋织在花白胡须里。酒使他忘记一切——东瀛留学、武昌首义、北伐星霜、内战烽火。酒也使他愤恚一切——妻妾不和、儿女不肖、家计日窘、国运日衰。

只有桃花能解酒。他爱桃花，一如晚生的女儿。

夜阑人静，青灯如豆。她跪在藤椅前为他捶腿，他在幽光中攥着诗集睡去。

室内是燃着一支芭兰香吗？但它比不上桃花的清香。

作为他的儿子，他也爱着桃花，一如自己的恋人，在暗中，在心上。

只有一次，他在月色凄迷的后院里截住她，吻了一下那温香的、迷人的花瓣。震惊、恐惧、羞涩，使这样的机会永远失去了。

深深的庭院啊，深深的怀念。只要当时自己有更多的勇气，桃花是不会失去的。

权势者总会有偏见，嫉妒者又会造流言，惟有那质本无瑕的不幸者，知否不幸就在眼前呢？

庭院里又滋出了小草，紫红的桃蕾又将绽开粉颊，但古都的郊垧已经响起了炮声，这一切都化为春梦。

一个哀婉的、缠绵的梦；一个漫长的三十八年的梦。

梦醒了。他来了。但他又被扯进新的梦里。

看见了新的桃花似的人面，却不见了旧日里盛开的桃花。

听见了几十台缝纫机哗哗地响，却失去了蝉声悠扬的寂寞庭院。

岁月太飘忽，人生也太波折了。他问讯那桃花是否已碾为香尘，看到的却是一双双抱歉的眼睛。

可是这一双双抱歉的眼睛，又迸射出异常的热情："请问，您是从哪里来的？"

眼眶发湿了。他用呓语一样轻的声音说："台湾。"

课文导读：

鲍昌，当代作家。这是一篇小小说，又叫微型小说。作者在不满千字的篇幅里讲了一个人 38 年的思乡情感。小小说，妙在构思，妙在结构。本文是用三月桃花和两个梦串联起一个人的前半生和后半生，这是构思之妙。前半生他住在大陆的古都，一座深深的庭院，庭院里开满桃花。他的前半生英勇豪迈，从留学日本、武昌起义、参加北伐到参加国共内战，只用一个酒字勾连。38 年后老人回到故里，却不见了旧日桃花，只用了眼睛发湿便把一腔惆怅写尽，这是结构之妙。家国恨，思乡情，本来就不是文字所能讲得清的，还是含蓄一点吧，让大家都有点儿思索。

本文选自郑允钦主编《中国新时期微型小说经典》，长江文艺出版社 2004 年 3 月版。

思考与练习：

1. 课文中的他是一个怎样的人？她又是谁？
2. “这样的机会永远失去了”，指的是什么机会？

漫谈散文

季羡林

对于散文，我有偏爱，又有偏见。为什么有偏爱呢？我觉得在各种文学体裁中，散文最能得心应手，灵活圆通。而偏见又何来呢？我对散文的看法和写法不同于绝大多数的人而已。

我没有读过《文学概论》一类的书籍，我不知道专家们怎样界定散文的内涵和外延。我个人觉得，“散文”这个词儿是颇为模糊的。最广义的散文，指与诗歌对立的一种不用韵又没有节奏的文体。再狭窄一点，就是指与骈文相对的，不用四六体的文体。更狭窄一点，就是指与随笔、小品文、杂文等名称混用的一种出现比较晚的文体。

子曰：“必也正名乎！”这个名，我正不了。我只好“王顾左右而言他”。中国是世界上散文第一大国，这决不是“王婆卖瓜”，是必须承认的事实，在西欧和亚洲国家中，情况也有分歧。英国散文名家辈出，灿若列星。德国则相形见绌，散文家寥若晨星。印度古代，说理的散文是有的，抒情的则凤毛麟角。世上万事万物有果必有因。这种情况的原因何在呢？我一时还说不清楚，只能说，这与民族性颇有关联。再进一步，我就辞穷了。

中国有悠久雄厚的散文写作传统，所谓经、史、子、集四库中都有极为优秀的散文，为世界上任何国家所无法攀比。散文又没有固定的形式。于是作者如林，佳作如云，有如八仙过海，各显神通。旧日士子能背诵几十篇上百篇散文者，并非罕事，实如家常便饭。“五四”运动是中国近代史上的一件大事。在文学范围内，改文言为白话，也是中国文学史上的一件大事。七十多年以来，中国文学创作取得了长足的进步。但是，据我个人的看法，各种体裁间的发展是极不平衡的。我认为“五四”运动以来中国文坛上最成功的是白话散文。个中原因并不难揣摩。小说，包括长篇、中篇和短篇，以及戏剧，在形式上完全西化了。这是福？是祸？我还没见到有专家讨论过。我个人的看法是，现在的长篇小说的形式，很难说较之中国古典长篇小说有什么优越之处。戏剧亦然，不必具论。至于新诗，我则认为是一个失败。至今人们对诗也没能找到一个形式。既然叫诗，则必有诗的形式，否则可另立专名，何必叫诗？在专家们眼中，我这种对诗的见解只能算是幼儿园的水平，太平淡低下了。然而我却认为，真理往往就存在于平淡低下中。你们那些恍兮惚兮高深玄妙的理论“只堪自怡悦”，对于我却是“只等秋风过耳边”了。

这些先不去讲它，只谈散文。简短地说，“五四”以后，只需将文言改为白话，或抒情，或叙事，稍有文采，便成佳作。窃以为，散文之所以能独步文坛，良有以也。

但是，白话散文的创作有没有问题呢？有的。或者甚至可以说还不少。常读到一些散文家的论调，说什么：“散文的诀窍就在一个‘散’字。”“散”字，松松散散之谓也。又有人说：“随笔的关键就在一个‘随’字。”“随”者，随随便便之谓也。他们的意思非常清楚：写散文随笔，可以随便写来，愿意怎样写，就怎样写。愿意下笔就下笔；愿意收住就收住。不用构思，不用推敲。有些作者自己有时也感到单调与贫乏，想弄点新鲜花样，但由于腹笥贫瘠[①]，读书不多，于是就生造词汇，生造句法，企图以标新立异来济自己的贫乏。结果往往是，虽然自我感觉良好，可是读者偏不买你的账，奈之何哉！读这样的散文，就好像吃搀上沙子的米饭，吐又吐不出，咽又咽不下，进退两难，啼笑皆非。你千万不要以为这样的文章没有市场，正相反，很多这样的文章堂而皇之地刊登在全国性的报刊上。我回天无力，只有徒唤奈何了。

要想追究产生这种现象的原因，也并不困难。世界上就有那么一些人，总想走捷径，总想少劳多获，甚至不劳而获。中国古代的散文，他们读得不多，甚至可能并不读；外国的优秀散文，同他们更是风马牛不相及。而自己又偏想出点风头，露一两手。于是就出现了上面提到的那样非驴非马的文章。

我在上面提到我对散文有偏见，又几次说到“优秀的散文”，我的用意何在呢？偏见就在“优秀”二字上。原来我心目中的优秀散文，不是最广义的散文，也不是“再狭窄一点”的散文，而是“更狭窄一点”的那一种。即使在这个更狭窄的范围内，我还有更狭窄的偏见。我认为，散文的精髓在于“真情”二字，这二字也可以分开来讲：真，就是真实，不能像小说那样生编硬造；情，就是要有抒情的成分。即使是叙事文，也必有点抒情的意味，平铺直叙者为我所不取。《史记》中许多“列传”，本来都是叙事的，但是，在字里行间，洋溢着一片悲愤之情，我称之为散文中的上品。贾谊的《过秦论》，苏东坡的《范增论》、《留侯论》等等，虽似无情可抒，然而却文采斐然，情即蕴涵其中，我也认为是散文上品。

这样的散文精品，我已经读了七十多年了。其中有很多篇我能够从头到尾地背诵。每一背诵，甚至仅背诵其中的片段，都能给我以绝大的美感享受。如饮佳茗，香留舌本；如对良友，意寄胸中，如果真有“三月不知肉味”的话，我即是也。从高中直到大学，我读了不少英国的散文佳品，文字不同，心态各异。但是，仔细玩味，中英又确有相通之处；写重大事件而不觉其重，状身边琐事而不觉其轻；娓娓动听，异趣横生；读罢掩卷，韵味无穷。有很多很多值得我们学习借鉴之处。

至于六七十年来中国并世的散文作家，我也读了不少他们的作品。虽然笼统称之为“百花齐放”，其实有成就者何止百家。他们各有自己的特色，各有自己的风格，合在一起看，直如一个姹紫嫣红的大花园，给“五四”以后的中国文坛增添了无量光彩。留给我印象最深刻最鲜明的有鲁迅的沉郁雄浑，冰心的灵秀玲珑，朱自清的淳朴淡泊，沈从文的轻灵美妙，杨朔的镂金错彩，丰子恺的厚重平实，如此等等，不一而足。至于其余诸家，各有千秋，我不敢赞一词矣。

统观古今中外各家的散文或随笔，既不见“散”，也不见“随”。它们多半是结构谨严之作，决不是愿意怎样写就怎样写的轻率产品。蒙田的随笔确给人以率意而行的印象。我个人认为在思想内容方面，蒙田是极其深刻的；但在艺术性方面，他却是不足法的。与其说蒙田是一个散文家，不如说他是一个哲学家或思想家。

根据我个人多年的玩味和体会，我发现，中国古代优秀的散文家，没有哪一个是“散”的，是“随”的。正相反，他们大都是在“意匠惨淡经营中”，简练揣摩，煞费苦心，在文章的结构和语言的选用上，狠下工夫。文章写成后，读起来虽然如行云流水，自然天成，实际上其背后蕴藏着作者的一片匠心。空口无凭，有文为证。欧阳修的《醉翁亭记》是千古流传的名篇，脍炙人口，无人不晓。通篇用“也”字句，其苦心经营之迹，昭然可见。像这样的名篇还可以举出一些来，我现在不再列举，请读者自己去举一反三吧。

在文章的结构方面，最重要的是开头和结尾。在这一点上，诗文皆然，细心的读者不难自己去体会。而且我相信，他们都已经有了足够的体会了。要举例子，那真是不胜枚举，我只举几个大家熟知的。欧阳修的《相州昼锦堂记》开头几句话是：“仕宦而至将相，富贵而归故乡，此人情之所荣，而今昔之所同也。”据一本古代笔记上的记载，原稿并没有。欧阳修经过了长时间的推敲考虑，把原稿派人送走。但他突然心血来潮，觉得还不够妥善，立即又派人快马加鞭，把原稿追了回来，加上了这几句话，然后再送走，心里才得到了安宁。由此可见，欧阳修是多么重视文章的开头。从这一件小事中，后代读者可以悟出很多写文章之法。这就决非一件小事了。这几句话的诀窍何在呢？我个人觉得，这样的开头有雷霆万钧的势头，有笼罩全篇的力量，读者一开始读就感受到它的压力，有如高屋建瓴，再读下去，就一泻千里了。文章开头之重要，焉能小视哉！这只不过是一个例子，不能篇篇如此。综观古人文章的开头，还能找出很多不同的类型。有的提纲挈领，如韩愈《原道》之“博爱之谓仁，行而宜之之谓义，由是而之焉之谓道，足乎己，无待于外之谓德”。有的平缓，如柳宗元《小石城山记》之“自西山道口径北，逾黄茅岭而下，有二道”。有的陡峭，如杜牧《阿房宫赋》之“六王毕，四海一；蜀山兀，阿房出”。类型还多得很，不可能，也没有必要一一列举。读者如能仔细观察，仔细玩味，必有所得，这是完全可以肯定的。

谈到结尾，姑以诗为例，因为在诗歌中，结尾的重要性更明晰可辨。杜甫的《望岳》最后两句是：“会当凌绝顶，一览众山小。”钱起的《赋得湘灵鼓瑟》的最终两句是：“曲终人不见，江上数峰青。”杜甫的《赠卫八处士》的最后两句是：“明日隔山岳，世事两茫茫。”杜甫的《缚鸡行》的最后两句是：“鸡虫得失无了时，注目寒江倚山阁。”这样的例子更是举不完。诗文相通，散文的例子，读者可以自己去体会。之所以出现这样的情况，原因并不难理解。在中国古代，抒情的文或诗，都贵在含蓄，贵在言有尽而意无穷，如食橄榄，贵在留有余味，在文章结尾处，把读者的心带向悠远，带向缥缈，带向一个无法言传的意境。我不敢说，每一篇文章，每一首诗，都是这样。但，文章之作，其道多端；运用之妙，在乎一心。我上面讲的情况，是广大作者所刻意追求的，我对这一点是深信不疑的。

“你不是在宣扬八股吗？”我仿佛听到有人这样责难了。我敬谨答曰：“是的，亲爱的先生！我正是在讲八股，而且是有意这样做的。”同世上的万事万物一样，八股也要一分为二的。从内容上来看，它是“代圣人立言”，陈腐枯燥，在所难免。这是毫不足法的。但是，从布局结构上来看，却颇有可取之处。它讲究逻辑，要求均衡，避免重复，禁绝拖拉。这是它的优点。有人讲，清代桐城派的文章，曾经风靡一时，在结构布局方面，曾受到八股文的影响。这个意见极有见地。如果今天中国文坛上的某一些散文作家——其实并不限于散文作家——学一点八股文，会对他们有好处的。

我在上面啰啰唆唆写了那么一大篇，其用意其实是颇为简单的。我只不过是根据自己六十来年的经验与体会，告诫大家：写散文虽然不能说是“难于上青天”，但也决非轻而易行，应当经过一番磨炼，下过一番苦工，才能有所成，决不可掉以轻心，率尔操觚[②]。

综观中国古代和现代的优秀散文，以及外国的优秀散文，篇篇风格不同。散文读者的爱好也会人人不同，我决不敢要求人人都一样，那是根本不可能的。仅就我个人而论，我认为理想的散文是淳朴而不乏味，流利而不油滑，庄重而不板滞，典雅而不雕琢。我还认为，散文最忌平板。现在有一些作家的文章，写得规规矩矩，没有任何语法错误，选入中小学语文课本中是毫无问题的。但是读起来总觉得平淡无味，是好的教材资料，却决非好的文学作品。我个人觉得，文学最忌单调平板，必须有波涛起伏，曲折幽隐，才能有味。有时可以采用点文言词藻，外国句法；也可以适当地加入一些俚语俗话，增添那么一点苦涩之味，以避免平淡无味。我甚至于想用谱乐谱的手法来写散文，围绕着一个主旋律，添上一些次要的旋律；主旋律可以多次出现，形式稍加改变，目的只想在复杂中见统一，在跌宕中见均衡，从而调动起读者的趣味，得到更深更高的美感享受。有这样有节奏有韵律的文字，再充之以真情实感，必能感人至深，这是我坚定的信念。

我知道，我这种意见决不是每个作家都同意的。风格如人，各人有各人的风格，决不能强求统一。因此我才说：这是我的偏见，是代他人立言。代他人立言，比代圣人立言还要困难。我自己则认为这是正见。否则我决不会这样喋喋不休地来论证。我相信，大千世界，文章林林总总，争鸣何止百家！如蒙海涵，容我这个偏见也占一席之地，则我必将感激涕零之至矣。

注释：

① 腹笥贫瘠：学识浅薄。笥(shì)：盛物的方形竹器。

② 率尔操觚：轻易下笔写文章。觚(gū)：古代的酒器。操觚：写文章。

课文导读：

季羡林，语言学家，梵文、巴利文专家，东方文化研究专家，散文家。他从高中开始创作散文，几十年笔耕不辍。他的散文文字朴素而情感真挚，如同他的为人处世。

本文是一篇文艺论文，其论述结构是依照作者的思辨逻辑来组织的。文章首先从对散文的概念的理解说起，明确表达了自己对“散文”一词的认识。在概述散文的发展过程中指出散文的“散”不是松散、随便之意，而应是形散神不散，只是散句而已。文章重点阐述了散文应具备的写作要意：一即“真情”。“真”就是真实，写真人真事，不能像小说那样虚构。“情”就是真情，散文要有抒情的成分，不能只有叙事。即使是叙事文，也应有抒情。有时即使抒情并不明显，却也可以通过文采来含蓄地表达。二即“结构和语言”。作者认为，中国古代优秀的散文家，在文章的结构和语言的选用上，都煞费苦心，狠下工夫。文章还用几个例子告诉人们，优秀的散文要结构谨严，而且文章的开头和结尾尤其重要。这篇文章表面看行文有点散漫，但细读之下却发现其结构颇具匠心。作者在文章的开始就明确提出了自己对散文的“偏爱”及“偏见”，但接着并没有继续说下去，而是先写了自己对散文一词的认识，又写了五四以来的小说、戏剧、新诗，并各作了评说，而且作者在两处说到“这且不去管它”、“这些先不去讲它”，既然不去管它，不去讲它，为什么还要管、要讲呢？这正是作者的匠心所在。写对“散文”一词的认识是为了提出自己对“更窄狭一点”的那一种散文的“偏见”；写五四以来的小说、戏剧、新诗创作，是要和五四以来的白话散文作比较，从而得出“五四以来中国文坛上最成功的是白话散文”的结论。由此也点出了作者"偏爱"散文的原因。因为"偏爱",所以有"偏见",这是作者的思维逻辑。紧接着作者点出优秀散文应具备的写作要意,直至文尾总结,强调指出所谓"偏见"乃是"正见"。全文先破后立,有观点有论据,论述结构别具一格。语言朴素亲切,偶尔还夹杂了一些文言词,别有情趣。

本文选自《谈写作》,当代中国出版社2007年版。

思考与练习:

1. 本文的开头和结尾各有什么特点?
2. 本文可以分为几个层次?如何划分?
3. 除了散文,作者还提到五四以后的诗歌、小说和戏剧,在详略方面作者是怎么安排的?

第六单元　修　辞

在这个单元中,我们要探讨有关修辞方面的问题,内容包括什么是修辞、修辞的作用、修辞格的主要种类以及怎样恰如其分地选择和使用修辞方法。

一、什么是修辞

修辞是人们在说话或写作时,根据特定的题旨、语境、情状和表达需要,选用最恰当的语言材料、表现手法,力求话语更加准确、鲜明、生动,以达到最好的表达效果的一种活动。它是在特定的语音、语汇、语法基础上形成的,是灵活运用相对固定而又不断发展变化的语言方法、技巧和规律来恰当地表达特定思维内容的语言行为。比较而言,语法是解决对不对的问题,修辞是解决好不好的问题。无论是说话还是写文章,都要追求既对又好,这才是语言的较高境界。作为语言学的一个分科,修辞学不同于以语音、词汇、语法、文字等某个语言要素为研究对象,而是综合地研究如何运用语音、词汇、语法、文字等各种语言要素,自如驾驭语言,追求最佳表达效果的一门科学。从大的方面讲,修辞包括消极修辞和积极修辞。所谓消极修辞,是指追求语言的明白晓畅,避免语言的不当运用。所谓积极修辞,是指主动运用合适的修辞格使语言生动、形象,更具有表现力。修辞格是一些具有固定结构和特定功能的具体的修辞手法。

二、修辞的作用

修辞在言语交流中的作用主要体现在以下几个方面:

首先,修辞赋予言语以信息、美感的双重价值。在日常的语言交流过程中,人们往往不满足于获得单一的信息或美感,而希望得到更多既有实用价值、又有审美效应的信息。《论语·雍也》中的"质胜文则野,文胜质则史。文质彬彬,然后君子"说的就是这个道理。仅有信息而无美感的语言表达必然是枯燥、乏味的,而只有美感而无信息的语言表达就更没有其存在价值。在一定的言语环境中,修辞可以由此及彼、由表及里、由远及近、由浅及深地多层次、多侧面地表达人们的丰富感情和丰厚语意。恰当的修辞手法使原本单义、平面、抽象的语句,变得含义丰富。它抛开直白的语言表达方式,采用超常的语言组合,将词义上互相矛盾对立的词语巧妙地组合起来。宇宙天地千姿百态,世态人情千变万化。这必然造成语言内容的无穷性与语言形式的有限性的矛盾冲突。如何化解这个矛盾?如何运用有限的语言形式来表达无限的内容?最好的解决办法就是创造性地使用语言。而修辞格正是创造性地运用语言的最重要的、行之有效手段之一。它突破千篇一律的表达格式,使言语活动焕然一新、妙趣横生、个性张扬。人类社会生活、交际活动的日趋丰富必然导致人们在言语交往中不断创造和运用多姿多彩的修辞手段,使信息的传达更具亲和力、感染力和审美的魅力。

其次,修辞突破了逻辑的限制。语言要符合逻辑和语法,否则就会被认定为有悖情理、违反语言规律,造成病句和错句。然而在特定的言语环境里,修辞以其极具丰富想象和大胆夸张的表现手段,突破逻辑规律的限制、超越理性思维的空间,让人的思想仿佛插上翅膀,在广阔的语言世界中尽兴地翻腾、自由地翱翔。修辞的表现样式,往往使我们能够通过表面,深刻地认知事物的本质特征。它常常是以反逻辑、反常规的语词组合,在矛盾、对立、反差中表达了深邃、深刻、深远的思想内涵。

再者,修辞艺术手段的不断丰富也有力地促进了语言的发展。修辞对语言逻辑限制的突破,为人们灵活运用语言、创新整合语句提供了可能性。这具体表现为,修辞既能促进词义的变化——变单义为多义(汉语中许多词语的派生义就是因修辞运用而繁衍起来的);

也能丰富语汇,语汇中有不少词语的形式是通过某些修辞格方式构成的(如现代汉语中的偏正式合成词,不少就是由比喻方式构成的)。难怪五十多年前陈望道先生欣然将修辞格称为“积极修辞”(《修辞学发凡》),这“积极”二字,确是对修辞格作用的恰如其分的评价。

三、修辞格的主要种类

在我们日常的言语实践中使用频率较高的修辞格有比喻、比拟、借代、夸张、对偶、排比、设问和反问等。

比喻——即“打比方”。不直接描摹某一个对象,而是借助与之有相似点的另一事物来描写它,即抓住两种不同性质的事物的相似点,用一事物来比喻另一事物,使其更形象、更能够被接受。比喻一般由本体(被比喻事物)、喻体(作比方的事物)和比喻词(比喻关系的标志)三者构成。构成比喻的关键在于本体和喻体分属于本质不同的两事物,而它们之间必须有相似点。比喻的主要作用是化平淡为生动、化深奥为浅显、化抽象为具体、化冗长为简洁等。例如韩愈《答李翊书》中的“养其根而俟其实,加其膏而希其光”、“气,水也;言,浮物也”等。比喻的种类有:明喻(其典型形式为:甲像乙,其本体喻体都出现,中间以“像、如、似、仿佛”等比喻词相联)、暗喻(其典型形式为:甲是乙,其本体与喻体间无比喻词,常用“是”、“成为”、“变成”等联结)、借喻(其典型形式为:甲代乙,其本体、比喻词均不在句中出现,直接叙述喻体以代指本体)、博喻(即连用几个比喻,从不同角度、运用不同的相似点对同一本体进行比喻)等。

比拟——直接将乙事物所具有的特征、属性加在甲事物上对甲作跨类式的描摹拟写。比拟一般由本体、拟体两个部分构成。其本体均为名词性事物,其拟体则多有描摹刻画性语词。比拟的作用是使所写的人或物变得具体、生动、形象、多姿多彩。它与“比喻”仅一字之别,比喻是利用不同事物之间的类似借一事物来说明另一事物,比拟是把物当做人、把人当做物、把此事物当成彼事物来描写,它必须依仗人的联想、想象方能奏效。根据本体与拟体的关系,比拟可分为拟人(将非人类的事物当做人来描摹刻画)、拟物(将人直接当做物或将此物当做彼物来描摹刻画)两类。例如《子夜》中对道旁路灯的描绘:“头上都有一对大眼睛放射出叫人目眩的强光,啵——啵——地吼着,闪电似的冲将过来”等。

借代——直接用与本体甲具有相关关系的乙代替甲。它不直接说出所要表述的人、事、物,而是借助与之有相关点的其他人、事、物来进行替代性描摹。借喻是基于事物间的相似点省略本体和比喻词来打比方,借代是基于两事物之间的相关点来将一事物代替另一事物。借代的种类有以特征代本体、以具体代抽象、以专名代泛称、以人名代著作、以局部代整体、以结果代原因、以材料代成品、以地名代本体等。例如刘克庄《木兰花》中的“长安市”、“客舍”、“红烛”、“呼卢”、“锦妇机中字”、“玉人”、“神州”、“水西桥”等。借代的作用是以简、实、奇替代、表述、描绘出繁、虚、平。

夸张——为追求某种表达效果,在不丧失其生活基础的前提下对原有事物进行合乎情理的扩大或缩小的描述。古人说的“壮辞可得喻其真”,确有其理。例如茅盾《子夜》中的“全身的肉都跳了起来”、“背脊上冷水直浇”、“就好像忽而掉在火堆里,忽而又滚到冰窖”、“他的眼珠就像要爆出来似的”等。夸张的作用在于渲染氛围、增强感受、加深印象、激活联想、引发启迪。夸张的形式不外乎扩大、缩小、超前等。

对偶—— 亦称“对仗”,俗称“对对子”。它要求写出一对字数相等、词性相对、结构相同、意义相关的短语或句子。两两相对的词语间必须呈现承接或递进、因果、假设等关系。对偶的作用是赋予言语音乐和谐、视觉平衡的对称之美,使写意更凝练,抒情更酣畅。例如金性尧《她才二十八岁》中的“她结婚,家里没有发过喜糖;她死后,弟妹们连黑纱也没佩过”、“她坚强,我怯弱”等。对偶可以按照内容分为正对(上下句意思相似、相近、相补、相衬)、反对(上下句意思相反、相对)、串对(又称“流水对”,即上下句呈承接、递进、因果、假设、条件等关系)。对偶按照形式可分为工对(即字数、词性、结构、平仄、用字等严格要求)、宽对(即基本符合对仗规范,形式要求稍宽松些)。对偶按照结构可分为成分对偶(即散句中成分语句呈骈偶状)和句子对偶(即两句完全对偶成联)。

排比——由三个或三个以上结构相同或相似、内容相关、语气一致的短语或句子组合而成。它往往是将欲以强调的一个或几个词语反复出现在各语句的相同位置上。例如金性尧《她才二十八岁》中的“出生于上海,陨灭于常熟,安葬于雨花台”等。排比的作用是通过加强语势来强调内容,强化感情。排比有成分排比、句子排比等。

双关——利用词的多义性或者音同、音近的关系,使句意产生表面意义和内在意义双层含义,言在表而意在里。利用词的多义性构成的双关叫语义双关,利用词的声音关系构成的双关叫做谐音双关。如金性尧《她才二十八岁》中的“既无外患又无内战”等。

设问——明知故问、自问自答或不作回答而让读者自己去领会,其作用是强调问题以引起注意、启发思考。例如苏轼《水龙吟》中的“晓来雨过,遗踪何在?一池萍碎”等。

反问——一种无疑而问、不言而喻的修辞格。即以疑问句方式来表示确定的意思,以加强语气、增强表达效果。句子往往以问号做结,感情强烈时也可打感叹号。例如韩愈《答李翊书》中的“其敢自谓几于成乎?”“其用于人也奚取焉?”“其肖于器邪?”“如是者,其亦足乐乎?其无足乐也?”等。反问的形式有用肯定形式示否定、用否定形式示肯定两种。

反讽——字面表达与作者内心意思正好相反,或者各种异质因素互相冲突、对立而又貌似和谐地在一起,或者由于某种安排的错位造成乖谬与荒诞,或意在否定,结果肯定;意在肯定,结果否定。凡属背离生活或心理常态,皆属反讽。如《十年思往事　十载尝酸辛》中廖沫沙所言“没有我们,戏就开不了场”等。反讽与一般讽刺的区别在于:讽刺过于强调诗人主观性的强行进入,而反讽是发掘文本自身蕴涵的一种反抗力。反讽是智慧本身的强大力量的显现，尖锐而且自然、不做作。

四、怎样恰如其分地选择和使用修辞方法

正确选择和使用修辞方法的前提是得体，修辞方法本身很难分出高下，关键在于什么时候用、用在哪儿、怎么用。我们应该注意以下几点：

第一，适应语体。包括修辞格在内的修辞方法都是为特定的语体表达服务的。一般以描绘形象为主要手段的文艺类语体对各种修辞格都是开放的，尤其是那些以绘景、状物、抒情、写意取胜的修辞格，如比喻、比拟、对偶、借代、夸张、双关等使用的频率都相当高。以说理论述为主的政论类语体，为了晓之以理、动之以情、明之以利、怵之以害也常常使用比喻、排比、设问、反问等修辞格。至于以平实、简明见长的实用类语体和以准确、严密为主要特征的科技类语体，因其语体功能的限制，修辞格的选择尤须谨慎，而以消极修辞手法为主。

第二，适合语境。我们的讲话或写作总是在一定语境中进行的。了解语境、适合语境，你的言语方能变好、变美，达到你预期的言语效应。言语中修辞格的选择、使用是不可能完全脱离其特有语境的。例如使用比喻就必须充分考虑到言语对象的文化层次、接受能力；排比较难在焦虑、急促、逼仄的语境中使用；反语显然更适合在针锋相对、剑拔弩张的场合中使用。

第三，适宜语者。言语的统一风格是文气一以贯摄的具体体现。因此在选择、使用修辞格时，需要关注、重视其与整篇文章、整个讲话的格调相统一，与言说者的观点、立场、感情、风格、个性等相协调一致。人们文化修养、思维特点、性格特点和美学追求上的差异，必然导致言语者语言风格的千差万别：或大气磅礴、或铿锵有力、或慢条斯理、或条分缕析、或辞采华丽、或朴实无华、或言简意赅、或风趣幽默、或庄严稳重……选择和运用修辞格时应该充分考虑言语者的语言风格，以做到文如其人，话如其人。

答李翊书

韩　愈

六月二十六日，愈白。李生足下[1]：生之书辞甚高，而问其何下而恭也。能如是，谁不欲告生以其道[2]？道德之归也有日矣，况其外之文乎？抑愈所谓望孔子之门而不入于其宫者[3]，焉足以知是且非邪？虽然[4]，不可不为生言之。

生所谓立言者是[5]也；生所为者与所期者，甚似而几[6]矣。抑不知生之志：蕲[7]胜于人而取于人[8]邪？将蕲至于古之立言者邪？蕲胜于人而取于人，则固胜于人而可取于人矣！将蕲至于古之立言者，则无望其速成，无诱于势利[9]，养其根而俟[10]其实，加其膏而希其光[11]。根之茂者其实遂[12]，膏之沃[13]者其光晔。仁义之人，其言蔼如[14]也。

抑[15]又有难者。愈之所为，不自知其至犹未也；虽然，学之二十余年矣。始者，非三代两汉[16]之书不敢观，非圣人之志不敢存。处若忘[17]，行若遗[18]，俨乎其若思[19]，茫乎其若迷[20]。当其取于心而注于手也，惟陈言之务去[21]，戛戛[22]乎其难哉！其观于人，不知其非笑之为非笑也。如是者亦有年，犹不改。然后识古书之正伪，与虽正而不至[23]焉者，昭昭然白黑分矣，而务去之，乃徐有得也。

当其取于心而注于手也，汩汩[24]然来矣。其观于人也，笑之则以为喜，誉之则以为忧，以其犹有人之说者存也。如是者亦有年，然后浩乎其沛然[25]矣。吾又惧其杂也，迎而距[26]之，平心而察之，其皆醇[27]也，然后肆[28]焉。虽然，不可以不养也，行之乎[29]仁义之途，游[30]之乎诗书之源，无迷其途，无绝其源，终吾身而已矣。

气[31]，水也；言，浮物也。水大而物之浮者大小毕浮。气之于言犹是也,气盛则言之短长与声之高下者皆宜。虽如是,其[32]敢自谓几于成乎?虽几于成,其用于人也奚[33]取焉?虽然,待用于人者,其肖[34]于器邪?用与舍属诸人[35]。君子则不然。处心有道,行己有方,用则施诸人,舍则传诸其徒,垂诸文而为后世法[36]。如是者,其亦足乐乎?其无足乐也?

有志乎古者希[37]矣,志乎古必遗乎今[38]。吾诚乐而悲之[39]。亟称其人[40],所以劝[41]之,非敢褒其可褒而贬其可贬也。问于愈者多矣,念生之言不志[42]乎利,聊相为言之,愈白。

注释:

① 李生:指李翊。足下:对朋友的尊称(多用于书信)。

② 道:主要指孔孟的仁义之道。

③ 抑愈所谓望孔子之门而不入于其宫者:我还是一个远望着孔子的门墙而未能登堂入室的人。抑:连词,不过,但是。而:连词,还是。

④ 虽然:尽管这样。

⑤ 是:对的。

⑥ 几:接近。

⑦ 蕲:同“祈”,希望,求得。

⑧ 取于人:被人所取。

⑨ 无诱于势利:不要为权势利益所引诱。

⑩ 俟:等待。

⑪ 加其膏而希其光:添加灯油希望其发光。

⑫ 遂:顺其规律自然成长,此处指结出果实。实:果实。

⑬ 沃:丰厚肥沃。

⑭ 蔼如:和煦自如。

⑮ 抑：连词，且。

⑯ 三代两汉：夏、商、周和西汉、东汉。

⑰ 处若忘：静处时像是遗忘了什么。

⑱ 行若遗：行走时似乎丢失了什么。

⑲ 俨乎其若思：庄严的样子像是在沉思。俨：庄重。

⑳ 茫乎其若迷：茫然的样子像是很迷惘。

㉑ 惟陈言之务去：只是一定要去掉那些别人说过的陈词滥调。惟：单单，仅仅。之：代词，复指前置宾语“陈言”。务：必须，一定。

㉒ 戛戛：艰难费力的样子。

㉓ 不至：没有达到(顶峰)。

㉔ 汩汩：水流湍急的状态或声音。此处比喻文思喷涌。

㉕ 沛然：水充盈的样子。此处比喻思路广阔。

㉖ 迎而距：主动寻找并排除那些不纯正的东西。距：排除。

㉗ 醇：通“纯”，纯然。

㉘ 肆：放纵。此处是放手去写的意思。

㉙ 行之乎：使自己行走在某路途上。行：使动用法。之：代词，自己。

㉚ 游：使动用法，遨游，漫游。

㉛ 气：文气，文章的气势。

㉜ 其：岂，难道，怎么。

㉝ 奚：疑问代词，什么。

㉞ 肖：相似。

㉟ 属诸人：取决于别人。诸：之于。

㊱ 垂诸文而为后世法：将所写文章流传下去而成为后人效仿的典范。垂：流传。法：效仿，效法。

㊲ 希：同“稀”，少。

㊳ 遗乎今：被当代人所遗弃。乎：于，被动的意思。

㊴ 乐而悲之：既为此感到高兴又为此感到悲伤。之：指“志乎

古必遗乎今”的现象。

㊵ 亟称其人：多次称赞志古之人。

㊶ 劝：勉励，鼓励。

㊷ 志：注意于某对象。

课文导读：

韩愈，唐代中期著名散文家、诗人和学者，古文运动领袖，位居“唐宋八大家”之首。本文是作者的一封阐述自己文章写作理论的书信。韩愈将作文与为人、论文与论道紧密结合起来，通过反复论述来说明：“根之茂者其实遂，膏之沃者其光晔”——作者的涵养品性与文章写作、“人格”与“文格”之间存在着密切关系；“当其取于心而注于手也，汩汩然来矣”，只有讲求心口相一，方能写好文章；“惟陈言之务去”——具有自主创新意识的人才可能写出令人耳目一新的文章来；“气盛则言之短长与声之高下者皆宜”——写作中语言修辞格的运用是因人、因境、因文而异的。文章以“立言”启篇，层层展开、步步深入。文中作者设定了“立言”的基本标准：一是“胜于人而可取于人”，一是“至于古之立言者”。而要达到此标准就“无望其速成，无诱于势利”，要经得起形形色色的诱惑，坚持不懈地“养其根”、“加其膏”，不断加强自身文化素养、道德修养、语文涵养、写作能力的提高，才能“俟其实”、“希其光”。韩愈是这些写作理论的大力倡导者，也是这些写作理论的成功实践者。

书信作为一种最典型、最常用的应用文体，在用语措辞上尤为讲究适当。对于晚辈，韩愈不摆长辈尊者的架势，以“仁义之人，其言蔼如也”的姿态，心平气和、亲切自然的口吻与他们探讨、商榷。既是对“书辞甚高”的对方的尊重，也是一个“所谓望孔子之门墙而不入于其宫者”的自谦。既有其“不可不为生言之”的真挚恳切，又不乏其“处心有道，行己有方”、“垂诸文而为后世法”的坦诚自信。书信体中的议论也有别于一般议论文，它更强调相互交流中的沟通与理解。切近自身、由己及人、推心置腹、将心比心，方能以理服人、以情动人。真诚、亲和之气洋溢于字里行间。韩愈由衷地和对方讲述自己的写作经验与体会，无间无隔，气息交汇，好似当面而坐、促膝而谈。这样的言语易于理解、易于领会、易于接受，这种语言的运用本身就是一种得体的修辞。

本文多用形象的比喻来说明抽象之理，进而显示其语言风格的含蓄、形象，文势遒劲酣畅。如以“所谓望孔子之门墙而不入于其宫者”，表达自己有志于求道且知其路长；如以“养其根而俟其实，加其膏而希其光”，明示重视道德、学问的提高方能取得成就；如以“根之茂者其实遂，膏之沃者其光晔”，说明打下扎实基础与“立言”的因果关系等。在此文中，作者尤喜以水喻文，以“汩汩然”喻文思勃发；以“浩乎其沛然”喻文气充沛；以“气，水也；言，浮物也”之喻来阐述自己的抽象之理“气盛则言之短长与声之高下者皆宜”等。这就使原本较为深邃、陌生、难以理解的事理变得生动形象、浅显明白了。而本文中对偶的运用也相当普遍，上列语句就多为典型的对偶句式。

本文选自《韩昌黎文集校注》卷三，上海古籍出版社 1986 年版。

思考与练习：

1. 韩愈认为为文立言的根本是什么？
2. “根之茂者其实遂，膏之沃者其光晔”说明的是什么道理？
3. 阅读下文并回答问题。

将蕲至于古之立言者邪？蕲胜于人而取于人，则固胜于人而可取于人矣！将蕲至于古之立言者，则无望其速成，无诱于势利，养其根而俟其实，加其膏而希其光。根之茂者其实遂，膏之沃者其光晔。仁义之人，其言蔼如也。

(1) 这段话的主旨是什么?

(2) 文中的“根”、“膏”分别喻指什么?

(3) 文中采用了哪些修辞手法?

4. 阅读下文并回答问题。

气,水也;言,浮物也。水大而物之浮者大小毕浮。气之于言犹是也,气盛则言之短长与声之高下者皆宜。

(1) 文中的“气”、“言”指的是什么?

(2) 作者认为写作中“气”与“言”是什么关系?

水龙吟[1]·次韵章质夫杨花词[2]

苏　轼

似花还似非花，也无人惜从教坠[3]。抛家傍路，思量却是，无情有思[4]。萦损柔肠[5]，困酣娇眼[6]，欲开还闭。梦随风万里，寻郎去处，又还被莺呼起。　　不恨此花飞尽，恨西园、落红难缀[7]。晓来雨过，遗踪何在？一池萍碎[8]。春色三分，二分尘土，一分流水。细看来不是杨花，点点是离人泪。

注释：

① 水龙吟：词牌名，又名《龙吟曲》、《庄椿岁》、《小楼连苑》。《清真集》入"越调"。各家格式出入颇多，此以历代传诵苏、辛两家之作为准。一百零二字，前后片各四仄韵。又第九句第一字并是领格，宜用去声。结句宜用一字领下三字，较二、三句式收得有力。

② 章质夫，福建蒲城人，是苏轼的同僚和好友。苏轼依章质夫作咏杨花的《水龙吟》的原韵，作词答和，连次序也相同的叫"次韵"或"步韵"。

③ 惜：怜惜。从教坠：任凭坠落。从：依顺、听从。教：使，叫。

④ 思：心绪情思。

⑤ 萦：愁思萦回。柔肠：柳枝柔细，故喻之柔肠。

⑥ 困酣：困倦之极。娇眼：美人娇媚之眼喻柳叶。柳叶初生

时,如人之睡眼朦胧初展,故称柳眼。

⑦ 缀(zhuì):点缀、装饰。

⑧ 一池萍碎:苏轼在《再次韵曾仲锡荔支》中有“杨花著水万浮萍”,并自注:“柳至易成,飞絮落水中,经宿即为浮萍。”其实这只是古人一种说法,并非科学。此可认作抒情诗词的文学笔法。

课文导读:

苏轼,北宋文学家,唐宋八大家之一。其诗、文、书、画皆有很高造诣,词开豪放一派。而这首咏物词,却是尽显其婉约细柔、缠绵悱恻之情。这首词开篇即以名为花而“似非花”来点明杨花细小无华的独特物性与其任随坠落、无人怜惜的命运遭际。本词以梦中万里寻郎却被莺声啼醒的思妇拟作随风翻飞的杨花,此相逢难得、备受煎熬、柔肠寸断、无奈不甘之状既摄思妇之魂,更传杨花之神。下片欲写杨花归宿,却先把意思推开一层,说令人抱恨的何止杨花飞尽,落红满地更示春已归去。接着作者才叙写杨花归宿:寻觅杨花遗踪却只见一池被打碎了的浮萍。原来在“三分春色”中,大部分杨花委以尘土,落入水中还是其中很小一部分。可见其命运与那梦郎不得的思妇一般凄凉。此“二分尘土”与上片“抛家傍路”相应,“一分流水”与前文“一池萍碎”相应。至此由花及己,杨花的最终归宿与词人的满腔惜春之情水乳交融,将咏物抒情的题旨推向极致。由眼前流水联想到思妇之泪,又由思妇之泪映带出空中之杨花。那是离人之泪般的杨花,还是纷纷杨花般的离人之泪。虚中有实,实中见虚,词情游移于虚实之间、似与不似之间,若即若离、不即不离。情中有景,景中寓情,画龙点睛于“离人泪”,深化主旨、总收全篇,既干净利落、又余味无穷。

词家向来以咏物为难。张炎《词源》曰:“诗难于咏物,词为尤难。体认稍真,则拘而不畅;摹写差远,则晦而不明。”且章质夫的柳花词以其精妙摹写物态而已成一时传诵佳作。欲步其韵填词,从形式到内容,都难免不受原唱的约束。但苏轼却驾轻就熟、举重若轻,"曲尽杨花妙处"。就整首词而言,词人匠心独运地运用了隐喻象征的修辞格。景中言情,词人将其深挚情感倾注于杨花,将物性与人情水乳交融般合为一体,达到借物以寓性情的很高的艺术境界,进而成为咏物词史上"压倒古今"之作。在杨花形、神的具体刻画中,作者大胆驰骋想象,巧妙运用拟人的修辞手法,将"有思"杨花栩栩如生地拟摹为具体的有生命的人——一位春日思妇的形象。她那柔肠寸断、备受离愁之痛苦折磨的神色,一双因春梦缠绕而困极难开的娇眼,更是形神皆备、花人合一的点睛之笔。

本文选自唐圭璋《宋词三百首笺注》,上海古籍出版社 1979 年 9 月版。

思考与练习:

1. "似花还似飞花"用的是哪种比喻?
2. "不是杨花,点点是离人泪"用的又是哪种比喻?

木兰花[①]·戏林推[②]

刘克庄

年年跃马长安市[③]，客舍似家家似寄[④]。青钱换酒日无何[⑤]，红烛呼卢宵不寐[⑥]。

易挑锦妇机中字[⑦]，难得玉人心下事[⑧]。男儿西北有神州，莫滴水西桥畔泪[⑨]。

注释：

① 木兰花：词牌名，又名“玉楼春”。

② 戏：调侃。林推：作者的友人，一位姓林的节度推官。

③ 长安市：借指南宋都城临安(今杭州)。

④ 寄：客居。此句说客居的日子多于家居的日子。

⑤ 青钱：古铜钱成色不同，分青钱、黄钱两种。无何：不过问其他的事情，无所事事。

⑥ 呼卢：赌博时的叫声。卢：五子皆黑，为樗(chū)蒲之戏的头彩。

⑦ “易挑”句：容易识别妻子的真情实意。机中字：织锦中的文字。南北朝时窦滔仕前秦苻坚为秦州刺史，被徙流沙。妻子苏氏在家中织锦为回文璇玑图诗，寄赠窦滔，词甚凄婉。

⑧ 玉人：美人，此指妓女。此指妓女心事是不易捉摸的。

⑨ 水西桥：泛指妓女居所。此句意为不必为妓女抛洒自己的

眼泪。

课文导读：

刘克庄，南宋著名词人。他一生仕途坎坷，作品则体裁丰富，题材广泛。其词学稼轩，为“苏辛”豪放派中的著名爱国词人。作为一首规劝友人摒弃恶习的词作，词人在劝勉友人立志报国的同时，也表达了自己抗金复国的远大抱负。上片描述林推官日夜狂饮纵博的现状，下片规劝林推官不要消磨壮志于风月场中，而要为收复中原失地建功立业。整首词中，规劝激励的情愫甚切，而语气却十分平和诚恳。从词意可见，词人的这位朋友是个热血少年，可能因不为当权者所重用，而有些狂放不羁。从好友、亦从长者立场出发，词人推心置腹地劝说，可谓用心良苦。于国、于家，于公、于私，词人晓之以理，劝之以诚。“跃马”句写林推官的豪侠、狷狂、放任。句中“客舍”并非一般旅舍客店，而是借指歌楼妓院之类，此句暗示对方的嫖妓。而“青钱”句则是借指对方的豪饮，“红烛”句是借指对方的纵博。显然，刘克庄认为林推官荒于游玩、嗜酒、赌博、狎妓的行为是其年轻而不得意时的一种内心抑郁苦闷释放的表现方式，可以理解，值得同情，能够规劝，更应激其奋发。于是下片的前两句词人就从对方生活现状自然转入忠告劝诫。在刘克庄看来，娼妓多为挣钱卖笑因而用心不专，家中的妻子才是可靠贴心的。后两句则是从国家大局、社会需求出发，循循善诱地提醒并告诫其年轻朋友“男儿西北有神州，莫滴水西桥畔泪”。这显而易见是全词的高潮之处、主旨所在。其字字铿锵，掷地有声，发人深省，令人振奋，真可谓“壮语亦可起懦”。难怪后人常以此句教育儿辈，使此句成为开导激励后生晚辈的至理名言。

这首词的风格特色是：气劲辞婉，内刚外柔，绵里藏针，有理有节。作者对其友的荒于狎妓既恨又惜。其上片字面不动声色的叙述里，蕴含着词人对朋友的不忍、不弃，更是对当时南宋统治阶级的不屑、不苟。词人的豪放之气寓于讽喻意味强烈的反语的修辞格中。其下片没有声色俱厉的斥责，意蕴深挚的“机中字”典故替代了直截了当的劝导；篇末的一扬一抑，对比鲜明。两句间的情感落差将些许愠怒、惋惜融入委婉、温厚的话语之中。修辞格的运用主要为借代，词中以“长安市”、“客舍”、“红烛”、“呼卢”、“锦妇机中字”、“玉人”、“神州”、“水西桥”等以实替虚、以变显常、以奇衬平。

本文选自唐圭璋《宋词三百首笺注》，上海古籍出版社 1979 年 9 月版。

思考与练习：

1. 文中的“长安市”、“客舍”、“红烛”、“呼卢”、“锦妇机中字”、“玉人”、“神州”、“水西桥”分别替代了什么？
2. 如何理解上题中几个借代体现了以变显常、以奇衬平的特点？

子 夜（节选）

茅　盾

一

太阳刚刚下了地平线。软风一阵一阵地吹上人面，怪痒痒的。苏州河的浊水幻成了金绿色，轻轻地，悄悄地，向西流去。黄浦的夕潮不知怎的已经涨上了，现在沿这苏州河两岸的各色船只都浮得高高的，舱面比码头还高了约莫半尺。风吹来外滩公园里的音乐，却只有那炒豆似的铜鼓声最分明，也最叫人兴奋。暮霭挟着薄雾笼罩了外白渡桥的高耸的钢架，电车驶过时，这钢架下横空架挂的电车线时时爆发出几朵碧绿的火花。从桥上向东望，可以看见浦东的洋栈像巨大的怪兽，蹲在暝色中，闪着千百只小眼睛似的灯火。向西望，叫人猛一惊的，是高高地装在一所洋房顶上而且异常庞大的霓虹电管广告，射出火一样的赤光和青燐似的绿焰：Light，Heat，Power！

这时候——这天堂般五月的傍晚，有三辆一九三〇年式的雪铁龙汽车像闪电一般驶过了外白渡桥，向西转弯，一直沿北苏州路去了。

过了北河南路口的上海总商会以西的一段，俗名唤作“铁马路”，是行驶内河的小火轮的汇集处。那三辆汽车到这里就减低了速率。第一辆车的汽车夫轻声地对坐在他旁边的穿一身黑拷绸衣裤的彪形大汉说：

“老关！是戴生昌罢？”

“可不是！怎么你倒忘了？您准是给那只烂污货迷昏了啦！”

老关也是轻声说，露出一口好像连铁梗都咬得断似的大牙齿。他是保镖的。此时汽车戛然而止，老关忙即跳下车去，摸摸腰间的勃郎宁，又向四下里瞥了一眼，就过去开了车门，威风凛凛地站在旁边。车厢里先探出一个头来，紫酱色的一张方脸，浓眉毛，圆眼睛，脸上有许多小疱。看见迎面那所小洋房的大门上正有"戴生昌轮船局"六个大字，这人也就跳下车来，一直走进去。老关紧跟在后面。

"云飞轮船快到了么？"

紫酱脸的人傲然问，声音洪亮而清晰。他大概有四十岁了，身材魁梧，举止威严，一望而知是颐指气使惯了的"大亨"。他的话还没完，坐在那里的轮船局办事员霍地一齐站了起来，内中有一个瘦长子堆起满脸的笑容抢上一步，恭恭敬敬回答：

"快了，快了！三老爷，请坐一会儿罢。——倒茶来。"

瘦长子一面说，一面就拉过一把椅子来放在三老爷的背后。三老爷脸上的肌肉一动，似乎是微笑，对那个瘦长子瞥了一眼，就望着门外。这时三老爷的车子已经开过去了，第二辆汽车补了缺，从车厢里下来一男一女，也进来了。男的是五短身材，微胖，满面和气的一张白脸。女的却高得多，也是方脸，和三老爷有几分相像，但颇白嫩光泽。两个都是四十开外的年纪了，但女的因为装饰入时，看来至多不过三十左右。男的先开口：

"荪甫，就在这里等候么？"

紫酱色脸的荪甫还没回答，轮船局的那个瘦长子早又赔笑说：

"不错，不错，姑老爷。已经听得拉过回声。我派了人在那里看着，专等船靠了码头，就进来报告。顶多再等五分钟，五分钟！"

"呀，福生，你还在这里么？好！做生意要有长性。老太爷向来就说你肯学好。你有几年不见老太爷罢？"

"上月回乡去，还到老太爷那里请安。——姑太太请坐罢。"

叫做福生的那个瘦长男子听得姑太太称赞他，快活得什么似的，一面急口回答，一面转身又拖了两把椅子来放在姑老爷和姑太太的背后，又是献茶，又是敬烟。他是荪甫三老爷家里一个老仆的儿子，从小就伶俐，所以荪甫的父亲——吴老太爷特嘱荪甫安插他到这戴生昌轮船局。但是荪甫他们三位且不先坐下，眼睛都看着门外。门口马路上也有一个彪形大汉站着，背向着门，不住地左顾右盼；这是姑老爷杜竹斋随身带的保镖。

杜姑太太轻声松一口气，先坐了，拿一块印花小丝巾，在嘴唇上抹了几下，回头对荪甫说：

“三弟，去年我和竹斋回乡去扫墓，也坐这云飞船。是一条快船。单趟直放，不过半天多，就到了；就是颠得厉害。骨头痛。这次爸爸一定很辛苦的。他那半肢疯，半个身子简直不能动。竹斋，去年我们看见爸爸坐久了就说头晕——”

姑太太说到这里一顿，轻轻吁了一口气，眼圈儿也像有点红了。她正想接下去说，猛的一声汽笛从外面飞来。接着一个人跑进来喊道：

“云飞靠了码头了！”

姑太太也立刻站了起来，手扶着杜竹斋的肩膀。那时福生已经飞步抢出去，一面走，一面扭转脖子，朝后面说：

“三老爷，姑老爷，姑太太；不忙，等我先去招呼好了，再出来！”

轮船局里其他的办事人也开始忙乱；一片声唤脚夫。就有一架预先准备好的大藤椅由两个精壮的脚夫抬了出去。荪甫眼睛望着外边，嘴里说：

“二姊，回头你和老太爷同坐一八八九号，让四妹和我同车，竹斋带阿萱。”

姑太太点头，眼睛也望着外边，嘴唇翕翕地动：在那里念佛！竹斋含着雪茄，微微地笑着，看了荪甫一眼，似乎说“我们走罢”。恰好福生也进来了，十分为难似的皱着眉头：

“真不巧。有一只苏州班的拖船停在里挡——”

“不要紧。我们到码头上去看罢！”

荪甫截断了福生的话，就走出去了。保镖的老关赶快也跟上去。后面是杜竹斋和他的夫人，还有福生。本来站在门口的杜竹斋的保镖就作了最后的“殿军”。

云飞轮船果然泊在一条大拖船——所谓“公司船”的外边。那只大藤椅已经放在云飞船头，两个精壮的脚夫站在旁边。码头上冷静静地，没有什么闲杂人：轮船局里的两三个职员正在那里高声吆喝，轰走那些围近来的黄包车夫和小贩。荪甫他们三位走上了那“公司船”的甲板时，吴老太爷已经由云飞的茶房扶出来坐上藤椅子了。福生赶快跳过去，做手势，命令那两个脚夫抬起吴老太爷，慢慢地走到“公司船”上。于是儿子、女儿、女婿，都上前相见。虽然路上辛苦，老太爷的脸色并不难看，两圈红晕停在他的额角。可是他不做声，看看儿子、女儿、女婿，只点了一下头，便把眼睛闭上了。

这时候，和老太爷同来的四小姐蕙芳和七少爷阿萱也挤上那“公司船”。

“爸爸在路上好么？”

杜姑太太——吴二小姐，拉住了四小姐，轻声问。

“没有什么。只是老说头眩。”

“赶快上汽车罢！福生，你去招呼一八八九号的新车子先开来。”

荪甫不耐烦似的说。让两位小姐围在老太爷旁边，荪甫和竹斋，阿萱就先走到码头上。一八八九号的车子开到了，藤椅子也上了岸，吴老太爷也被扶进汽车里坐定了，二小姐——杜姑太太跟着便坐在老太爷旁边。本来还是闭着眼睛的吴老太爷被二小姐身上的香气一刺激，便睁开眼来看一下，颤着声音慢慢地说：

“芙芳，是你么？要蕙芳来！蕙芳！还有阿萱！”

荪甫在后面的车子里听得了，略皱一下眉头，但也不说什么。老太爷的脾气古怪而且执拗，荪甫和竹斋都知道。于是四小姐蕙芳和七少爷阿萱都进了老太爷的车子。二小姐芙芳舍不得离开父亲，便也挤在那里。两位小姐把老太爷夹在中间。马达声音响了，一八八九号汽车开路，已经动了，忽然吴老太爷又锐声叫了起来：

“《太上感应篇》！”

这是裂帛似的一声怪叫。在这一声叫喊中，吴老太爷的残余生命力似乎又复旺炽了；他的老眼闪闪地放光，额角上的淡红色转为深朱，虽然他的嘴唇簌簌地抖着。

一八八九号的汽车夫立刻把车煞住，惊惶地回过脸来。荪甫和竹斋的车子也跟着停止。大家都怔住了。四小姐却明白老太爷要的是什么。她看见福生站在近旁，就唤他道：

“福生，赶快到云飞的大餐间里拿那部《太上感应篇》来！是黄绫子的书套！”

吴老太爷自从骑马跌伤了腿，终至成为半肢疯以来，就虔奉《太上感应篇》，二十余年如一日；除了每年印赠而外，又曾恭楷手抄一部，是他坐卧不离的。

一会儿，福生捧着黄绫子书套的《感应篇》来了。吴老太爷接过来恭恭敬敬摆在膝头，就闭了眼睛，干瘪的嘴唇上浮出一丝放心了的微笑。

“开车！”

二小姐轻声喝，松了一口气，一仰脸把后颈靠在弹簧背垫上，也忍不住微笑。这时候，汽车愈走愈快，沿着北苏州路向东走，到了外白渡桥转弯朝南，那三辆车便像一阵狂风，每分钟半英里，一九三〇年式的新纪录。

坐在这样近代交通的利器上，驱驰于三百万人口的东方大都市上海的大街，而却捧了《太上感应篇》，心里专念着文昌帝君的“万恶淫为首，百善孝为先”的告诫，这矛盾是很显然的了。而尤其使这矛盾尖锐化的，是吴老太爷的真正虔奉《太上感应篇》，完全不同于上海的借善骗钱的“善棍”。可是三十年前，吴老太爷却还是顶呱呱的“维新党”。祖若父两代侍郎，皇家的恩泽不可谓不厚，然而吴老太爷那时却是满腔子的“革命”思想。普遍于那时候的父与子的冲突，少年的吴老太爷也是一个主角。如果不是二十五年前习武骑马跌伤了腿，又不幸而渐渐成为半身不遂的毛病，更不幸而接着又赋悼亡，那么现在吴老太爷也许不至于整天捧着《太上感应篇》罢？然而自从伤腿以后，吴老太爷的英年浩气就好像是整个儿跌丢了；二十五年来，他就不曾跨出他的书斋半步！二十五年来，除了《太上感应篇》，他就不曾看过任何书报！二十五年来，他不曾经验过书斋以外的人生！第二代的“父与子的冲突”又在他自己和荪甫中间不可挽救地发生。而且如果说上一代的侍郎可算得又怪僻，又执拗，那么，吴老太爷正亦不弱于乃翁；书斋便是他的堡寨，《太上感应篇》便是他的护身法宝，他坚决地拒绝了和儿子妥协，亦既有十年之久了！

虽然此时他已经坐在一九三〇年式的汽车里，然而并不是他对儿子妥协。他早就说过，与其目击儿子那样的“离经叛道”的生活，倒不如死了好！他绝对不愿意到上海。荪甫向来也不坚持要老太爷来，此番因为土匪实在太嚣张，而且邻省的共产党红军也有燎原之势，让老太爷高卧家园，委实是不妥当。这也是儿子的孝心。吴老太爷根本就不相信什么土匪，什么红军，能够伤害他这虔奉文昌帝君的积善老子！但是坐卧都要人扶持，半步也不能动的他，有什么办法？他只好让他们从他的“堡寨”里抬出来，上了云飞轮船，终于又上了这“子不语”的怪物——汽车。正像二十五年前是这该诅咒的半身不遂使他不能到底做成“维新党”，使他不得不对老侍郎的“父”屈服，现在仍是这该诅咒的半身不遂使他又不能“积善”到底，使他不得不对新式企业家的“子”妥协了！他就是那样始终演着悲剧！

但毕竟尚有《太上感应篇》这护身法宝在他手上，而况四小姐蕙芳，七少爷阿萱一对金童玉女，也在他身旁，似乎虽入“魔窟”，亦未必竟堕“德行”，所以吴老太爷闭目养了一会神以后，渐渐泰然怡然睁开眼睛来了。

汽车发疯似的向前飞跑。吴老太爷向前看。天哪！几百个亮着灯光的窗洞像几百只怪眼睛，高耸碧霄的摩天建筑，排山倒海般的扑到吴老太爷眼前，忽地又没有了；光秃秃的平地拔立的路灯杆，无穷无尽地，一杆接一杆地，向吴老太爷脸前打来，忽地又没有了；长蛇阵似的一串黑怪物，头上都有一对大眼睛放射出叫人目眩的强光，啵——啵——地吼着，闪电似的冲将过来，对准着吴老太爷坐的小箱子冲将过来！近了！近了！吴老太爷闭了眼睛，全身都抖了。他觉得他的头颅仿佛是在颈脖子上旋转；他眼前是红的，黄的，绿的，黑的，发光的，立方体的，圆锥形的，——混杂的一团，在那里跳，在那里转；他耳朵里灌满了轰，轰，轰！轧，轧，轧！啵，啵，啵！猛烈嘈杂的声浪会叫人心跳出腔子似的。

不知经过了多少时候，吴老太爷悠然转过一口气来，有说话的声音在他耳边动荡：

"四妹，上海也不太平呀！上月是公共汽车罢工，这月是电车了！上月底共产党在北京路闹事，捉了几百，当场打死了一个。共产党有枪呢！听三弟说，各工厂的工人也都不稳。随时可以闹事。时时想暴动。三弟的厂里，三弟公馆的围墙上，都写满了共产党的标语……"

"难道巡捕不捉么？"

"怎么不捉！可是捉不完。啊哟！真不知道哪里来的这许多不要性命的人！——可是，四妹，你这一身衣服实在看了叫人笑。这还是十年前的装束！明天赶快换一身罢！"

是二小姐芙芳和四小姐蕙芳的对话。吴老太爷猛睁开了眼睛，只见左右前后都是像他自己所坐的那种小箱子——汽车。都是静静地一动也不动。横在前面不远，却像开了一道河似的，从南到北，又从北到南，匆忙地杂乱地交流着各色各样的车子；而夹在车子中间，又有各色各样的男人女人，都像有鬼赶在屁股后似的跌跌撞撞地快跑。不知从什么高处射来的一道红光，又正落在吴老太爷身上。

这里正是南京路同河南路的交叉点，所谓"抛球场"。东西行的车辆此时正在那里静候指挥交通的红绿灯的命令。

“二姊，我还没见过三嫂子呢。我这一身乡气，会惹她笑痛了肚子罢。”

蕙芳轻声说，偷眼看一下父亲，又看看左右前后安坐在汽车里的时髦女人。芙芳笑了一声，拿出手帕来抹一下嘴唇。一股浓香直扑进吴老太爷的鼻子，痒痒地似乎怪难受。

“真怪呢！四妹。我去年到乡下去过，也没看见像你这一身老式的衣裙。”

“可不是。乡下女人的装束也是时髦得很呢，但是父亲不许我——”

像一枝尖针刺入吴老太爷迷惘的神经，他心跳了。他的眼光本能地瞥到二小姐芙芳的身上。他第一次下意识地看清楚了二小姐的装束；虽则尚在五月，却因今天骤然闷热，二小姐已经完全是夏装；淡蓝色的薄纱紧裹着她的壮健的身体，一对丰满的乳房很显明地突出来，袖口缩在臂弯以上，露出雪白的半只臂膊。一种说不出的厌恶，突然塞满了吴老太爷的心胸，他赶快转过脸去，不提防扑进他视野的，又是一位半裸体似的只穿着亮纱坎肩，连肌肤都看得分明的时装少妇，高坐在一辆黄包车上，翘起了赤裸裸的一只白腿，简直好像没有穿裤子。“万恶淫为首”！这句话像鼓槌一般打得吴老太爷全身发抖。然而还不止此。吴老太爷眼珠一转，又瞥见了他的宝贝阿萱却正张大了嘴巴，出神地贪看那位半裸体的妖艳少妇呢！老太爷的心扑地一下狂跳，就像爆裂了似的再也不动，喉间是火辣辣的，好像塞进了一大把的辣椒。

此时指挥交通的灯光换了绿色，吴老太爷的车子便又向前进。冲开了各色各样车辆的海，冲开了红红绿绿的耀着肉光的男人女人的海，向前进！机械的骚音，汽车的臭屁，和女人身上的香气，霓虹电管的赤光——一切梦魇似的都市的精怪，毫无怜悯地压到吴老太爷朽弱的心灵上，直到他只有目眩，只有耳鸣，只有头晕！直到他的刺激过度的神经像要爆裂似的发痛，直到他的狂跳不歇的心脏不能再跳动！

呼卢呼卢的声音从吴老太爷的喉间发出来，但是都市的骚音太大了，二小姐，四小姐和阿萱都没有听到。老太爷的脸色也变了，但是在不断的红绿灯光的映射中，谁也不能辨别谁的脸色有什么异样。

汽车是旋风般向前进。已经穿过了西藏路，在平坦的静安寺路上开足了速率。路旁隐在绿荫中射出一点灯光的小洋房连排似的扑过来，一眨眼就过去了。五月夜的凉风吹在车窗上，猎猎地响。四小姐蕙芳像是摆脱了什么重压似的松一口气，对阿萱说：

“七弟，这可长住在上海了。究竟上海有什么好玩的，我只觉得乱哄哄地叫人头痛。”

“住惯了就好了。近来是乡下土匪太多，大家都搬到上海来。四妹，你看这一路的新房子，都是这两年内新盖起来的。随你盖多少新房子，总有那么多的人来住。”

二小姐接着说，打开她的红色皮包，取出一个粉扑，对着皮包上装就的小镜子便开始化起妆来。

“其实乡下也还太平。谣言还没有上海那么多。七弟，是么？”

“太平？不见得罢！两星期前开来了一连兵，刚到关帝庙里驻扎好了，就向商会里要五十个年青的女人——补洗衣服；商会说没有，那些八太爷就自己出来动手拉。我们隔壁开水果店的陈家嫂不是被他们拉了去么？我们家的陆妈也是好几天不敢出大门……”

“真作孽！我们在上海一点不知道。我们只听说共产党要掳女人去共。”

“我在镇上就不曾见过半个共军。就是那一连兵，叫人头痛！”

“吓，七弟，你真糊涂！等到你也看见，那还了得！竹斋说，现在的共产党真厉害，九流三教里，到处全有。防不胜防。直到像雷一样打到你眼前，你才觉到。”

这么说着，二小姐就轻轻吁一声。四小姐也觉毛骨悚然。只有不很懂事的阿萱依然张大了嘴胡胡地笑。他听得二小姐把共产党说成了神出鬼没似的，便觉得非常有趣；“会像雷一样的打到你眼前来么？莫不是有了妖术罢！”他在肚子里自问自答。这位七少爷今年虽已十九岁，虽然长的极漂亮，却因为一向就做吴老太爷的“金童”，很有几分傻。

此时车上的喇叭突然呜呜地叫了两声，车子向左转，驶入一条静荡荡的浓荫夹道的横马路，灯光从树叶的密层中洒下来，斑斑驳驳地落在二小姐她们身上。车子也走得慢了。二小姐赶快把化妆皮包收拾好，转脸看着老太爷轻声说：

“爸爸，快到了。”

“爸爸睡着了！”

“七弟，你喊得那么响！二姊，爸爸闭了眼睛养神的时候，谁也不敢惊动他！”

但是汽车上的喇叭又是呜呜地连叫三声，最后一声拖了个长尾巴。这是暗号。前面一所大洋房的两扇乌油大铁门霍地荡开，汽车就轻轻地驶进门去。阿萱猛的从坐位上站起来，看见荪甫和竹斋的汽车也衔接着进来，又看见铁门两旁站着四五个当差，其中有武装的巡捕。接着，砰——的一声，铁门就关上了。此时汽车在花园里的柏油路上走，发出细微的丝丝的声音。黑森森的树木夹在柏油路两旁，三三两两的电灯在树荫间闪烁。蓦地车又转弯，眼前一片雪亮，耀的人眼花，五开间三层楼的一座大洋房在前面了，从屋子里散射出来的无线电音乐在空中回翔，咕——的一声，汽车停下。

有一个清脆的声音在汽车旁边叫：

“太太！老太爷和老爷他们都来了！”

从眩晕的突击中方始清醒过来的吴老太爷吃惊似的睁开了眼睛。但是紧抓住了这位老太爷的觉醒意识的第一刹那却不是别的，而是刚才停车在“抛球场”时七少爷阿萱贪婪地看着那位半裸体似的妖艳少妇的那种邪魔的眼光，以及四小姐蕙芳说的那一句“乡下女人装束也时髦得很呢，但是父亲不许我——”的声浪。

刚一到上海这“魔窟”，吴老太爷的“金童玉女”就变了！

无线电音乐停止了，一阵女人的笑声从那五开间洋房里送出来，接着是高跟皮鞋错落地阁阁地响，两三个人形跳着过来，内中有一位粉红色衣服，长身玉立的少妇，袅着细腰抢到吴老太爷的汽车边，一手拉开了车门，娇声笑着说：

“爸爸，辛苦了！二姊，这是四妹和七弟么？”

同时就有一股异常浓郁使人窒息的甜香，扑头压住了吴老太爷。而在这香雾中，吴老太爷看见一团蓬蓬松松的头发乱纷纷地披在白中带青的圆脸上，一对发光的滴溜溜转动的黑眼睛，下面是红得可怕的两片嘻开的嘴唇。蓦地这披发头扭了一扭，又响出银铃似的声音：

“荪甫！你们先进去。我和二姊扶老太爷！四妹，你先下来！”

吴老太爷集中全身最后的生命力摇一下头。可是谁也没有理他。四小姐擦着那披发头下去了，二小姐挽住老太爷的左臂，阿萱也从旁帮一手，老太爷身不由主的便到了披发头的旁边了，就有一条滑腻的臂膊箍住了老太爷的腰部，又是一串艳笑，又是兜头扑面的香气。吴老太爷的心只是发抖，《太上感应篇》紧紧地抱在怀里。有这样的意思在他的快要炸裂的脑神经里通过：“这简直是夜叉，是鬼！”

超乎一切以上的憎恨和忿怒忽然给予吴老太爷以长久未有的力气。仗着二小姐和吴少奶奶的半扶半抱，他很轻松地上了五级的石阶，走进那间灯火辉煌的大客厅了。满客厅的人！迎面上前的是荪甫和竹斋。忽然又飞跑来两个青年女郎，都是披着满头长发，围住了吴老太爷叫唤问好。她们嘈杂地说着笑着，簇拥着老太爷到一张高背沙发椅里坐下。

吴老太爷只是瞪出了眼睛看。憎恨，忿怒，以及过度刺激，烧得他的脸色变为青中带紫。他看见满客厅是五颜六色的电灯在那里旋转，旋转，而且愈转愈快。近他身旁有一个怪东西，是浑圆的一片金光，嗬嗬地响着，徐徐向左右移动，吹出了叫人气噎的猛风，像是什么金脸的妖怪在那里摇头作法。而这金光也愈摇愈大，塞满了全客厅，弥漫了全空间了！一切红的绿的电灯，一切长方形，椭圆形，多角形的家具，一切男的女的人们，都在这金光中跳着转着。粉红色的吴少奶奶，苹果绿色的一位女郎，淡黄色的又一女郎，都在那里疯狂地跳，跳！她们身上的轻绡掩不住全身肌肉的轮廓，高耸的乳峰，嫩红的乳头，腋下的细毛！无数的高耸的乳峰，颤动着，颤动着的乳峰，在满屋子里飞舞了！而夹在这乳峰的舞阵中间的，是荪甫的多疤的方脸，以及满是邪魔的阿萱的眼光。突然吴老太爷又看见这一切颤动着飞舞着的乳房像乱箭一般射到他胸前，堆积起来，堆积起来，重压着，重压着，压在他胸脯上，压在那部摆在他膝头的《太上感应篇》上，于是他又听得狂荡的艳笑，房屋摇摇欲倒。

“邪魔呀!”吴老太爷似乎这么喊，眼里迸出金花。他觉得有千万斤压在他胸口，觉得脑袋里有什么东西爆裂了，碎断了；猛的拔地长出两个人来，粉红色的吴少奶奶和苹果绿色的女郎，都嘻开了血色的嘴唇像要来咬。吴老太爷脑壳里梆的一响，两眼一翻，就什么都不知道了。

“表叔！认得我么？素素，我是张素素呀!”

站在吴老太爷面前的穿苹果绿色Grafton[①]轻绡的女郎兀自笑嘻嘻地说，可是在她旁边捧着一杯茶的吴少奶奶蓦地惊叫了一声，茶杯掉在地下。满客厅的人都一跳！死样沉寂的一刹那！接着是暴雷般的脚步声，都拥到吴老太爷的身边来了。十几张嘴同时在问在叫。吴老太爷脸色像纸一般白，嘴唇上满布着白沫，头颅歪垂着。黄绫套子的《太上感应篇》拍的一声落在地下。

……

十九

大时钟镗镗地响了九下。这清越而缓慢的金属丝颤动的声音送到了隔房床上吴荪甫的耳朵里了，闭着的眼皮好像轻轻一跳。然而梦的黑潮还是重压在他的神经上。在梦中，他也听得清越的钟声；但那是急促的钟声，那是交易所拍板台上的钟声，那是宣告“开市”的钟声，那是吴荪甫他们“决战”开始的号炮！

是为了这梦里的钟声，所以睡着的吴荪甫眼皮轻轻一跳。公债的“交割期”就在大后天，到昨天为止，吴荪甫他们已把努力搜刮来的“预备资金”扫数开到“前线”，是展开了全线的猛攻了；然而“多头”们的阵脚依然不见多大的动摇！他们现在唯一的盼望是杜竹斋的友军迅速出动。昨晚上，吴荪甫为此跟杜竹斋又磨到深夜。这已是第四次的“对杜外交”！杜竹斋的表示尚不至于叫吴荪甫他们失望。然而毕竟这是险局！

忽然睡梦中的吴荪甫一声狞笑，接着又是皱紧了眉头，咬住了牙关，浑身一跳。猛可地他睁开眼来了，血红的眼球定定地发怔，细汗渐渐布满了额角。梦里的事情太使他心惊。惨黄的太阳在窗前弄影，远远地微风吹来了浑浊的市声。

“幸而是梦！不过是梦罢了！”——吴荪甫匆匆忙忙起身离床，心里反复这么想。然而他在洗脸的时候，又看见梦里那赵伯韬的面孔又跑到脸盆里来了；一脸的奸笑，胜利的笑！无意中在大衣镜前走过的时候一回头，吴荪甫又看见自己的脸上摆明了是一副败相。仆人们在大客厅和大餐室里乱哄哄地换沙发套，拿出地毯去扑打；吴荪甫一眼瞥见，忽然又想到房子已经抵出，如果到期不能清偿押款，那就免不了要乱哄哄地迁让。

他觉得满屋子到处是幸灾乐祸的眼睛对他嘲笑。他觉得坐在“后方”等消息，要比亲临前线十倍二十倍地难熬！他也顾不得昨天是和孙吉人约好了十点钟会面，他就坐汽车出去了。

还是一九三〇年新纪录的速率，汽车在不很闹的马路上飞驶；然而汽车里的吴荪甫却觉得汽车也跟他捣乱，简直不肯快跑。他又蓦地发见，不知道在什么时候连那没精打采的惨黄的太阳也躲过了，现在是濛濛细雨，如烟如雾。而这样惨淡的景象又很面熟。不错！也是这么浓雾般的细雨的早上，也是这么一切都消失了鲜明的轮廓，威武的气概，而且也是这么他坐在汽车里向迷茫的前途狂跑。猛可地从尘封的过去中跳出了一个回忆来了：两个月前他和赵伯韬合做"多头"那时正当"决战"的一天早上，也就是这么一种惨淡的雨天呀！然而现在风景不殊，人物已非了！现在他和赵伯韬立在敌对的地位了！而且举足轻重的杜竹斋态度莫测！

吴荪甫独自在车里露着牙齿干笑。他自己问自己：就是赶到交易所去"亲临前线"，究竟中什么用呀？胜败之机应该早决于昨天，前天，大前天；然而昨天，前天，大前天，早已过去，而且都是用尽了最后一滴财力去应付着，去布置的，那么今天这最后五分钟的胜败，似乎也不尽恃人力罢？不错！今天他们还要放出最后的一炮。正好比决战中的总司令连自己的卫队旅都调上前方加入火线，对敌人下最后的进攻。但是命令前敌总指挥就得了，何必亲临前线呀？——吴荪甫皱着眉头狞笑，心里是有一个主意："回家去等候消息！"然而他嘴里总说不出来。他现在连这一点决断都没有了！尽管他焦心自讼："要镇静！即使失败，也得镇静！"可是事实上他简直镇静不下来了！

就在这样迟疑焦灼中，汽车把吴荪甫载到交易所门前停住了。像做梦似的，吴荪甫挤进了交易所大门，直找经纪人陆匡时的"号头"。似乎尚未开市，满场是喧闹的人声。但吴荪甫仿佛全没看见，全没听到；他的面前只幻出了赵伯韬的面孔，塞满了全空间，上至天，下至地。

比警察的岗亭大不了多少的经纪人号子里，先已满满地塞着一位胖先生，在那里打电话。这正是王和甫。经纪人陆匡时站在那"岗亭"外边和助手谈话。吴荪甫的来到，竟没有惹起任何人注目；直到他站在王和甫身边时，陆匡时这才猛一回头看见了，而王和甫恰好也把电话筒挂上。

"呵，荪甫！正找你呢！来得好！"

王和甫跳起来说，就一把拉住吴荪甫，拖进那"岗亭"，又把他塞在电话机旁边的小角里，好像惟恐人家看见了。吴荪甫苦笑，想说，却又急切间找不到话头。可是王和甫弯着腰，先悄悄地问道：

“没有会过吉人么？——过一会儿，他也要上这里来。竹斋究竟怎样？他主意打定了么？”

“有八分把握。可是他未必肯大大儿干一下。至多是一百万的花头。”

吴荪甫一开口却又是乐观，并且他当真渐渐镇定起来了。王和甫摸着胡子微笑。

“他能够抛出一百万去么？好极了！可是荪甫，我们自己今天却干瘪了；你的丝厂押款，到底弄不成，我和吉人昨天想了多少门路，也没有一处得手。我们今天只能——”

“只能什么？难道前天讲定了的十万块钱也落空么？”

“这个，幸而没有落空！我们今天只能扣住了这点数目做做。”

“那么，一开盘就抛出去罢？你关照了孟翔没有？”

“呀，呀！再不要提起什么孟翔了！昨晚上才知道，这个人竟也靠不住！我们本来为的想用遮眼法，所以凡是抛空，都经过他的手，谁知道他暗地里都去报告赵伯韬了！这不是糟透了么？”

王和甫说这话时，声音细到就像蚊子叫。吴荪甫并没听得完全，可是他全都明白了，他陡的变了脸色，耳朵里一声嗡，眼前黑星乱跳。又是部下倒戈！这比任何打击都厉害些呀！过一会儿，吴荪甫咬牙切齿地挣扎出一句话来说：

“真是人心叵测！——那么，和甫，今天我们抛空，只好叫陆匡时过手了？”

“不！我们另外找到一个经纪人，什么都已经接洽好。一开盘，我们就抛！”

一句话刚完，外边钟声大震，开市了！接着是做交易的雷声轰轰地响动，似乎房子都震摇。王和甫也就跑了出去。吴荪甫却坐着不动。他不能动，他觉得两条腿已经不听他做主，而且耳朵里又是嗡嗡地叫。黑星又在他眼前乱跳。他从来不曾这么脆弱,他真是变了!

猛可地王和甫气急败丧跑回来,搓着手对吴荪甫叫道:

"哎,哎!开盘出来又涨了!涨上半块了!"

"呵——赶快抛出去!扣住了那十万块全都抛出去!"

吴荪甫蹶然跃起大声说,可是蓦地一阵头晕,又加上心口作恶,他两腿一软,就倒了下去,直瞪着一对眼睛,脸色死白。王和甫吓得手指尖冰冷,抢步上前,一手掐住了吴荪甫的人中,一手就揪他的头发。急切间可又没得人来帮忙。正慌作一堆的时候,幸而孙吉人来了,孙吉人还镇静,而且有急智,看见身边有一杯冷水,就向吴荪甫脸上喷一口。吴荪甫的眼珠动了,咕的吐出一堆浓痰。

"赶快抛出去呀——"

吴荪甫睁大了眼睛,还是这一句话。孙吉人和王和甫对看了一眼。孙吉人就拍着吴荪甫的肩膀说:

"放心!荪甫!我们在这里招呼,你回家去罢!这里人多气闷,你住不得了!"

"没有什么!那不过是一时痰上,现在好了!——可是,抛出去么?"

吴荪甫忽地站起来说;他那脸色和眼神的确好多了,额角却是火烧一般红。这不是正气的红,孙吉人看得非常明白,就不管吴荪甫怎样坚持不肯走,硬拉了他出去,送上了汽车。这时候,市场里正轰起了从来不曾有过的"多头"和"空头"的决斗!吴荪甫他们最后的一炮放出去了!一百五十万的裁兵公债一下里抛在市场上了,挂出牌子来是步步跌了!

要是吴荪甫他们的友军杜竹斋赶这当儿加入火线,"空头"们便是全胜了。然而恰在吴荪甫的汽车从交易所门前开走的时候,杜竹斋坐着汽车来了。两边的汽车夫捏喇叭打了个招呼,可是车里的主人都没觉到。竹斋的汽车咕的一声停住,荪甫的汽车飞也似的回公馆去了。

也许就是那交易所里的人声和汗臭使得吴荪甫一时晕厥罢，他在汽车里已经好得多，额角上的邪火也渐渐退去，他能够“理性”地想一想了，但这“理性”的思索却又使他的脸色一点一点转为苍白，他的心重甸甸地定住在胸口，压迫他的呼吸。

濛濛的细雨现在也变成了倾盆直泻。风也有点刺骨。到了家从车里出来时，吴荪甫猛然打一个寒噤，浑身汗毛都直竖了。阿萱和林佩珊在大餐间里高声嚷笑着，恰在吴荪甫走过的时候，阿萱冲了出来，手里拿一本什么书，背后是林佩珊追着。吴荪甫皱着眉头，别转脸就走过了。他近来已经没有精神顾到这些小事，并且四小姐的反抗也使他在家庭中的威权无形中缩小，至少是阿萱已经比先前放肆些了。

到书房里坐定后，吴荪甫吩咐当差的第一个命令是“请丁医生”，第二个命令是“生客拜访，一概挡驾”！他还有第三个命令正待发出，忽然书桌上一封电报转移了他的注意，于是一摆手叫当差退出，他就看那电报。这是唐云山从香港打来的电报，三五十个字，没有翻出。吴荪甫拿起电报号码本子翻了七八个字，就把那还没发出的第三个命令简直忘记得精光了。可是猛可地他又想起了另一件事，随手丢开那电报，抓起电话筒来。他踌躇了一下，终于叫着杜竹斋公馆的号头。在问明了竹斋的行踪以后，吴荪甫脸上有点笑容了。万分之一的希望又在他心头扩大而成为百分之十，百分之二十，三十！

而在这再燃旺的希望上又加了一勺油的，是唐云山那电报居然是好消息：他报告了事务顺手，时局有转机，并且他在香港亦已接洽好若干工商界有力份子，益中公司尚可卷土重来；最后，他说即日要回上海。

吴荪甫忍不住独自个哈哈笑了。可不是皇天不负苦心人么！

然而这一团高兴转瞬便又冷却。吴荪甫嘴角上虽则还挂着笑影，但已经是苦笑了。什么香港的工商界有力份子接洽得有了眉目，也许是空心汤圆罢？而且这样的“空心汤圆”，唐云山已经来过不止一次了！再者，即使今回的“汤圆”未必仍旧“空心”，然而远水救得近火么？这里公债市场上的决战至迟明天要分胜败呀！吴荪甫他们所争者就是“现在”；“现在”就是一切，“现在”就是“真实”！

而且即使今回不是“空心汤圆”，吴荪甫也不能不怪唐云山太糊涂了。不是屡次有电报给他：弄到了款子就立即电汇来么？现在却依然只是一封空电报！即日要回上海罢？倒好像香港还是十八世纪，通行大元宝，非他自己带来不可似的！人家在火里，他倒在水里呀！

这么想着的吴荪甫，脸上就连那苦笑的影子也没有了。一场空欢喜以后的苦闷比没有过那场欢喜更加厉害。刚翻完那电报的时候他本想打一个电话给孙吉人他们报告这喜讯，现在却没有那股勇气了。他坐在椅子里捧着头，就觉得头里是火烧一般；他站起来踱了几步，却又是一步一个寒噤，背脊上冷水直浇。他坐了又站起，站起了又坐，就好像忽而掉在火堆里，忽而又滚到冰窖。

他只好承认自己是生病了。不错！自从上次他厂里罢工以来，他就得了这怪病，而且常常要发作。而刚才他在交易所里竟至于晕厥！莫非也就是初步的脑充血？老太爷是脑充血去世的！“怎么丁医生还没见来？该死！缓急之际，竟没有一个人可靠！”——吴荪甫无端迁怒到不相干的第三者了！

突然，电话铃响了。唧令令那声音听去是多么焦急。

吴荪甫全身的肉都跳了起来。他知道这一定是孙吉人他们来报告市场情形；他拿起那听筒的时候，手也抖了；他咬紧了牙关，没有力气似的叫了两声“喂”，就屏息静听那生死关头的报告。然而意外地他的眉毛一挺，眼睛里又有些光彩，接着他又居然笑了一笑。

“哦，——涨上了又跌么！——哦！跌进三十三块么？——哎，哎！——可惜！——看去是‘多头’的胃口已经软弱么？哈——编遣刚开盘么？——怎么？——打算再抛出二百万？——保证金记账？——我赞成！——刚才云山来了电报，那边有把握。——对了，我们不妨放手干一干！——款子还没汇来，可是我们要放手干一干！——哦，那么老赵也是孤注一掷了，半斤对八两！——哦，可见是韩孟翔真该死呀！没有他去报告了我们的情形，老赵昨天就要胆小！——不错！回头总得给这小子一点颜色看看！——竹斋么？早到了交易所了！——你们没有看见他么？找一找罢！——哦……"

吴荪甫挂上了听筒，脸色突又放沉了。这不是忧闷，这是震怒。韩孟翔那样靠不住，最不该！况且还有刘玉英！这不要脸的，两头做内线！多少大事坏在这种"部下"没良心，不忠实！吴荪甫想起了恨得牙痒痒地。他是向来公道，从没待亏了谁，可是人家都"以怨报德"！不必说姓韩姓刘的了，就是自己的嫡亲妹子四小姐也不谅解，把他当作老虎似的，甚至逃走出去不肯回来！

一阵怒火像乱箭一般直攒心头，吴荪甫全身都发抖了。他铁青着脸，咬紧牙齿在屋子里疾走。近来他的威严破坏到不成个样子了！他必须振作一番！眼前这交易所公债关口一过，他必须重建既往的威权！在社会上，在家庭中，他必须仍旧是一个威严神圣的化身！他一边走，一边想，预许给自己很多的期望，很多的未来计划！专等眼前这公债市场的斗争告一个有利的段落，他就要一一开始的！

电话铃猛可地又响了，依然是那么急！

这回吴荪甫为的先就吃过"定心丸"，便不像刚才那样慌张，他的手拿起那听筒，坚定而且灵快。他一听那声音，就回叫道：

"你是和甫么？——哦，哦，你说呀！不要紧！你说！"

窗外猛起了狂风，园子里树声怒吼。听着电话的吴荪甫突然变了色，锐声叫道：

"什么！涨了么？——有人乘我们压低了价钱就扒进！——哦！不是老赵，是新户头？是谁，是谁？——呀！是竹斋么？——咳咳！——我们大势已去了呀！……"

拍达！吴荪甫掷听筒在桌子上，退一步，就倒在沙发里，直瞪了眼睛，只是喘气。不料竹斋又是这一手！大事却坏在他手里！那么，昨晚上对他开诚布公那番话，把市场上虚虚实实的内情都告诉了他的那番话，岂不是成了开门揖盗么？——“咳！众叛亲离！我，吴荪甫，有什么地方对不起了人的！”只是这一个意思在吴荪甫心上猛捶。他蓦地一声狞笑，跳起来抢到书桌边，一手拉开了抽屉，抓出一支手枪来，就把枪口对准了自己胸口。他的脸色黑里透紫，他的眼珠就像要爆出来似的。

窗外是狂风怒吼，斜脚雨打那窗上的玻璃，达达达地。可是那手枪没有放射。吴荪甫长叹一声，身体落在那转轮椅子里，手枪掉在地下。恰好这时候，当差李贵引着丁医生进来了。吴荪甫蹶然跃起，对丁医生狞笑着叫道：

“刚才险些儿发生一件事，要你费神；可是现在没有了。既然来了，请坐一坐！”

丁医生愕然耸耸肩膀，还没开口，吴荪甫早又转过身去抓起了那电话筒，再打电话。这回是打到他厂里去了。他问明了是屠维岳时，就只厉声吩咐一句：“明天全厂停工！”他再不理睬听筒中那吱吱的声音，一手挂上了，就转脸看着丁医生微微笑着说：

“丁医生，你说避暑是往哪里去好些？我想吹点海风呢！”

“那就是青岛罢！再不然，远一些，就是秦皇岛也行！”

“那么牯岭呢？”

“牯岭也是好的，可没有海风，况且这几天听说红军打吉安，长沙被围，南昌，九江都很吃紧！——”

“哈哈哈，这不要紧！我正想去看看那红军是怎样的三头六臂了不起！光景也不过是匪！一向是大家不注意，纵容了出来的！可是，丁医生，请你坐一会儿，我去吩咐了几句话就来。”

吴荪甫异样地狂笑着，站起身来就走出了那书房，一直跑上楼去。现在知道什么都完了，他倒又镇静起来了；他轻步跑进了自己房里，看见少奶奶倦倚在靠窗的沙发上看一本书。

“佩瑶！赶快叫他们收拾，今天晚上我们就要上轮船出码头。避暑去!"

少奶奶猛一怔,霍地站了起来;她那膝头的书就掉在地上,书中间又飞出一朵干枯了的白玫瑰。这书,这枯花,吴荪甫今回是第三次看见了,但和上两次一样,今回又是万事牵心,滑过了注意。少奶奶红着脸,朝地下瞥了一眼,惘然回答:

"那不是太局促了么?可是,也由你。"

注释:

① 意为一种名贵的外国纱。

课文导读:

茅盾,现代著名作家、社会活动家。茅盾创作的长篇小说《蚀》、《腐蚀》和短篇小说《林家铺子》、《春蚕》等,从不同侧面形象化地反映了时代的面貌。其长篇小说《子夜》更是中国 20 世纪文学史中的一部优秀的现实主义创作风格的鸿篇巨制。《子夜》是茅盾以自己参与社会变革的感受和经验为丰富创作素材,在对 30 年代初期中国社会较深刻了解和思考的基础上创作的小说。小说生动具体地展现了中国社会迅猛发展、广阔纷繁的历史画卷,惟妙惟肖地刻画了各阶层各类型人们林林总总的生存境遇、性格变化和命运轨迹,并在严谨宏大的叙事结构中显露出作者对中国走向现代化进程的历史思考与未来展望。

《子夜》的艺术成就首先体现在其结构的宏大。小说以工商企业家吴荪甫和买办金融家赵伯韬之间的矛盾和斗争为主线,以经纬交织的多条线索同时推进而构成网状结构,并运用虚实结合、对比映衬、伏笔照应、首尾勾连、前后呼应等艺术手法,使故事情节既波澜起伏又有条不紊。例如第一章里的吴老太爷与第十九章里吴荪甫的人物形象描写，首尾呼应、对比鲜明，充分体现出艺术构思的缜密。小说开头以吴老太爷猝死，以小见大地揭示出封建社会的土崩瓦解、必然灭亡。吴荪甫的父亲吴老太爷是一个典型的满脑子封建意识的土老财。他从闭塞隔绝的“双桥王国”步入十里洋场的大上海，整天捧着那本《太上感应篇》，犹如一具行将朽木的僵尸，却因无法忍受现代商业化都市的灯红酒绿而迅速陨灭。在小说情节的不断推进中，其他人物的言行举止中依然可见吴老太爷所象征的封建毒素余孽的阴魂不散。吴荪甫是个有事业心的、个性鲜明又复杂的民族企业家。他办产业精明强悍有魄力，贪婪专横有野心，机敏狡诈有手腕。然而在政治腐败、军阀混战、局势动荡的社会中，他在外来资本大举入侵、官僚买办明争暗斗、投机市场风波险恶的多重打压和要挟下，虽几经挣扎最终还是节节退守、一败涂地。小说管中窥豹般呈现出作者对市场操作、社会矛盾、阶级冲突等等现象在中国走向现代化进程中所产生的作用和价值的既理性又感性的独到思索。特别是小说一头一尾对吴氏父子衰败的性质差异的象征性类比，令人读来思索无限、回味深长。

大量娴熟的心理描写是《子夜》艺术成就的第二点。作者极擅长以细腻真切的心理描写来揭示人物的内心和性格，深刻挖掘人物的灵魂世界。如第十九章中对濒临崩溃、陷于困境中的吴荪甫痛苦、惶惑、挣扎、疯狂、绝望情绪的描写，给人留下了深刻印象。

别具匠心、恰当好处的语言修辞手法无疑更使《子夜》锦上添花。在以小说人物的特殊“陌生”视角来观察事物、描述事物的过程中，修辞格的新鲜、活泼使人过眼难忘。“像巨大的怪兽，蹲在暝色中”的浦东洋栈；“像闪电一般”、“像一阵狂风”、“发疯似的向前飞跑”的雪铁龙汽车；“几百个亮着灯光的窗洞像几百只怪眼睛”、“排山倒海般地扑到吴老太爷眼前”的摩天建筑；“长蛇阵似的一串黑怪物”、“头上都有一对大眼睛放射出叫人目眩的强光，啵——啵——地吼着，闪电似的冲将过来”的一杆接一杆的路灯杆……使得坐在“那种小箱子——

汽车”中的他发出“裂帛似”的怪叫，“他耳朵里灌满了轰，轰，轰！轧，轧，轧！啵，啵，啵！猛烈嘈杂的声浪会叫人心跳出腔子似的”。现代装束的女眷“像一枝尖针刺入吴老太爷迷惘的神经”，古训“像鼓槌一般”打得他全身发抖。随行的儿孙贪看半裸艳妇更使他“心卜地一下狂跳，就像爆裂了似的再也不动，喉间是火辣辣的，好像塞进了一大把的辣椒”……从第一章吴老太爷进上海那不长的篇幅中我们便可清晰看见比喻、比拟的修辞手法比比皆是。这些独具视角的修辞格既实现了对现代都市外部特征的精雕细琢，也彰显出小说人物鲜明的性格特征，惟妙惟肖地显示出“五千年老僵尸的旧中国也已经在新时代的暴风雨中间很快地很快地在那里风化了”的丰富象征意蕴。在小说最后一章中，吴荪甫的肖像描写、行动描写、心理描写、环境描写中“梦的黑潮还是重压在他的神经上”、“那没精打采的惨黄的太阳”、“满屋子到处是幸灾乐祸的眼睛对他嘲笑”、“濛濛细雨，如烟如雾”、“心重甸甸地定住在胸口，压迫他的呼吸”、“在这再燃旺的希望上又加了一勺油的”、“觉得头里是火烧一般”、“全身的肉都跳了起来”、“背脊上冷水直浇”、“就好像忽而掉在火堆里，忽而又滚到冰窖”、“他的眼珠就像要爆出来似的”等比喻、比拟、夸张修辞手法无一不将主人公此时此刻的刚愎自用、困兽犹斗表现得活灵活现、淋漓尽致。在此我们不禁要为作者用语之新、造意之奇而击节赞叹，更会清醒地意识到，修辞手法必须适应小说创作的主旨、人物、情节、环境的需求，方能做到天衣无缝、恰到好处。

本文选自《子夜》，人民文学出版社 1952 年 9 月版。

思考与练习：

1. 阅读下文后分析。

太阳刚刚下了地平线。软风一阵一阵地吹上人面，怪痒痒的。苏州河的浊水幻成了金绿色，轻轻地，悄悄地，向西流去。黄浦的夕潮不知怎的已经涨上了，现在沿这苏州河两岸的各色船只都浮得高高地，舱面比码头还高了约莫半尺。风吹来外滩公园里的音乐，却只有那炒豆似的铜鼓声最分明，也最叫人兴奋。暮霭挟着薄雾笼罩了外白渡桥的高耸的钢架，电车驶过时，这钢架下横空架挂的电车线时时爆发出几朵碧绿的火花。从桥上向东望，可以看见浦东的洋栈像巨大的怪兽，蹲在暝色中，闪着千百只小眼睛似的灯火。向西望，叫人猛一惊的，是高高地装在一所洋房顶上而且异常庞大的霓虹电管广告，射出火一样的赤光和青燐似的绿焰：Light，Heat，Power！

(1) 这段文字属于什么描写？

(2) 这段描写中采用了哪些修辞手法？其作用何在？

2. 阅读下文后分析。

汽车发疯似的向前飞跑。吴老太爷向前看。天哪！几百个亮着灯光的窗洞像几百只怪眼睛，高耸碧霄的摩天建筑，排山倒海般地扑到吴老太爷眼前，忽地又没有了；光秃秃的平地拔立的路灯杆，无穷无尽地，一杆接一杆地，向吴老太爷脸前打来，忽地又没有了；长蛇阵似的一串黑怪物，头上都有一对大眼睛放射出叫人目眩的强光，啵——啵——地吼着，闪电似的冲将过来，准对着吴老太爷坐的小箱子冲将过来！近了！近了！吴老太爷闭了眼睛，全身都抖了。他觉得他的头颅仿佛是在颈脖子上旋转；他眼前是红的，黄的，绿的，黑的，发光的，立方体的，圆锥形的，——混杂的一团，在那里跳，在那里转；他耳朵里灌满了轰，轰，轰！轧，轧，轧！啵，啵，啵！猛烈嘈杂的声浪会叫人心跳出腔子似的。

(1) 这是从小说中哪个人物的视角出发进行描述的？

(2) 作者在这段描写中运用了哪些修辞手法？有什么作用？

3. 阅读下文后分析。

大时钟铛铛地响了九下。这清越而缓慢的金属丝颤动的声音送到了隔房床上吴荪甫的耳朵里了，闭着的眼皮好像轻轻一跳。然而梦的黑潮还是重压在他的神经上。在梦中，他也听得清越的钟声；但那是急促的钟声，那是交易所拍板台上的钟声，那是宣告"开市"的钟声，那是吴荪甫他们"决战"开始的号炮！

(1)"钟声"的描写揭示了吴荪甫怎样的心理？

(2)这里有什么修辞手法的运用？它刻画出人物什么性格特征？

十年思往事　十载尝酸辛
——访廖沫沙[①]

秦　朝　韦　林

廖沫沙爱写诗。近日他回忆起二十年前那个风雨欲来的五月，又提笔写下了《文革二十周年祭四首》。

十年思往事

“十年思往事，十载尝酸辛。”这第一首的前面两句，笔调沉郁。年已79岁的廖沫沙是“十年浩劫”中最先蒙难的《三家村札记》[②]三位作者中唯一幸存者。另外两位与他同时受到迫害的才气横溢的文史大家邓拓[③]与吴晗[④]早已含恨而去。

今天，当我们来到廖老那间宁静的书房，他再次忆起往事。他谈到，当时，他曾与吴晗多次一起“挨斗”，但从未有交谈的机会。只有一次，正是1967年的夏季，他们被揪往京西一个矿区批斗时，两人暂被囚于一室。这时，廖见吴心情悒悒地坐在床上沉默不语，便开玩笑说：“现在，我们都成了名角了，像梅兰芳和程砚秋一样。没有我们，戏就开不了场。”

吴问：“我们唱的是什么戏呀？”廖猛然想起陶渊明不为五斗米折腰的故事，而他们每天折腰弯背挨批挨斗，便说，“戏名就叫《五斗米折腰》吧。”接着两人互相取乐，计算一月工资究竟能买多少“五斗米”，终未算出，但心情轻松了一些。

事后，在返回关押处的路上，廖沫沙在默想中作成一首题为《嘲吴晗含自嘲》的“打油诗”：书生自喜投文网，高士于今爱“折腰”，扭臂栽头喷气舞，满场争看斗风骚。

原来，充满勇气、诙谐与讽刺的诗歌写作伴随廖沫沙度过了10年幽禁与流放林区的生活。用廖老的话说：这在我的精神生活中开辟了一条新路，可以驱愁解闷，而且乐趣无穷。

何须论古今

“朝朝有冤狱，代代出奸臣。历史辩证法，何须论古今。”这是廖老《文革二十周年祭四首》中的第二首。

廖老虽然年事已高，仍然侃侃而谈。他说：“毫无疑问，‘文革’是一场灾难。当时，我们成了这场灾难的导火线。就像要炸掉一个大建筑物，从我们这里点火，然后一路炸去……

“但是，从整个中国历史来看，它使我们从这场深刻的历史教训中清醒。自五十年代以来，曾搞过多次政治运动，从批《武训传》到反‘胡风集团’，以至1957年的‘反右’运动等，虽然错误，但都是在一定范围内进行的。直到‘文革’，全国10亿人口几乎都卷进去了。每个人都从惨痛的劫难中得到教训，国家的方针从搞‘阶级斗争’转到发展生产力和经济改革上去。我相信，今后无论如何，无论是谁也发动不起‘文化大革命’了！”

鼎新则更难

“革故原非易，鼎新则更难”，廖老在他的祭诗第四首中写道。经过腥风血雨的涤荡之后，他并不安于宁静的生活，仍在十分敏锐地注视着国家的发展。

去年，他在《瞭望》周刊上撰文：《该盯住这幽灵》，提醒人们，几十年来“左”的危害创巨而痛深，“左”的思想源远流长，因此，绝不能低估“左”的影响。

文集即出版

廖老目前还有新的写作计划吗？他笑答：老了，写不了啦！但免不了常为一些报纸撰文。值得欣慰的是，北京出版社即将出版他和邓拓、吴晗三人的文集。目前，《邓拓文集》四卷本已出版了两卷。《廖沫沙文集》的清样已经完成，包括两卷杂文、一卷论文、一卷文学作品，共一百多万字。

廖老每天仍坚持锻炼，做保健按摩，在楼前小花园里散步。虽在"文革"中留下了肺气肿的病根，看上去还很健朗。

注释：

① 廖沫沙(1907—1991)，原名廖家权，湖南长沙人。早年组织文学社团、创办文学刊物、从事戏剧小说创作。1930 年参加中国共产党。1932 年任职于上海明日书店，后又任《远东日报》编辑。1934 年加入"左联"。1938 年至抗战胜利前先后在湖南《抗战日报》、桂林《救亡日报》、香港《华商报》晚刊、重庆《新华日报》任编辑主任。抗战胜利后去香港恢复《华商报》，任副主编、主笔。抗战时期写过一些历史小说，1949 年结集为《鹿马传》，由三联书店出版。建国后历任中共北京市委宣传部副部长、教育部部长、统战部部长、市政协副主席、全国政协委员。1962 年加入中国作协。《人民日报》曾为他和夏衍等人开《长短录》杂文专栏；《前线》曾为他和邓拓、吴晗开《三家村札记》杂文专栏。1966 年 5 月和邓、吴三人被错定为"三家村反党集团"，遭到残酷迫害，1979 年初平反。

② 1961 年，北京市委刊物《前线》刊物请邓拓开辟一个杂文专栏，邓拓约历史学家吴晗和北京市委统战部部长廖沫沙轮流撰稿。

栏目定为《三家村札记》。《三家村札记》及邓拓在《北京晚报》上写的《燕山夜话》对当时一些“左”的错误和不良作风有所批评和讽刺，深受读者欢迎。1966 年 3 月 28 日至 30 日，毛泽东同康生等人谈话中点名批评了邓拓、吴晗、廖沫沙的“三家村札记”和邓拓的《燕山夜话》。1966 年 4 月 16 日，《北京日报》以三个版面的篇幅，发表了一组批判《三家村札记》和《燕山夜话》的文章。5 月 10 日，上海《解放日报》和《文汇报》发表了姚文元的文章《评“三家村”》、《“三家村札记”的反动本质》，诬蔑《燕山夜话》和《三家村札记》是“经过精心策划的，有目的、有计划、有组织的一场反党反社会主义的大进攻”，号召要“彻底挖掉‘三家村’的根子，彻底肃清‘三家村’的流毒”。一时间在全国掀起了一场声势浩大的围攻、声讨“三家村”的恶浪。

③ 邓拓(1912—1966)，原名邓子健，笔名马南邨、向阳生等，福建闽侯县人。他早年参加革命，1930 年加入左翼社会科学家联盟，同年加入中国共产党。建国后历任中共北京市委政策研究室主任、宣传部长，《人民日报》总编辑、社长，北京市委书记处书记(主管文教)、北京市委理论刊物《前线》主编、中共华北局书记处候补书记，著有《邓拓散文》、《邓拓文集》、《邓拓诗词选》、《燕山夜话》等。文革初期因受林彪、江青反党集团迫害，于 1966 年 5 月 18 日含冤逝世，1979 年初获平反昭雪。

④ 吴晗(1909—1969)，原名吴春晗，字辰伯，浙江义乌人。1934 年毕业于清华大学。后任云南大学、西南联合大学教授，清华大学教授、系主任、文学院院长。1943 年参加中国民主政团同盟，积极从事民主运动。建国后历任北京市副市长、中央人民政府文化教育委员会委员、全国青联副主席、中国民主同盟北平市委员会主任、民盟中央副主席。他 1957 年加入中国共产党。1965 年在江青、张春桥等人策划下，上海《文汇报》发表姚文元《评新编历史剧“海瑞罢官”》一文，对吴晗进行“批判”，吴晗于 1969 年 10 月 11 日含恨去世。1979 年初获平反昭雪。吴晗生平从事中国古代史研究，对明史研究尤有成就，

著有《朱元璋传》、《投枪集》、《学习集》、《春天集》、《灯下集》、《吴晗文集》、《吴晗杂文选》、《海瑞罢官》、《海瑞的故事》、《读史札记》等，并主编历史、地理小丛书100多种。

课文导读：

本文是一篇访谈录。作为访问谈话的记录，其基本结构通常分为两部分：前者是对访问对象、访谈内容、时间背景等的简介；后者是访者与谈者对话的具体内容。本文第一自然段和第二自然段即前者，相当于全文的小序，随后的文章就是后者，这是全文的主体。与一般的访谈录不同，本文省略了访问者怎样"访"的具体问话，而是围绕着被访者廖沫沙当时发表的《文革二十周年祭四首》展开他侃侃而"谈"的一个个话题。

随着信息时代的飞速发展，成功的访谈录已经不仅仅是一篇单纯的访问交谈一五一十的笔录。其视角的独特，材料的独有，思考的独到，都能够让读者透过文字的表层，产生联想，引发思索。本文在"十年思往事"中，描述了廖沫沙当年创作打油诗《嘲吴晗含自嘲》的经历，显露出其身处磨难自我调适后显现出的豁达和幽默，苦中作乐、自得其乐的精神境界。在"何须论古今"中，作者从被访者的个人冤狱联想到对惨痛浩劫的历史教训，展示出被访者对社会现状、发展趋势的敏锐观察、冷静审视和深入思考。"鼎新则更难"体现了廖沫沙对"左"的危害的警觉以及对世人的告诫。"文集即出版"介绍了被访者的近况。

本文较为完整和逼真地展现了廖沫沙的言谈举止、音容笑貌，让人读来如见其人、如闻其声。作为一个著名作家，廖沫沙具有很高的文化涵养和文学素养。因而其言谈话语中的遣词用句、引经据典里，修辞手法俯拾即是。如"十年思往事，十载尝酸辛"、"朝朝有冤狱，代代出奸臣"、"革故原非易，鼎新则更难"等的对偶；"我们都成了名角了，像梅兰芳和程砚秋一样”、“精神生活中开辟了一条新路”、“经过腥风血雨的涤荡”、“几十年来‘左’的危害创巨而痛深”、“‘左’的思想源远流长”等比喻；“我们成了这场灾难的导火线。就像要炸掉一个大建筑物，从我们这里点火，然后一路炸去”等比拟；“没有我们，戏就开不了场”等反讽……它们似粒粒珠玑妥帖自然地镶嵌在被访者文采飞扬的开怀畅叙之中。

本文选自《社会名流见访录》，团结出版社1989年2月版。

思考与练习：

1. 哪些往事表现出被访者豁达、幽默、机趣的性格特点？
2. “从我们这里点火，然后一路炸去”中的“一路炸去”指什么？

她才二十八岁

金性尧

一九五五年到南京时，在雨花台逗留了一下，原是去游览的，也没有特别印象好说。十五年后，重临其地，却为了扫墓而去，墓中人是我的长女[①]。当我们拔去了野草，点上了清香，把一个小小的花环放在石阶上时，一阵风来，那香烟便袅袅上升，随即似断似续，散在空中，终于消失了。但我相信，它在太空里仍会散发着馨香。一个坚定的无神论者，面对亲人的坟墓时也会感到，幽明之间，自会有一种精诚在脉脉流通着。

我们去的那天，清明节已经过了半个月，要扫墓的都已扫过了，周围非常寂静，偶尔只有几声鸟啼。是的，如果不是为了扫墓，这地方本来不大有人去。她也许在责备我们，到了清明，还不见一个亲人来望望我。

她是一个地地道道的小人物。在中学时，她妈妈老是以喜悦的感情，说她是在红旗下长大。这话原是事实。可是出于慈母之口，又另有一种感情。她是一九三九年出生的，文艺界一些朋友，曾经抚弄过她，有的还和她拍过照片。亿万人民渴望的新中国成立了，她梳着小辫子，悬着腰鼓，在祖国的广阔大道上扭着秧歌。到了二十八岁，她已经担任了外语系的助教，这个小人物便陨灭了。当时新婚才六个月，还带走了一个未临尘世的胎儿。这时候，红旗也在祖国的大地招展。

她的原籍是定海，出生于上海，陨灭于常熟，安葬于雨花台，因为她的公公婆婆也葬在那里，当时我和我妻子却还漂泊似的苟活着。

她留下的就是那么几颗脚印，那脚印却是干净而坚实。

她并不是为了说过"江青就是蓝苹"之类"防扩散材料"而遭受迫害的[②]。半句也没有说过。只是因为怀孕缘故，在下乡之前曾到医院去检查，由于初次怀孕，不熟悉检验手续，送去的不是清晨的小便，因而在上海多留了一天。到了乡下，便成为迟到，那时候下乡劳动就像朝拜圣地一样。其实她在上海时已经向组织上请过假，组织上知道她怀孕，还叫她不必下乡，但她还是下去，连棉被都带去。到了乡下，受到责问时，她就理直气壮地顶住了。接下来就横施压力，当做"阶级斗争"的反面教材来"教育群众"，小人物的身价大为增加了。

她主动接近贫下中农，就说她是"腐蚀"；她带去驱蚊剂，就说她"扩大城乡差别"。她在遗书中说："我句句驳回去，一句也没有接受。"逆我者亡，历来如此。她死的那个乡下，据说是林彪树立的"红旗单位"，这就更犯了"破坏无产阶级司令部威信"的大罪，正像她丈夫说的："不死也有罪，死了更有罪。"她在遗书中曾说"死不瞑目"，这本是一句常语，可是十年中有多多少少逝者的双眼是无法闭上的。这些逝者，生前又都是强者，从而使人们一谈到"政治运动"，很难从应有的善意上去看待。

如果暴力是一个抽象的概念，那末，在我的心头却有个鲜明的形象在浮动：八月的带有暑意的晚上，一个怀孕两月的年轻女教师，挺立在祖国的江南旷野里，面对瘟神而无所畏惧。她始终以赤子之心拥抱着社会主义，凝望着五星红旗。她的头上是碧澄澄的青天，明莹的月亮永远为她作证。

为什么要选中她？当然还有一些外因和内因，例如出身于知识分子家庭，我当时已打入另册，五口之家被赶到一间矮平房里；她本人通晓俄语、英语，读了一些十九世纪的西洋文艺作品，很喜欢普希金。自从懂得读书要用功这一道理，一直刻苦钻研，考不上五分心里便难过，对事物敢于独立思考，努力使大脑变得有用，自然也有些锋芒和棱角，这些正好是在劫难逃的“白专”典型，所以，她死后的“结论”非得说成“受修正主义教育的毒害”不可，差一点就是咎由自取了。

她的许多遗物，我们保存着。她妈妈和别人谈起女儿的生平，就将她写的笔记本拿出来，那上面写得整整齐齐，一笔不苟。严格要求自己，决不含糊马虎，她就是不甘于含糊马虎而死的。

遗物中，最使我们伤心的那条席子，席子上沾着她呕吐过的痕迹，说明她死前经过痛苦的折磨，她也许在阴间还在挣扎，也引起我们更大的愤慨。她受斗后，就把她孤立起来，任她独个儿闷躺着，要是有人陪伴她；甚至“监视”她也好，那末，至少呕吐时还可以察觉，抢救。后来我到干校，每次看到农药，我就没有勇气走近。死者有知，也许会说我软弱。

我们现在只知道她是八月二十九日晚上死的，究竟几点钟停止了呼吸，永远无法知道了，就像她戴的那只手表，是她昏迷时已经停止走动，还是断气后才停止？

阳历的八月还是很热，自从她逝世后，每年一踏上八月，我们的心便一天比一天凉，可真是夏天里的冬天呵！

“我虽不杀伯仁，伯仁由我而死。”今天，死者的坟头已经长满青草，我们从善意出发，也希望那些还有一丝半毫人性的人，重新念念这两句古话。

她是在一九六三年当助教的，但我和那个学校的接触还更早些。由于工作关系，我曾经去参加过座谈会，访问过作者。走进大门，那条路，那座桥，那河流里的荷花，那几行葱茏的树林，我的记忆里就有它们。当时原没有想到她会分配到那里，更没有想到她的未来的丈夫也是那学校的教师。后来居然一脚便踏进那座大门，也是她投身社会的开始。上海还有三个大学，我也常去走动，在那里也有我尊敬的前辈和朋友，可是感情上总比不上那个学校，就因为那里有我的女儿。只要一想到校园中的苍松翠柏，图书馆里端端正正地等待着有心人去阅览的成排书本，她的前程和我的暖意便交融在一起。人到中年，考虑儿女的幸福往往大于自己的幸福。尽管我是个从旧社会过来的没有改造好的知识分子，你说能对共产党不感激么？

可是怎么也没想到，十五年后，学校里给了我一份通知，要为她的含冤而死召开大会，顿时心情又激动起来：为什么需要开这个大会？明明是一个非常结实、非常开朗的姑娘，几次下乡劳动，几次受到表扬，偏是这一次就一去不回了。她妈妈曾经打过譬喻：我好像丢失一件心爱的东西，总希望有一天能够把她找回来——果真能够找回来么？

于是我重新走进那座熟悉的大门。我抑制着悲痛，却换来了疑问：这是为国家培养人才的高等学府么？中国的万马奔腾的建设中还有她的位置么？大自然的千变万化的神奇强大力量能使逝者重生么？

“批林批孔”时期，出版系统的同志常到那个学校里去鉴赏大字报，当时我已经算是一个公民，也可以去荡荡，却不想去了。我以为我和那个学校的关系，已经随着我和女儿的永别也永远断绝了。

她丈夫在发言的末了，曾经引用过杜甫《新婚别》中的两句诗：“人事多错迕，与君永相望。”他们确实在新婚中，但他们的国家既无外患又无内战，形势大好，怎么也永别了呢？

隔了几天，又由学校主办在龙华开了追悼会，花圈里面，有她的八十四岁的老祖母送的。“白头人送黑头人”，这本来是人间的惨事，但一般指正常性的死亡，因而旧时还可勉强用“修短由命”来譬慰，可是她并不是给死神召回去的，瘟神却巴望墓地扩大。“丧乱死多门”，我又想起杜甫这句诗，我知道引用得并不怎么贴切，但我还是要记起它。

她在上海时节，我和她的最后一面是哪一天，我已经记不起了。她结婚后，我们也很少见面。一九七八年我第一次走进她的房间，迎接我的却是她的遗像，遗像前的骨灰盒。

她结婚，家里没有发过喜糖；她死后，弟妹们连黑纱也没佩过，也不敢哭出声来，因为我们已经住在朝街的矮平房里，前后左右都是邻居，由于她是惨死的，怕被别人知道。古人所谓“吞声”，我第一次体味到了。从我主观上说，我是不想向单位的“造官家”们报告的，但这又是办不到的，只好简单地说了两句，不料得到的回答是：“你女儿犯了错误，你做父亲的也有责任。”这是原话，一个字没走样，也是“造家经”，他们出口成章，已经成为惯性了，凡是当时含冤而死的，都要被鞭尸。我却陡地吃了一惊；如同进了冰窖，马上退了出来。光就这一件事来说，今天哪怕写上十万篇宣扬人性论的文章，还嫌多么？

由于她是“犯了错误”，我在思想汇报里，不得不说了些她在世界观上消极面一类的混话。当时所谓思想汇报，大家明白，多半是满纸荒唐的违心之论，“造官家”也不会相信的，但我不想以此来获取逝者的谅解。她坚强，我怯弱。这是活人对死人的糟蹋，父亲对女儿的践踏。今天我年过七十，此刻又夜深人静，星月在天，自念平生可悔恨之事很多，这也是一种最大的内疚，却是在红旗下产生的。

后来我们从矮平房迁回原处，她的二妹从北京探亲回家，邻居听到弟妹们叫着“二姐”，便问她祖母：“有二姐总有大姐，大姐在哪里？”祖母没防到会这样问，只得支吾说：“大姐在兰州。”其他较疏远的朋友问到时，我们总是把话岔开去，仿佛这里面真有什么不可告人的理亏可耻的地方。她就是这样不明不白地躺在地下。我们时而愿死者有灵，时而又愿无灵。她在遗书中说：“我要到很远很远地方去。”我把这话和她祖母的话联系起来，一刹那间，忽有此幻想：只要她真的在兰州，哪怕一辈子不回来也甘心。

她的那只手表，她妈妈托人带到北京给了她二妹，但却瞒着，她二妹就有些怀疑：为什么要将大姐手表给了她？当时她大姐的处境不可能添购新手表。她一个人远处北京，一直在担心，做噩梦，但她害怕的只是抄家没想到人亡。由于一连串的刺激，使她在精神上也患了后遗症，因此，今天在我二老身前当作长女的却是我的第三个女儿。

现在，她的三妹和四妹都由江西插队回来，三妹顶替我，在出版社工作。我们合家感激，全上海千千万万的青年和家长一齐感激。她的四妹呢，也因顶替而得到工作。顶替谁？大姐！根据是，因为她已经怀孕，胎儿却在母亲腹内时就给瘟神扼死了。

她离开我们已经整整二十年了，我们已经和灾难告别，永远告别了，学校的党组织也以沉痛而严肃的态度，宣布她是“无产阶级队伍里的知识分子”。“文革”结束后，我曾经写过悼念她的文章，先后被两个期刊退回，一是因为“情调低沉”，一是她并非知名人士，稿子就此搁在抽斗里，一搁便是十几年了。这次重加修改，姑且试试看，不管能不能刊出，笔端上，也有更多的春温，“人”，终于放在大写的位子上了。

犹忆傅东华先生逝世十年后，才开追悼会。人死了十年才开追悼会原是反常的现象，但对于浩劫中受灾受难的逝者来说，却又是很正常的现象。生活里总是有那么一些反常与正常难以分别的事例。

二十年来，要说的话原不止这些，纸墨有限，怎么说得完尽呢？而且夜更深了，她妈妈也频频催我睡觉。“多言焉所告，繁辞将诉谁？”当我将要搁笔的时候，我想起了阮籍《咏怀》中这两句诗。

注释：

① 作者长女金大男(1939—1968)，幼名金颐子。“文革”中，为上海华东师范大学外语系助教的她服农药含恨离世，临走时已怀两

个月身孕，时年 28 岁。同年作者被戴上“反革命分子”帽子。

② 1963 年，作者和出版社同事在苏州河畔的一印刷厂仓库劳动时，无意中翻看到了 1930 年杂志上江青在上海拍电影时的老照片。于是午间食堂吃饭排队时，作者与一同事闲谈到他在抗战前在锦江饭店为“营救七君子”的座谈会上见到蓝苹(江青)的场景。不料“文革”中有人揭发交代，追查这件事。作者被揪斗、批判、围攻，还被抄家四次，将其积攒半生的珍贵古籍、古玩、字画等掳掠一空。全家被“扫地出门”。作者被造反派勒令到农村干校养猪接受“改造”。因此事作者与另外七人被打成“现行反革命”。

课文导读：

金性尧，笔名文载道，文史散文家，资深出版人。他一生走的是一条由作家到编辑、又由编辑到学者兼作家的道路。他在晚年撰写的《散文的境界》中认为“散文的天地原可无所不容，所谓宇宙之大，苍蝇之微，万象毕来，皆可于无意中得之，但总得有点儿书卷气，即使是小品，也自有一种‘叔度汪汪，如千顷之陂’的丰采”。他对“书卷气”的解释是“散文作家还得和旧学结点缘，使人感到空灵中自有一种酽然之味，而不流于空疏；‘与公瑾交，若饮醇醪’”。在金性尧创作的散文里，既有鲁迅的刚劲风骨，精辟深邃、力透纸背；也有周作人的蕴蓄风致，平和恳挚、达识通人。

《她才二十八岁》并非那种文学娱乐化、创作功利化的“为赋新词强说愁”之作。在这篇悼亡追忆的抒情散文中，金性尧所抒发的是发自内心深处的真情挚爱，不仅哀恸真切、率性而为，而且内容真实、发人深省。文章以“雨花台扫墓”起笔，从“追问爱女死因”到“整理其遗物”，从“出席其平反会”到“参加其延误了二十年的追悼会”，从“老祖母的花圈”到“众亲人的悲痛”，最后以自己对“文革”、对“人”的深入思考作结。文章以一个平凡小人物非正常死亡的独特视角，揭露并控诉了泯灭人性、草菅人命的人妖颠倒的动乱年代，鲜明地表达了作者对和谐、安宁、稳定、科学发展的社会的殷切期盼。这篇抒情散文显然是将刻骨铭心的情感经过精心筛选、过滤而演绎成的纯粹文字。文中的事、景、物全都萦绕在这真情挚爱的四周，确是“神气归一”。文章以细致入微的洞察、超尘脱俗的秉性、跌宕张弛的情愫、妙笔生花的词语，焕发出馥郁芳香的“书卷气”。

在看似随性而谈、信手拈来的字里行间，作者饱学精思、融会贯通地采用了不少修辞手法：如“一种精诚在脉脉流通着”、“她梳着小辫子，悬着腰鼓，在祖国的广阔大道上扭着秧歌”、“十年中有多多少少逝者的双眼是无法闭上的”、“八月的带有暑意的晚上，一个怀孕两月的年轻女教师，挺立在祖国的江南旷野里，面对瘟神而无所畏惧。她始终以赤子之心拥抱着社会主义，凝望着五星红旗。她的头上是碧澄澄的青天，明莹的月亮永远为她作证”、“‘人’，终于放在大写的位子上了”等象征；如“这个小人物便陨灭了”、“那脚印却是干净而坚实”、“那时候下乡劳动就像朝拜圣地一样”、“夏天里的冬天”、“我好像丢失一件心爱的东西”、“中国的万马奔腾的建设”、“瘟神却巴望墓地扩大”、“如同进了冰窖”、“笔端上，也有更多的春温”等比喻；如“红旗也在祖国的大地招展”、“图书馆里端端正正地等待着有心人去阅览的成排书本”等比拟；如“出生于上海，陨灭于常熟，安葬于雨花台”、“她结婚，家里没有发过喜糖；她死后，弟妹们连黑纱也没佩过”、“她坚强，我怯弱”、“活人对死人的糟蹋，父亲对女儿的践踏”等排偶；“既无外患又无内战”的双关；“形势大好，怎么也永别了呢？”的反问；“顶替谁？大姐！”的设问；以及“我虽不杀伯仁，伯仁由我而死”、“丧乱死多门”、“修短由命”、“多言焉所告，繁辞将诉谁？”等引语……真可谓别出心裁、天衣无缝、自然妥帖、恰到好处。

本文选自金文男编《星屋杂议》，上海辞书出版社2008年12月版。

思考与练习：

1. 阅读下文后回答。

她是一个地地道道的小人物。在中学时，她妈妈老是以喜悦的感情，说她是在红旗下长大。这话原是事实。可是出于慈母之口，又另有一种感情。她是一九三九年出生的，文艺界一些朋友，曾经抚弄过她，有的还和她拍过照片。亿万人民渴望的新中国成立了，她梳着小辫子，悬着腰鼓，在祖国的广阔大道上扭着秧歌。到了二十八岁，她已经担任了外语系的助教，这个小人物便陨灭了。当时新婚才六个月，还带走了一个未临尘世的胎儿。这时候，红旗也在祖国的大地招展。

(1) 这段文字描写了一个怎样的人物的何种人生经历特征？

(2) 这段文字里用了什么修辞手法？

2. 阅读下文后回答。

如果暴力是一个抽象的概念，那末，在我的心头却有个鲜明的形象在浮动：八月的带有暑意的晚上，一个怀孕两月的年轻女教师，挺立在祖国的江南旷野里，面对瘟神而无所畏惧。她始终以赤子之心拥抱着社会主义，凝望着五星红旗。她的头上是碧澄澄的青天，明莹的月亮永远为她作证。

(1) 这段文字写出作者的女儿哪段生命历程？

(2) 这里对其女儿“鲜明的形象”是实写吗？为什么？

(3) 这段文字里用了什么修辞手法？

3. 阅读下文后回答。

她离开我们已经整整二十年了，我们已经和灾难告别，永远告别了，学校的党组织也以沉痛而严肃的态度，宣布她是“无产阶级队伍里的知识分子”。“文革”结束后，我曾经写过悼念她的文章，先后被两个期刊退回，一是因为“情调低沉”，一是她并非知名人士，稿子就此搁在抽斗里，一搁便是十几年了。这次重加修改，姑且试试看，不管能不能刊出，笔端上，也有更多的春温，“人”，终于放在大写的位子上了。

(1) 这段文字显示出作者对社会发展的哪些殷切期盼？

(2) 为什么作者对爱女的悼文被搁置十几年？

(3) 这段文字里用了什么修辞手法？

第七单元　语　用

在这个单元，我们要说说语用。语用，是指人对语言的运用，它要探讨语言符号与语言使用环境之间的关系以及语言符号与符号使用者之间的关系，要研究在不同的交际情境中如何理解和运用语言以及可能产生的效果。

先说说语言符号与语言使用环境之间的关系，即语境。一个词或一个句子在没有放进某个语言环境时，就没有特定的对象，也没有特定的意义，它只是一个静态的、备用的话语单位。但是一旦被使用在一定的语言环境中，它就有了特定的接受对象，有了特定的意义。比如："神经病"，"惯性"，这两个词风马牛不相及，看不出它们之间有什么关系。但如果是在拥挤的地铁车厢里，两者之间就有联系了。如一个女人被一个男人重重地撞了一下，就不礼貌地骂了句"神经病"，那个男人很有涵养，并不回骂，只解释道："惯性"，那女人也就无话可说了。

语言的特定的意义既可以和话语的字面意义相同或相近，也可以不尽相同或完全不同。所以人们为了提高交际的效果，就需要研究语境。语境主要包括外部语境和内部语境。外部语境指交际的时间、地点、社会背景、交际者的身份和话语涉及的内容。内部语境指交际者的知识结构，交际者能理解多少东西，能理解什么东西。

比如说某机关 8 点上班，秘书小丁 7 点半就到办公室了，办公室主任老方对他说："来得真早啊！"这句话就带着赞许的意味。如果小丁 8 点半才到办公室，老方也说："来得真早啊！"则是一句反话，带有批评的意味。同样的一句话因为交际时间的不同,意思就大相径庭了。

小茅和小陈是无话不说的同事兼好朋友。在上班时间,小茅如果向小陈滔滔不绝地讲述家庭琐事,显然不利于工作,对双方都不会有什么好处。但是如果他俩下班以后经常唠唠家常,无疑就会增强两人之间的感情。

谈恋爱时说的话很有社会背景的特点。如 20 世纪 60 年代的姑娘会问对方:“你们家是什么成分?”70 年代末的姑娘会问对方:“你是文艺青年吗?”80 年代的姑娘可能含蓄地打听对方的经济情况:“你们家有多少只脚?”(有哪些家具)90 年代的姑娘一定要问:“你们家有婚房吗?”眼下谈恋爱问的就是:“你有车吗,什么牌子?”

面对不同的对象,确定双方的身份关系,选择恰当的表达方式,是语言得体与否的重要标志。对于年长者可以这么说:“您要是方便的话,请下午过来一下。”对于同辈人可以这么说:“请下午过来一下。”对于小辈可以这么说:“别忘了下午过来一下。”这就是所谓说得好让人笑、说得不好让人跳的道理。

交际涉及的内容往往直接决定了交际的效果,人们常说,“话不投机半句多”,不讨人喜欢的话只要说半句就可以“枪毙”一场会话。但是有时候,人们却往往要说一些“废话”。早上见面的时候说“吃了吗?”“上班去啊。”傍晚见面的时候又说“下班了。”“回来了。”这些寒暄话表面上看并未传达什么信息,其实是传达了希望和对方友好相处的善意,绝不是什么废话。

内部语境所指的交际者的知识结构包括交际者所处的文化背景、所受的教育的程度、他的价值观和道德水准等等。交际的效果有时取决于双方对对方所处的社会文化规范和道德水准的了解程度。比如中国人习惯于对别人的称赞报之以“哪里,哪里”,这在中国人看来是谦虚的美德。而西方人则习惯于对别人的称赞报之以“谢谢”,这在西方人看来是礼貌的美德。如果两个来自不同文化国度的人都能在会话时“投其所好”,会谈的场面自然充满欢悦。要是两个人都不了解对方国家的文化，他们之间的交际就存在障碍。两个文化程度差别很大的人在一起说话，往往需要文化程度高的人“屈就”对方，否则，谈话就会“卡壳”，话就说不下去了。这一点对于领导干部来说尤为重要，不耻下问、体恤下情的干部能够得到群众更多的支持，而居高临下、指手画脚的干部则得不到群众的拥护。

再说说语言符号与符号使用者之间的关系。对于发话者来说，他为了达到交际目的，经常会采用一些语用策略。在一般的情况下，人们获取某种新的经验时是遵循从已知信息到未知信息的心理过程的，所以发话者也会按照从已知信息到未知信息的结构来组织句子，否则就会让对方感到突兀或莫名其妙。比如一个妈妈对他的孩子说：“把鞋带系紧，当心摔跤。”这句话的有效性建立在孩子曾经因没把鞋带系好而摔了一跤的经验上。这位妈妈没有必要重复这个经验后再关照他的孩子。如果一个人一进门就大喊“我要死了”，别人当然是一脸愕然，不会马上做出救援的行为。但是发话者也不能说得太多，以致浪费对方的时间，所以他必须控制发出的信息量。而在外交场合，为了更好地联络感情，人们又会不厌其烦地叙旧、回忆。

发话者的话语有直接和间接之分。直接话语的例子有：“把药吃了。”“谁在敲门啊？”“我这样做的确不太好。”这样的话直截了当，明白无误。

间接话语的例子有：“能大点声吗？”（用询问表示请求）“这是我的错吗？”（用反问表示否定）“甲：我想现在采访您一下。乙：对不起，我马上要去开一个会。”（不直接回答自己不愿意接受采访）间接话语还往往表现为委婉语，比如一个女子对一个经常帮自己干活的男人说：“你愿意给我挑一辈子水吗？”她这就是在表白爱情。知识男女之间的爱情话语有些是充满智慧的，比如一个男子向一个女子求婚，但不知道对方是什么态度，又害怕因此影响两人和睦相处的关系，于是就写了一句诗：“落花有情，不知河水可有意。”请那女子评价。女子若是不爱他，只需推说自己不懂就行，也无伤大雅，两人依然能够和平相处。要是采用直接话语来处理,两个人今后相处就会十分尴尬。

对于话语的接受者来说,由于人们在内部语境上存在着差距,所以即使处于相同的外部语境,也有可能产生误解。比如,“王副局长:你怎么把我说成局长了?”“秘书:今天局长不在,他不会知道的。”王副局长是个务实的干部,他不赞成秘书的这种弄虚作假、夸大其词的做法,而秘书却是一个惯于拍马的人,他以为王副局长是害怕局长知道这件事。

受话者对发话者传递的信息并非只有一个被动接受的过程,他也可以巧妙地利用某种关联性使交际变得对自己有利。比如,“老师:上周谁缺课最多?学生甲:我患流感了。”这个学生暗示出下列信息:“流感是一种传染性疾病,得了流感就不该来上课,以免把疾病传染给别人,我这不算无故缺课,不该受处罚”,以此避免老师对自己产生坏的印象和评价。

最后说说如何运用语言。为了能使交际达到预期目标,交际的双方应该有某种默契,遵守某些原则,这就是合作原则。合作原则讲究交际中的信息量要适度,不能太多也不能太少。比如这样的会话,“甲:你们家房子多大?乙:没别墅那么大。”这个答话的信息量就太少,虽然没有别墅那么大,但是到底是多大面积呢。于是这句话就产生了这样的言外之意,“你不该管我的事,我不想告诉你”。合作原则讲究信息的真实性,如果发话者三番五次把虚假信息传达给别人,以后即使说的是真话,别人也不会相信了,这就是“狼来了”的故事给我们的教育。合作原则讲究信息的关联性。谈话时的话题一般应该与上文或正在发生的事有关联,不能没头没脑,也不能频繁转移话题。如果违反这个原则,也会产生言外之意。比如,醉酒者:“快给我来点醒酒的东西。”服务员:“这就是你的账单”。醉酒者所要的应该是茶或水,服务员的回答并不符合关联性,但他的言行却取得了更好的结果,醉酒者一看到账单上的金额,头脑立刻就清醒了,还省去了茶水。

交际双方还应该讲究礼貌原则，善于向对方表示同情。比如有一次，某个知名学者到一所大学做报告，学生们慕名早早就来到了礼堂，学者迟到了半个多小时却没有一句道歉的话。一个男同学忍不住站起来说："请回答是不是让这么多的人等你那么长时间，才能显示你的地位？"那个学者回答的是："你是不是觉得自己特有才华，特有勇气？"结果引起全场人的愤怒。这个学者显然缺乏必要的礼貌，他这样地讽刺、贬损学生只会损害自己的形象。

可以说，合作原则在会话中起着交际润滑剂的作用。礼貌原则具有更高一层的调节作用，它维护了双方的平等地位和双方的友好关系。但是有时候，人们为了维护礼貌原则而牺牲了合作原则。比如说，一个人要求另一个人去访问，后者不愿意去，他就说"再说吧"。其实后者根本不想再提起这件事，但是这样说总比直接拒绝对方要好，况且撒这么一个谎并不会给对方带来任何损害。这就是用善意的谎言来维护平和的氛围，不使对方脸面上下不来。

红 楼 梦（节选）

曹雪芹

黛玉方进房，只见两个人扶着一位鬓发如银的老母迎上来，黛玉知是外祖母了，正欲下拜，早被外祖母抱住，搂入怀中，"心肝儿肉"叫着大哭起来；当下侍立之人，无不下泪；黛玉也哭个不休。众人慢慢解劝，那黛玉方拜见了外祖母。贾母方一一指与黛玉道："这是你大舅母。——这是二舅母。——这是你先前珠大哥的媳妇珠大嫂子。"黛玉一一拜见。贾母又叫："请姑娘们。今日远客来了，可以不必上学去。"众人答应了一声，便去了两个。

不一时，只见三个奶妈并五六个丫鬟拥着三位姑娘来了：第一个肌肤微丰，身材合中，腮凝新荔，鼻腻鹅脂[①]，温柔沉默，观之可亲；第二个削肩细腰，长挑身材，鸭蛋脸儿，俊眼修眉，顾盼神飞，文彩精华，见之忘俗；第三个身量未足，形容尚小。——其钗环裙袄，三人皆是一样的妆束。黛玉忙起身迎上来见礼，互相厮认；归了坐位，丫鬟送上茶来；不过叙些黛玉之母，如何得病，如何请医服药，如何送死发丧。不免贾母又伤感起来，因说："我这些女孩儿，所疼的独有你母亲，今一旦先我而亡，不得见面，怎不伤心！"说着携了黛玉的手又哭起来；众人都忙相劝慰，方略略止住。

众人见黛玉年纪虽小，其举止言谈不俗，身体面貌虽弱不胜衣，却有一段风流态度，便知他有不足之症，因问："常服何药？为何不治好了？"黛玉道："我自来如此，从会吃饭时便吃药，到如今了，经过多少名医，总未见效。那一年我才三岁，记得来了一个癞头和尚，说要化我去出家，我父母自是不从。他又说：'既舍不得他，但只怕他的病一生也不能好的！——若要好时，除非从此以后总不许见哭声，除父母之外，凡有外亲，一概不见，方可平安了此一生。'这和尚疯疯癫癫说了这些不经之谈，也没人理他。如今还是吃人参养荣丸。"贾母道："这正好，我这里正配丸药呢，叫他们多配一料就是了。"

一语未完，只听后院中有笑语声，说："我来迟了，没得迎接远客！"黛玉思忖道："这些人个个皆敛声屏气如此，这来者是谁，这样放诞无礼？"心下想时，只见一群媳妇丫鬟拥着一个丽人，从后房进来：这个人打扮与姑娘们不同，彩绣辉煌，恍若神妃仙子，头上戴着金丝八宝攒珠髻，绾着朝阳五凤挂珠钗，项上戴着赤金盘螭缨络圈，身上穿着缕金百蝶穿花大红云缎窄褃袄，外罩五彩刻丝石青银鼠褂，下着翡翠撒花洋绉裙；一双丹凤三角眼，两弯柳叶掉梢眉，身量苗条，体格风骚：粉面含春威不露，丹唇未启笑先闻。

黛玉连忙起身接见，贾母笑道："你不认得他：他是我们这里有名的一个泼辣货，南京所谓'辣子'，你只叫他'凤辣子'就是了。"黛玉正不知以何称呼，众姊妹都忙告诉黛玉道："这是琏二嫂子。"黛玉虽不曾识面，听见他母亲说过：大舅贾赦之子贾琏，娶的就是二舅母王氏的内侄女；自幼假充男儿教养，学名叫做王熙凤。黛玉忙陪笑见礼，以"嫂"呼之。

这熙凤携着黛玉的手，上下细细打量一回，便仍送至贾母身边坐下，因笑道："天下真有这样标致人儿！我今日才算看见了！况且这通身的气派竟不像老祖宗的外孙女儿，竟是嫡亲的孙女儿似的，怨不得老祖宗天天嘴里心里放不下。——只可怜我这妹妹这么命苦，怎么姑妈偏就去世了呢！"说着便用帕拭泪，贾母笑道："我才好了，你又来招我。你妹妹远路才来，身子又弱，也才劝住了，快别再提了。"熙凤听了，忙转悲为喜道："正是呢！我一见了妹妹，一心都在他身上，又是喜欢，又是伤心，竟忘了老祖宗了，该打，该打！"又忙拉着黛玉的手问道："妹妹几岁了？可也上过学？现吃什么药？在这里别想家，要什么吃的、什么玩的，只管告诉我；丫头老婆们不好，也只管告诉我。”黛玉一一答应。一面熙凤又问人:“林姑娘的东西可搬进来了?带了几个人来?你们赶早打扫两间屋子叫他们歇歇儿去。”

……

且说宝玉正和宝钗玩笑,忽见人说:“史大姑娘来了。”宝玉听了,连忙就走,宝钗笑道:“等着,咱们两个一齐儿走,瞧瞧他去。”说着,下了炕,和宝玉来至贾母这边。只见史湘云大说大笑的,见了他两个,忙站起来问好。正值黛玉在旁,因问宝玉:“打那里来?”宝玉便说:“打宝姐姐那里来。”黛玉冷笑道:“我说呢!亏了绊住,不然,早就飞了来了。”宝玉道:“只许和你玩,替你解闷儿;不过偶然到他那里,就说这些闲话。”黛玉道:“好没意思的话!去不去,管我什么事?又没叫你替我解闷儿!——还许你从此不理我呢!”说着,便赌气回房去了。

宝玉忙跟了来,问道:“好好儿的又生气了;就是我说错了,你到底也还坐坐儿,合别人说笑一会子啊。”黛玉道:“你管我呢!”宝玉笑道:“我自然不敢管你,只是你自己遭塌坏了身子呢。”黛玉道:“我作践了我的身子,我死我的,与你何干?”宝玉道:“何苦来?大正月里,‘死’了‘活’了的。”黛玉道:“偏说‘死’!我这会子就死!你怕死,你长命百岁的活着!好不好?”宝玉笑道:“要像只管这么闹,我还怕死吗?倒不如死了干净。”黛玉忙道:“正是了,要是这样闹,不如死了干净!”宝玉道:“我说自家死了干净,别错听了话,又赖人。”正说着,宝钗走来,说:“史大妹妹等你呢。”说着,便拉宝玉走了。这黛玉越发气闷,只向窗前流泪。

没两盏茶时,宝玉仍来了。黛玉见了,越发抽抽搭搭的哭个不住。宝玉见了这样,知难挽回,打叠起百样的款语温言来劝慰。不料自己没张口,只听黛玉先说道:“你又来作什么?死活凭我去罢了!横竖如今有人和你玩:比我又会念,又会作,又会写,又会说会笑,——又怕你生气,拉了你去哄着你。你又来作什么呢?”宝玉听了,忙上前悄悄的说道:“你这么个明白人,难道连‘亲不隔疏,后不僭先’也不知道?我虽糊涂,却明白这两句话。头一件,咱们是姑舅姐妹，宝姐姐是两姨姐妹，论亲戚也比你远。第二件，你先来，咱们两个一桌吃，一床睡，从小儿一处长大的，他是才来的，岂有个为他远你的呢?”黛玉啐道：“我难道叫你远他? 我成了什么人了呢? ——我为的是我的心!”宝玉道：“我也为的是我的心。你难道就知道你的心，不知道我的心不成?”

黛玉听了，低头不语，半日说道：“你只怨人行动嗔怪你，你再不知道你怄的人难受。就拿今日天气比，分明冷些，怎么你倒脱了青肷披风呢?”宝玉笑道：“何尝没穿? 见你一恼，我一暴燥，就脱了。”黛玉叹道：“回来伤了风，又该讹着吵吃的了。”

二人正说着，只见湘云走来，笑道：“爱哥哥，林姐姐，你们天天一处玩，我好容易来了，也不理我理儿。”黛玉笑道：“偏是咬舌子爱说话，连个‘二’哥哥也叫不上来，只是‘爱’哥哥‘爱’哥哥的。回来赶围棋儿，又该你闹么‘爱’三了。”宝玉笑道：“你学惯了，明儿连你还咬起来呢。”

湘云道：“他再不放人一点儿，专会挑人。就算你比世人好，也不犯见一个打趣一个。我指出个人来，你敢挑他，我就服你。”黛玉便问：“是谁?”湘云道：“你敢挑宝姐姐的短处，就算你是个好的。”黛玉听了冷笑道：“我当是谁，原来是他! 我可那里敢挑他呢?”宝玉不等说完，忙用话分开。

湘云笑道：“这一辈子我自然比不上你。我只保佑着明儿得一个咬舌儿林姐夫，时时刻刻你可听‘爱’呀‘厄’的去! 阿弥陀佛，那时才现在我眼里呢!”说的宝玉一笑，湘云忙回身跑了。

……

正说着，有人来回说：“兴隆街的大爷来了，老爷叫二爷出去会。”宝玉听了，便知贾雨村来了，心中好不自在。袭人忙去拿衣服。宝玉一面登着靴子，一面抱怨道：“有老爷和他坐着就罢了，回回定要见我!”史湘云一边摇着扇子，笑道：“自然你能迎宾接客，老爷才叫你出去呢!”宝玉道：“那里是老爷? 都是他自己要请我见的。”湘云笑道：“‘主雅客来勤’，自然你有些警动他的好处，他才要会你。”宝玉道：

“罢，罢！我也不过俗中又俗的一个俗人罢了，并不愿和这些人来往。”湘云笑道：“还是这个性儿，改不了。如今大了，你就不愿意去考举人进士的，也该常会会这些为官作宦的，谈讲谈讲那些仕途经济，也好将来应酬事务，日后也有个正经朋友。让你成年家只在我们队里，搅的出些什么来？”

宝玉听了，大觉逆耳，便道：“姑娘请别的屋里坐坐罢，我这里仔细腌臜[②]了你这样知经济的人！”袭人连忙解说道：“姑娘快别说他。上回也是宝姑娘说过一回，他也不管人脸上过不去，‘咳’了一声，拿起脚来就走了。宝姑娘的话也没说完，见他走了，登时羞的脸通红：说不是，不说又不是。——幸而是宝姑娘，那要是林姑娘，不知又闹的怎么样、哭的怎么样呢！提起这些话来，宝姑娘叫人敬重，自己过了一会子去了，我倒过不去，只当他恼了，谁知过后还是照旧一样，真真是有涵养、心地宽大的。谁知这一位反倒和他生分了。那林姑娘见他赌气不理，他后来不知赔多少不是呢。”宝玉道：“林姑娘从来说过这些混账话吗？要是他也说过这些混账话，我早和他生分了。”袭人和湘云都点头笑道：“这原是混账话么？”

原来黛玉知道史湘云在这里，宝玉一定又赶来说麒麟的原故，因心下忖度着，近日宝玉弄来的外传野史，多半才子佳人，都因小巧玩物上撮合，或有鸳鸯，或有凤凰，或玉环金佩，或鲛帕鸾绦：皆由小物而遂终身之愿；今忽见宝玉也有麒麟，便恐借此生隙，同湘云也做出那些风流佳事来，因而悄悄走来，见机行事，以察二人之意。不想刚走进来，正听见湘云说“经济”一事，宝玉又说：“林妹妹不说这些混账话，要说这话，我也和他生分了。”

黛玉听了这话，不觉又喜又惊，又悲又叹。所喜者：果然自己眼力不错，素日认他是个知己，果然是个知己；所惊者：他在人前一片私心称扬于我，其亲热厚密，竟不避嫌疑；所叹者：你既为我的知己，自然我亦可为你的知己，既你我为知己，又何必有“金玉”之论呢？既有“金玉”之论，也该你我有之，又何必来一宝钗呢？所悲者：父母早逝，虽有铭心刻骨之言，无人为我主张；况近日每觉神思恍惚，病已渐成，医者更云："气弱血亏，恐致劳怯之症。"我虽为你的知己，但恐不能久待；你纵为我的知己，奈我薄命何！——想到此间，不禁泪又下来。待要进去相见，自觉无味，便一面拭泪，一面抽身回去了。

这里宝玉忙忙的穿了衣裳出来，忽见黛玉在前面慢慢的走着，似乎有拭泪之状，便忙赶着上来笑道："妹妹往那里去？怎么又哭了？又是谁得罪了你了？"黛玉回头见是宝玉，便勉强笑道："好好的，我何曾哭来。"宝玉笑道："你瞧瞧，眼睛上的泪珠儿没干，还撒谎呢！"一面说，一面禁不住抬起手来，替他拭泪。黛玉忙向后退了几步，说道："你又要死了！又这么动手动脚的。"宝玉笑道："说话忘了情，不觉的动了手，也就顾不得死活。"黛玉道："死了倒不值什么，只是丢下了什么'金'，又是什么'麒麟'，可怎么好呢！"

一句话，又把宝玉说急了，赶上来问道："你还说这些话，到底是咒我还是气我呢？"黛玉见问，方想起前日的事来，遂自悔这话又说造次了，忙笑道："你别着急，我原说错了，这有什么要紧，筋都叠暴起来，急的一脸汗！"一面说，一面也近前伸手替他拭面上的汗。

宝玉瞅了半天，方说道："你放心。"黛玉听了，怔了半天，说道："我有什么不放心的？我不明白你这个话。你倒说说，怎么放心不放心？"宝玉叹了一口气，问道："你果然不明白这话？难道我素日在你身上的心都用错了？连你的意思若体贴不着，就难怪你天天为我生气了！"黛玉道："我真不明白放心不放心的话。"宝玉点头叹道："好妹妹，你别哄我；你真不明白这话，不但我素日白用了心，且连你素日待我的心也都辜负了。你皆因都是不放心的原故，才弄了一身的病了。但凡宽慰些，这病也不得一日重似一日了！"

黛玉听了这话，如轰雷掣电，细细思之，竟比自己肺腑中掏出来的还觉恳切，竟有万句言语，满心要说，只是半个字也不能吐出，只管怔怔的瞅着他。此时宝玉心中也有万句言词，不知一时从那一句说起，却也怔怔的瞅着黛玉。两个人怔了半天，黛玉只"咳"了一声，眼中泪直流下来，回身便走。宝玉忙上前拉住道："好妹妹，且略站住，我说一句话再走。"黛玉一面拭泪，一面将手推开，说道："有什么可说的？你的话我都知道了。"口里说着，却头也不回，竟去了。

注释：

① 鹅脂：洗脸用的胰皂。

② 腌臜：(ā zā)，弄脏，不干净。

课文导读：

曹雪芹，清雍正年间人，中国古代最杰出的小说家。他出身贵族豪富家族，经历家道中落的巨变，饱览世态炎凉；更兼具有特殊的聪慧和出众的才学，促使他看透了封建社会的罪恶本质。在不朽名著《红楼梦》中，曹雪芹通过对"家务事、儿女情"的叙述，展开了对专制政治和封建文化的全面揭露和无情批判。

曹雪芹善于运用人物的语言来揭示人物的身份、刻画人物的性格。课文的第一部分写失去娘亲的孤儿林黛玉为生活所迫，不得已投奔外祖母贾母。到了荣国府，贾母便让黛玉一一与女眷们相认。贾琏的媳妇王熙凤人还没进门，声音就先到了："我来迟了，没得迎接远客！"这就是所谓先声夺人，一下子就使黛玉觉得此人非同一般。然后才是一群媳妇丫鬟拥着一个丽人出现。贾母在向黛玉介绍的时候用了一个亲昵的外号"凤辣子"，显示出对王熙凤十分赏识的感情。黛玉是个很敏感的人，她立刻就知道了王熙凤在这个大家庭里的特殊地位。王熙凤正担任着荣国府家务总管的差事，权力大得很。曹雪芹不由得插入了自己的评价：粉面含春威不露，丹唇未启笑先闻。寒暄过后，王熙凤又施展她的语言技巧，夸黛玉长得标致，不像是贾母的外孙女儿，倒像是贾母的孙女儿。这话表面上是夸黛玉的漂亮，其实是转着弯儿讨好贾母,可谓一箭双雕。王熙凤不愧是一个语言大家,说话时总是见风使舵,看什么人说什么话,对上者讨好谄媚,对下者严厉蛮横,十足一个笑面虎的形象。

第二部分是写宝玉、黛玉和史湘云的交往,充分体现出黛玉对宝玉的在意。黛玉的话粗听上去好像都是在为自己解释、摆脱嫌疑,一会儿是"管我什么事",一会儿又说"死活凭我去罢了"。但实际上是处处进攻,使宝玉终于吐出了心里的话:"亲不隔疏,后不僭先",黛玉的心情才稍微舒展。

第三部分是宝黛爱情发展的关键阶段,也是小说的一个高潮。黛玉无意之中听到宝玉对自己的评价,真是感到又惊又喜、又悲又叹,这一段心理描写条分缕析,十分细腻。宝黛二人从小心翼翼的互相爱慕、试探到最后宝玉大胆地向黛玉倾诉衷肠,两人的关系终于明朗。一句"你放心"如轰雷掣电,使黛玉激动不已。宝玉为何会在众姐妹中独独看重体弱多病的黛玉呢?因为只有黛玉是他的知己,她从来不说那些仕途经济的混账话。因此,湘云的劝说在宝玉听来就大觉逆耳。"我这里仔细腌臜了你这样知经济的人!"是一句反话,表达了对湘云的不满。宝黛两人实际上并没有表达爱情的话语,而是用的委婉的表达方式,因为两人心心相印,适可而止就足够了。在封建社会,宝黛两人大胆追求自由恋爱,他们只能这样来表达对对方的感情,这符合大家庭里公子小姐的身份。但是他们的精神却是相当超前的,他们蔑视所谓的"功名",向往纯真的爱情,他们是封建家庭和封建社会的叛逆者。曹雪芹对宝黛爱情的热烈赞美和辉煌的艺术成就给文学史留下一笔宝贵的财富。

本文选自《《红楼梦》》,人民文学出版社 1964 年 2 月版。

思考与练习:

1. 贾母把王熙凤说成"凤辣子",作者又评价王熙凤是"粉面含春威不露”,你如何理解这两种说法?

2. 当黛玉听说宝玉是从宝钗那儿来的时候就冷笑道:“亏了绊住,不然,早就飞了来了。”这句话反映了黛玉怎样的心情?
3. 史湘云劝宝玉“也该会会这些为官作宦的,谈讲谈讲那些仕途经济,也好将来应酬事务,日后也有个正经朋友”。湘云的这些话是什么意思?

围　城(节选)

钱钟书

鸿渐还在高中读书，随家里做主订了婚。未婚妻并没见面，只瞻仰过一张半身照相，也漠不关心。两年后到北平进大学，第一次经历男女同学的风味。看人家一对对谈情说爱，好不眼红。想起未婚妻高中读了一年书，便不进学校，在家实习家务，等嫁过来做能干媳妇，不由自主地对她厌恨。这样怨命，怨父亲，发了几天呆，忽然醒悟，壮着胆写信到家里要求解约。他国文曾得老子指授，在中学会考考过第二，所以这信文绉绉，没把之乎者也用错。信上说什么："迩来触绪善感，欢寡愁殷，怀抱剧有秋气。每揽镜自照，神寒形削，清癯非寿者相。窃恐我躬不阅，周女士或将贻误终身。尚望大人垂体下情，善为解铃，毋小不忍而成终天之恨。"他自以为这信措词凄婉，打得动铁石心肠。谁知道父亲快信来痛骂一顿："吾不惜重资，命汝千里负笈，汝埋头攻读之不暇，而有余闲照镜耶？汝非妇人女子，何须置镜？惟梨园子弟，身为丈夫而对镜顾影，为世所贱。吾不图汝甫离膝下，已濡染恶习，可叹可恨！且父母在，不言老，汝不善体高堂念远之情，以死相吓，丧心不孝，于斯而极！当是汝校男女同学，汝睹色起意，见异思迁；汝托词悲秋，吾知汝实为怀春，难逃老夫洞鉴也。若执迷不悔，吾将停止寄款，命汝休学回家，明年与汝弟同时结婚。细思吾言，慎之切切！"方鸿渐吓矮了半截，想不到老头子竟这样精明。忙写回信讨饶和解释，说：镜子是同室学生的，他并没有买；这几天吃美国鱼肝油丸、德国维他命片，身体精神好转，脸也丰满起来，只可惜药价太贵，舍不得钱；至于结婚一节，务请到毕业后举行，一来妨碍学业，二来他还不能养家，添他父亲负担，于心不安。他父亲收到这封信，证明自己的威严远及于几千里外，得意非凡，兴头上汇给儿子一笔钱，让他买补药。

阴历新年来了。上海租界寓公们为国家担惊受恐够了，现在国家并没有亡，不必做未亡人，所以又照常热闹起来。一天，周太太跟鸿渐说，有人替他做媒，就是有一次鸿渐跟周经理出去应酬，同席一位姓张的女儿。这位张先生是浙江沿海人，名叫吉民，但他喜欢人唤他 Jimmy。他在美国人花旗洋行里做了二十多年的事，从“写字”（小书记）升到买办，手里着实有钱。只生一个女儿，不惜工本地栽培，教会学校里所能传授熏陶的洋本领、洋习气，美容院理发铺所能制造的洋时髦、洋姿态，无不应有尽有。夫妇俩磋商几次，觉得宝贝女儿嫁到人家去，总不放心，不如招一个女婿到自己家里来。那天张先生跟鸿渐同席，回家说起，认为颇合资格：家世头衔都不错，并且现在没真做到女婿已住在挂名丈人家里，将来招赘入门，易如反掌。更妙是方家经这番战事，摆不起乡绅人家臭架子，这女婿可以服服帖帖地养在张府上。结果张太太要鸿渐来家相他一下。

到了张家，张先生热闹地欢迎道：“Hello! Doctor 方，好久不见！”张先生跟外国人来往惯了，说话有个特征——也许在洋行、青年会、扶轮社等圈子里，这并没有什么奇特——喜欢中国话里夹无谓的英文字。他并无中文难达的新意，需要借英文来讲；所以他说话里嵌的英文字，还比不得嘴里嵌的金牙，因为金牙不仅妆点，尚可使用，只好比牙缝里嵌的肉屑，表示饭菜吃得好，此外全无用处。他仿美国人读音，惟妙惟肖，也许鼻音学得太过火了，不像美国人，而像伤风塞鼻子的中国人。他说“very well”二字，声音活像小洋狗在咕噜——“vurry wul”。可惜罗马人无此耳福，否则决不单说 R 是鼻音的狗字母。当时张先生跟鸿渐拉手，问他是不是天天“go downtown”①。鸿渐寒暄已毕，瞧玻璃橱里都是碗、瓶、碟子，便说：“张先生喜欢收藏磁器？”

"Sure! have a look see!"张先生打开橱门,请鸿渐赏鉴。鸿渐拿了几件,看都是"成化"、"宣德"、"康熙",也不识真假,只好说:"这东西很值钱罢?"

"Sure! 值不少钱呢,Plenty of dough。并且这东西不比书画。买书画买了假的,一文不值,只等于 waste paper。磁器假的,至少还可以盛菜盛饭。我有时请外国 friends 吃饭,就用那个康熙窑'油底蓝五彩'大盘做 salad dish,他们都觉得古色古香,菜的味道也有点 old-time。"

方鸿渐道:"张先生眼光一定好,不会买假东西。"

张先生大笑道:"我不懂什么年代花纹,事情忙,也没工夫翻书研究。可是我有 hunch;看见一件东西,忽然 what d'you call 灵机一动,买来准 O. K. 。他们古董掮客都佩服我,我常对他们说:'不用拿假货来 fool 我。O yeah,我姓张的不是 sucker,休想骗我!'"关上橱门,又说:"咦,headache——"便捺电铃叫用人。

鸿渐不懂,忙问道:"张先生不舒服,是不是?"

张先生惊奇地望着鸿渐道:"谁不舒服? 你? 我? 我很好呀!"

鸿渐道:"张先生不是说'头痛'么?"

张先生呵呵大笑,一面分付进来的女佣说:"快去跟太太小姐说,客人来了,请她们出来。make it snappy!"说时右手大拇指从中指弹在食指上"啪"的一响。他回过来对鸿渐笑道:"headache 是美国话,指'太太'而说,不是'头痛'! 你没到 States 去过罢!"

……

赵辛楣躺在沙发里,含着烟斗,仰面问天花板上挂的电灯道:"方先生在什么地方做事呀?"

方鸿渐有点生气,想不理他不可能,"点金银行"又叫不响,便含糊地说:"暂时在一家小银行里做事。"

赵辛楣鉴赏着口里吐出来的烟圈道:"大材小用,可惜可惜! 方先生在外国学的是什么呀?"

鸿渐没好气道:“没学什么。”

苏小姐道:“鸿渐,你学过哲学,是不是?”

赵辛楣喉咙里干笑道:“从我们干实际工作的人的眼光看来,学哲学跟什么都不学全没两样。”

“那么得赶快找个眼科医生,把眼光验一下;会这样看东西的眼睛,一定有毛病。”方鸿渐为掩饰斗口的痕迹,有意哈哈大笑。赵辛楣以为他讲了俏皮话而自鸣得意,一时想不出回答,只好狠命抽烟。苏小姐忍住笑,有点不安。只唐小姐云端里看厮杀似的,悠远淡漠地笑着。鸿渐忽然明白,这姓赵的对自己无礼,是在吃醋,当自己是他的情敌。苏小姐忽然改口不叫“方先生”而叫“鸿渐”,也像有意要姓赵的知道她跟自己的亲密。想来这是一切女人最可夸傲的时候,看两个男人为她争斗。自己何苦空做冤家,让赵辛楣去爱苏小姐得了!苏小姐不知道方鸿渐这种打算;她喜欢赵方二人斗法比武抢自己,但是她担心交战得太猛烈,顷刻就分胜负,二人只剩一人,自己身边就不热闹了。她更担心败走的偏是方鸿渐;她要借赵辛楣来激发方鸿渐的勇气,可是方鸿渐也许像这几天报上战事消息所说的,“保持实力,作战略上的撤退”。

……

方鸿渐回家,锁上房门,撕了五六张稿子,才写成下面的一信:

文纨女士:

我没有脸再来见你,所以写这封信。从过去直到今夜的事,全是我不好。我没有借口,我无法解释。我不敢求你谅宥,我只希望你快忘记我这个软弱、没有坦白的勇气的人。因为我真心敬爱你,我愈不忍糟蹋你的友谊。这几个月来你对我的恩意,我不配受,可是我将来永远作为宝贵的回忆。祝你快乐。

惭悔得一晚没睡好,明天到银行叫专差送去。提心吊胆,只怕还有下文。十一点钟左右,一个练习生来请他听电话,说姓苏的打来的,他腿都软了，拿起听筒，预料苏小姐骂自己的话，全行的人都听见。

苏小姐声音很柔软："鸿渐么？我刚收到你的信，还没有折呢。信里讲些什么？是好话我就看，不是好话我就不看；留着当了你面折开来羞你。"

鸿渐吓得头颅几乎下缩齐肩，眉毛上升入发，知道苏小姐误会这是求婚的信，还要撒娇加些波折，忙说："请你快看这信，我求你。"

"这样着急！好，我就看。你等着，不要挂电话——我看了，不懂你的意思。回头你来解释罢。"

"不，苏小姐，不，我不敢见你——"不能再遮饰了，低声道："我另有——"怎么说呢？糟透了！也许同事们全在偷听——"我另外有——有个人。"说完了如释重负。

"什么？我没听清楚。"

鸿渐摇头叹气，急得说抽去了脊骨的法文道："苏小姐，咱们讲法文。我——我爱一个人，——爱一个女人另外，懂？原谅，我求你一千个原谅。"

"你——你这浑蛋！"苏小姐用中文骂他，声音似乎微颤。鸿渐好像自己耳颊上给她这骂沉重地打一下耳光，自卫地挂上听筒，苏小姐的声音在意识里搅动不住。

……

这一年的上海和去年大不相同了。欧洲的局势急转直下，日本人因此在两大租界里一天天地放肆。后来跟中国"并肩作战"的英美两国，那时候只想保守中立；中既然不中，立也根本立不住，结果这"中立"变成只求在中国有个立足之地，此外全让给日本人。"约翰牛"(John Bull)一味吹牛；"山姆大叔"(Uncle Sam)原来只是冰山(Uncle Sham)，不是泰山；至于"法兰西雄鸡"(Gallic cock)呢，它确有雄鸡的本能——迎着东方引吭长啼，只可惜把太阳旗误认为真的太阳。美国一船船的废铁运到日本，英国在考虑封锁滇缅公路，法国虽然还没切断滇越边境，已扣留了一批中国的军火。物价像吹断了线的风筝，又像得道成仙，平地飞升。公用事业的工人一再罢工，电车和汽车只恨不能像戏院子和旅馆挂牌客满。铜元镍币全搜刮完了，邮票有了新用处，暂作辅币，可惜人不能当信寄，否则挤车的困难可以避免。生存竞争渐渐脱去文饰和面具，露出原始的狠毒。廉耻并不廉，许多人维持它不起。发国难财和破国难产的人同时增加，各不相犯：因为穷人只在大街闹市行乞，不会到财主的幽静住宅区去；只会跟着步行的人要钱，财主坐的流线型汽车是跟不上的。贫民区逐渐蔓延，像市容上生的一块癣，政治性的恐怖事件，几乎天天发生，有志之士被压迫得慢慢像西洋大都市的交通路线，向地下发展，地底下原有的那些阴毒暧昧的人形爬虫，攀附了他们自增声价。鼓吹"中日和平"的报纸每天发表新参加的同志名单，而这些"和奸"往往同时在另外的报纸上声明"不问政治"。

注释：

① 意为到银行和商业地区去。

课文导读：

钱钟书，清华大学外语系教授，中国社会科学院文学研究所研究员。

《围城》写于 1944 年至 1946 年之间，1946 年开始连载，曾长期受到冷落，1980 年以后出现阅读和评论的热潮。小说围绕留学欧洲的现代知识分子方鸿渐的两条线索展开故事：一是方鸿渐与四个女性的关系，二是方鸿渐在城市生活以及地处偏僻的三闾大学的"上流社会"中处处失败的经验。小说既揭示出抗战期间传统中国的城乡世态，又对教育界、知识界的一些轻浮分子和腐败现象进行了嘲讽，被誉为是一部现代中国的"新儒林外史"。但是，小说的情节是碎片似的，不浪漫，也无刺激，却充满了“围城”的哲理意蕴。小说中有两个人物对所谓“围城”作了解释，一个说：“结婚仿佛金漆的鸟笼，笼子外面的鸟想住进去，笼子里的鸟想飞出来；所以结而离，离而结，没有了局。”另一个说：“被围困的城堡，城外的人想冲进去，城里的人想逃出来。”方鸿渐不断地想冲出围城，冲出之后又总是困入另一座围城。他永远都不安分，总想摆脱困境，却处处都是围城，人生的旅途中无处不是围城。

课文的第一部分写方鸿渐对父母做主的婚约不满意，自作聪明地用文言写了一封信提出解除婚约的要求。这个做法符合情理，因为方鸿渐在中学念书时曾是国文的高材生，文理书法都极好，况且用文言表达也极为委婉。没想到弄巧成拙，方父看出了他的心思，也用文言回信，把他臭骂一顿。原来，方鸿渐的古文基础原本就出自于家教，班门弄斧，吃了年轻气盛的亏。第二部分写的是，就在方鸿渐毕业前夕，未婚妻不幸病逝，丈母娘倒是开明之人，又张罗着替方鸿渐再介绍一个对象，于是有了与张先生的见面。这位张先生张口闭口喜欢说英语，其实并没有非说英语的必要，只是为了要卖弄一下，以便提高自己的身份。对于这一种做派，作者毫不客气地讽刺道：“也许鼻音学得过火了，不像美国人，而像伤风塞鼻子的中国人。”第三部分写的是方鸿渐和赵辛楣、苏文纨三人之间的智斗。方、赵见了面就斗嘴，却还要掩饰，尽显文人相轻的毛病。苏文纨却喜欢看两个男人为了自己而争风吃醋，虽是大家闺秀，却难逃小家碧玉的小家子气。其实，苏文纨对方鸿渐是一厢情愿，而方鸿渐一直在想着如何才能摆脱她。写了一封言辞恳切的信还没有看到效果，苏小姐的电话又打来了。情急之下，方鸿渐竟然说起了法语，因为苏小姐是留学法国的博士，她完全听懂了意思，却用汉语骂了他。《围城》的人物语言就是这样地紧贴人物的身份、地位、性格和情境，十分精彩，充满幽默，不愧是大手笔。

本文选自《钱钟书集·围城》，生活·读书·新知三联书店 2002 年 5 月版。

思考与练习：

1. “未婚妻并没见面，只瞻仰过一张半身照相”中的“瞻仰”体现了方鸿渐怎样的思想感情？
2. 方鸿渐面对着赵辛楣，要“保持实力，作战略上的撤退”，是什么意思？
3. 把方鸿渐写给他父亲的信翻译成现代汉语。
4. 把张先生对方鸿渐说的那几句英语词语翻译成汉语。

钱钟书对《钱钟书集》的态度

杨　绛

我谨以眷属的身份，向读者说说钱钟书对《钱钟书集》的态度。因为他在病中，不能自己写序。

他不愿意出《全集》，认为自己的作品不值得全部收集。他也不愿意出《选集》，压根儿不愿意出《集》，因为他的作品各式各样，糅合不到一起。作品一一出版就行了，何必再多事出什么《集》。

但从事出版的同志们从读者需求出发，提出了不同意见，大致可归纳为三点。（一）钱钟书的作品，由他点滴授权，在台湾已出了《作品集》。咱们大陆上倒不让出？（二）《谈艺录》、《管锥编》出版后，他曾再三修改，大量增删。出版者为了印刷的方便，《谈艺录》再版时把《补遗》和《补订》附在卷末，《管锥编》的《增订》是另册出版的。读者阅读不便。出《集》重排，可把《补遗》、《补订》和《增订》的段落，一一纳入原文，读者就可以一口气读个完整。（三）尽管自己不出《集》，难保旁人不侵权擅自出《集》。

钱钟书觉得说来也有道理，终于同意出《钱钟书集》。随后他因病住医院，出《钱钟书集》的事就由三联书店和诸位友好协力担任。我是代他和书店并各友好联络的人。

钱钟书绝对不敢以大师自居。他从不厕身大师之列。他不开宗立派，不传授弟子。他绝不号召对他作品进行研究，也不喜旁人为他号召，严肃认真的研究是不用号召的。《钱钟书集》不是他的一家言。《谈艺录》和《管锥编》是他的读书心得，供会心的读者阅读欣赏。他偶尔听到入耳的称许，会惊喜又惊奇。《七缀集》文字比较明白易晓，也同样不是普及性读物。他酷爱诗。我国的旧体诗之外，西洋德、意、英、法原文诗他熟读的真不少，诗的意境是他深有领会的。所以他评价自己的《诗存》只是恰如其分。他对自己的长篇小说《围城》和短篇小说以及散文等创作，都不大满意。尽管电视剧《围城》给原作赢得广泛的读者，他对这部小说确实不大满意。他的早年作品唤不起他多大兴趣。“小时候干的营生”会使他“骇且笑”，不过也并不认为见不得人。谁都有个成长的过程，而且，清一色的性格不多见。钱钟书常说自己是“一束矛盾”。本《集》的作品不是洽调一致的，只不过同出钱钟书笔下而已。

钱钟书六十年前曾对我说：他志气不大，但愿竭毕生精力，做做学问。六十年来，他就写了几本书。本《集》收集了他的主要作品。凭他自己说的“志气不大”，《钱钟书集》只能是菲薄的奉献。我希望他毕生的虚心和努力，能得到尊重。

一九九七年十一月二十一日

课文导读：

杨绛，钱钟书的妻子，著名外国文学翻译家。

本文是杨绛为《钱钟书集》所作的序。由作者至亲的人来为《钱钟书集》作序是最恰当不过的事了。因为只有杨绛最懂得钱钟书的心思，最理解钱钟书对待名利和对待出版个人全集这些事情的态度。20世纪80年代以来，钱钟书为大陆读者所熟悉，也成为学术界热衷的研究对象，被称为当代中国“第一博学鸿儒”、“卓越的学者型作家”。但其文学作品的数量并不算多，计有长篇小说《围城》、短篇小说集《人·兽·鬼》和散文集《写在人生边上》。另有四卷本的皇皇巨著《管锥编》和文艺和美学论集《谈艺录》。杨绛代钱钟书表达了内心真诚的想法，认为自己的作品不值得全部收集，也不愿意出全集。钱钟书的作品到底是不是值得出全集，最有发言权的是读者。

我们在这里看到的是钱钟书对读者说真话的态度,把心交给读者,这一点让人感动。越是有学问的人越是谦虚,越是没有什么水平的人越是喜欢"淌得很",出全集、出选集忙得不亦乐乎。但是,读者的愿望也应该考虑,既然广大读者希望出版《钱钟书集》,那么,也不好忤逆。然而,一定要把作者的态度交代清楚,也提请读者在阅读的时候开动自己的脑筋去判断,不要产生先入为主的偏见。钱钟书对自己的作品受欢迎的程度也有清醒的认识,认为《围城》赢得了广泛的读者得益于电视连续剧的传播效应,其中包含了编剧、导演和演员的再创作。而且他也并不追求读者多多益善,他只求有会心的读者欣赏自己的书。这实在是一种智者的思想。

杨绛说钱钟书绝对不敢以大师自居,自然是针对社会上有些人动辄以大师自居的现象而言。所以,钱钟书的话既是一种严于律己的表现,也未尝不是对社会上"大师"帽子满天飞的现象的委婉批评。钱钟书自我评价为志气不大,但愿竭毕生精力做做学问而已。这个态度也是令人可以寻味的。为什么每个人都要树雄心、立大志呢?连钱钟书这么有学问的人都认为自己没什么志气,况且我等平庸之辈!自认为没志气的人做出了大学问,可见只有扎扎实实地工作才有取得成就的可能,有没有志气倒是无所谓的。至少,谦虚一点、低调一点绝无害处。阅读这篇序言,应着重感受钱钟书对待自己的态度以及杨绛对读者交代所使用的语气,体会她的文风的特点。

本文选自《钱钟书集·围城》,生活·读书·新知三联书店2002年5月版。

思考与练习:

1. 杨绛在文章中用眷属的身份说话,你觉得是否妥当,为什么?
2. 在这篇序言中,杨绛的文风有什么特点?

3. 从字里行间看杨绛对钱钟书的态度和钱钟书对自己的态度,两者有没有区别?

4. 解释下列词语。

(1) 开宗立派

(2) “小时候干的营生”中的“营生”

(3) 洽调一致

于无声处(节选)

宗福先

出场人物

刘秀英　　女,五十二岁,何是非之妻,退休的小学教师

何是非　　男,六十岁,某进出口公司“革委会”主任

何　为　　男,三十四岁,何是非的儿子,某医院外科医生

何　芸　　女,三十岁,何是非的女儿,市公安局干部

欧阳平　　男,三十一岁,北京郊区某小吃店服务员,何芸过去的男朋友

梅　林　　女,五十八岁,遣散回乡的老干部,欧阳平的母亲

[一九七六年初夏那些几乎令人窒息的日子里,一个闷热的上午。

[何是非家的客厅里。

刘秀英　大为,你妹妹今天来的这个朋友,人好不好?

何　为　妈,您这话问了我足有二十遍了!我告诉您了,根据报纸上官方介绍,他是天底下头等大好人,浑身上下毫无缺点,连肚脐眼都没有。

刘秀英　不知道他老实不老实?

何　为　老实!老实极了!是上海文攻武卫的这个(伸大拇指),专管抓人杀人!

刘秀英　啊?!

何　为　不过，妈，您可千万别怕他，因为据说谁怕他谁就不是好人，好人都不怕他。爸爸瞧着他就挺顺眼嘛。哎，对了，这事你问爸爸去，这个女婿是他找来的。（翻身看书）

刘秀英　他找来的？不行！小芸！小芸！

何　芸　妈！

何　为　你在里头？爸爸叫你你装蒜？

何　为　（发现她眼圈有点红）大喜的日子怎么掉眼泪了？唉，未有抗婚志，空洒泪千滴。

何　芸　（怒）哥哥！

何　为　（也突然生了气）我要是你，就等欧阳，找欧阳，到处去找他，决不理那个唐有才！

刘秀英　小芸，我不准你理那个姓唐的！不准，不准！（使劲儿抓住何芸摇着）

何　芸　妈妈，你怎么了？（慌忙把刘秀英抱住，搀到沙发上坐下）哥哥！你跟妈妈胡说了些什么？

何　为　我？替你夸了半天女婿。——哼，我才不管你们的闲事呢！瞧，《飘》，Gone with the wind，随风飘荡。（下）

何　芸　妈，您别听哥哥瞎说。

刘秀英　那个人不老实！

何　芸　那个人我也不认识，可爸爸说他好，大概，还可以吧。

刘秀英　不，你爸爸——他，他不会看人！

何　芸　妈妈，您又说胡话了，爸爸还能连个人都看不准？

刘秀英　孩子，你不懂啊！

（何是非拿着桌布和一个小镜框下楼。）

何是非　小芸，你刚才到哪儿去了？（把小镜框放在书柜上，调整了一下角度，欣赏着，回过身来发现了何芸红红的眼睛，明白了，片刻）小芸，过来。

何是非　今天唐有才来，你有什么想法？

何　芸　没有什么想法。

何是非　家里人这几年对你的事关心很不够啊。你哥哥这个人自私透顶，光顾自己，你妈呢，偏又得了神经病。当然，主要责任还在我……耽误了，拖到现在，你都三十了。

何　芸　爸爸，别说了。

何是非　（站起来把桌布铺好，突然回头问何芸）你是不是心里还有点扔不掉——欧阳平？

何　芸　爸爸！

何是非　是啊，你从小跟欧阳一块长大，两小无猜，青梅竹马。我当初也认为他是个不错的孩子。可是后来，他做得太没有良心了。

何　芸　（站起，胸脯激烈地起伏）爸爸，别说了！

何是非　该结束了！九年前，不是他无缘无故地把你扔了的吗？九年来，你到处打听他的下落，等他，找他，可他呢，居然忍心连一个字都不给你，石沉大海，无影无踪……

何是非　小芸，爸爸不是存心揭你的伤疤，这笔账，该了结了！休将往事常思念。剪不断，理还乱！你干脆想想透吧。——至于说唐有才这个人，出身好，根子正，在路线斗争中嗅觉灵敏、立场坚定，听说，中央首长对他很器重的哩！

何　芸　可是，有人说……

何是非　社会上人多嘴杂，说什么的没有？他是上海民兵的负责人，专抓阶级斗争，社会上难免有些人对他恨之入骨。其实，历史上哪个法家不挨骂？这个人前途无量啊！这一点特别在今天，咱们应当全都看得清清楚楚了！

何　芸　今天？不，爸爸，今天我是什么都糊涂了，什么都看不清了！爸爸，我一直想好好和你谈谈……

何是非　那好嘛！其实你想说什么我都知道，风云变幻的一九七六年啊，谁没经历过一番矛盾、痛苦的思想斗争呢？我相信，我们一定还能像过去一样,取得完全一致的看法。——可今天,你还是先见见唐有才,好吗?

何是非　小芸,爸爸总不会坑你一辈子,这你还不相信?

何　芸　相信,爸爸!

……

何　芸　哥哥,来客人了!

欧阳平　大为!

何　为　(慢慢翻身起来)欧阳?!

梅　林　对,欧阳,还有我。

何　为　(迟疑地)梅伯母?

梅　林　小淘气,认不出来了?

何　为　梅伯母!

何　芸　(走到厨房门口)妈,您看谁来了?

梅　林　平儿,去看看刘阿姨。

何　为　(没话找话)梅伯母,身体好吗?

梅　林　你这个大夫怎么当的?连这个病病歪歪的样子都看不出来?

何　为　梅伯母,您坐。(关切地进厨房)

何是非　你找谁?

何是非　(凑近梅林的耳朵,大声地)老太太,你找谁?

梅　林　我不聋。

梅　林　是啊,一个叫花子似的脏老太婆,跑到你这个干干净净的屋子里一坐……

何是非　梅……梅大姐?!

梅　林　是我,梅林。

何是非　我真认不出来了!梅大姐!

梅　林　秀英!

何　芸　妈妈,梅伯母现在身体不好。

梅　林　十多年没见了，应当高兴啊！

刘秀英　想不到这辈子还能活着见到你们！

何　为　您净说这些丧气话！

何　芸　（对梅林）妈妈太兴奋了，一听说你们来了，把锅都扔了。

梅　林　从我六五年调到外地，就没见过嘛。秀英，身体好吗？

刘秀英　好，梅大姐，你可受罪了。

梅　林　你瞧，我这不是挺神气吗？

何　芸　梅伯母，这几年你们（看了一眼欧阳平）……

何　为　是啊，一下子音讯全无。

梅　林　无非是受了点风吹雨打嘛！老何，你没淋着点雨？

何是非　啊，啊，梅大姐，你现在……

梅　林　遣散回乡了，在镇上每天扫地。

何　为　又是一大"新生事物"，十一级干部回家扫地。

何　芸　可是为什么？

梅　林　他们说我是叛徒。

何　芸　叛徒?!

何　为　证据呢？

梅　林　据说是"旁证材料确凿，铁案如山"！

欧阳平　可定案的时候又不给妈妈看。

梅　林　怎么，你们都不知道？

何是非　简直岂有此理！这些人还有没有政策观念？

刘秀英　梅大姐冤枉啊！你冤枉啊！（痛哭）

何　为　哼，我真想给那几个专管儒法斗争的中央领导写封信，要求为秦桧落实政策。

梅　林　为谁落实政策？

何　为　秦桧，就是对岳飞实行"专政"的那个，应当承认他是历史上最革命、最伟大的法家。

梅　林　有意思。为什么？

何　为　因为他发明的"莫须有"定案法，对目前巩固某些人的专政起了神奇的作用！

梅　林　（哈哈大笑）可是他们现在比秦桧高明多了，假材料能给你搞一卡车！

何是非　梅大姐，咱们要相信群众，相信党，要经得起——啊，我也糊涂了，您是老革命了，这些比我懂得多。

……

梅　林　老何，还在干老本行？

何是非　啊。

何　为　梅伯母，爸爸现在升官了，是进出口公司的革委会主任！

梅　林　怪不得！老房子里的人说你搬家了，到这儿一看，气派不一样啦！

何是非　组织上关怀嘛！

梅　林　老陈和老孙他们还好吧？

何　为　孙阿姨六九年不明不白地死了，陈伯伯到现在还在干校监督劳动呢。

梅　林　小芸，妈妈好点了？

何　芸　我给她吃了点镇静药。

梅　林　你，现在在哪儿？

何　芸　市公安局。

何是非　最近她很忙，对了，小芸你讲讲现在全国通缉的那个反革命。

欧阳平　全国通缉的反革命？是些什么罪行？

何　芸　（勉强地）他到处散发了一些悼念周总理的诗。

梅　林　我可不理解，悼念周总理居然是反革命？

何是非　哎，小芸，不那么简单吧！据说他们悼念周总理是幌子，实际上矛头对准党中央！

欧阳平　悼念周总理和反对党中央，这两件事怎么联系得起来，我倒希望能有人给我讲个明白！

何　为　欧阳，你这个人就是那么顶真，这种事只能意会，不能言传，懂吗！

梅　林　有意思。——何为你呢，还在当外科医生？

何　为　嗯，不过我可一点儿都不忙，成天混日子！

梅　林　看得出来，这身打扮就跟济公一样。

何是非　这几年顶不像话的就是他！无病呻吟，小病大养，成天吊儿郎当，无所事事，就差架了鸟笼牵条狗了！简直不配生活在这个伟大的毛泽东时代！

梅　林　这么严重？

何　为　嗯，差不多。

梅　林　有意思。你原来对外科蛮钻的嘛！你和你的老师不是还想移植肝脏吗？

何　为　嗨，那都是城市老爷卫生路线的流毒，没事净搞尖端。上边希望我们能够研究一种普及的手术。

梅　林　什么手术？

何　为　“钳口术”，（比划着）把每人的上下嘴唇打两眼，铅丝一穿一拧……

何是非　你也是三十好几的人，干吗整天这么不疯不傻的？

梅　林　不，挺有意思。我本来倒打算请你看看病的，可这个“钳口术”我受不了，我这个人顶喜欢说话了。

……

何是非　噢，秀英说刚才民兵小分队张同志来过了，留了张条，要你们带着证件和单位介绍信去报个临时户口。瞧，秀英不留神撕破了。

欧阳平　证件我有，可妈妈……

何　为　你听清楚了，还要单位介绍信，你们有吗？

欧阳平　没有。

何是非　欧阳，这事你抽空去一趟，好在也不麻烦。我去看看你刘阿

姨。（上楼）

欧阳平 （半晌）我倒无所谓，反正豁出去了，可妈妈……他们出生入死几十年打下这个九百六十万平方公里的江山，如今却连自己的立锥之地都不给他们！

何　为 这就是唐有才们的"全面专政"！

欧阳平 陈伯伯又找不到……算了，我们还是今天就离开上海！

何　为 不行！梅伯母的身体已经经不起路上的颠簸了！

欧阳平 ……

何　为 住下吧，管他什么唐有才"盐有才"！

欧阳平 这个唐有才究竟是什么人？

何　为 上海滩上绝无仅有，出类拔萃的——大混蛋！论才，无才，论德，缺德，论貌可又没貌！

欧阳平 （笑了）你这张嘴啊！

何　为 真的。告诉你个笑话，此人有一回接见外宾，谈话一个半钟头他骂了一百多次"他娘"，平均半分钟一个。后来连外国人都听得耳熟了，就问翻译：What is the"他娘"？翻译愣了半天，只好回答：这是唐先生家乡的方言，大概就是问你好的意思！

欧阳平 （大笑）别说了，这样的人何伯伯会把他介绍给小芸？

何　为 唐有才有权有势的后台嘛。他是上海那个"造反司令"的救命恩人，"赤膊兄弟"，所以论官衔他不过是个屁大的民兵头头，可工交、财贸、公安、文艺，从我们医院一直到清洁管理所，他处处都要插一手，谁也惹不起他！

欧阳平 毛主席说过的那些"东霸天"、"西霸天"又出来了！——可是，何伯伯难道变得这样了？

何　为 哼，你那个"何伯伯"啊……反正，不是他变坏了，就是我变坏了。

欧阳平 你也确实变得厉害。过去你什么事情都是挺认真的嘛。

何　为　我是受伤了，不治之症。

欧阳平　什么伤那么可怕？

何　为　我是——看伤了。

欧阳平　看伤了？

何　为　这些年的“路线斗争”搞得我晕头转向，说真话——犯罪，说假话——有功，说官话——保险，说屁话——高升！算啦，我是发誓赌咒，百事不问，一日三餐，吃饱睡足。（又躺在沙发上）

欧阳平　不对。刚才在医院里一穿上白大褂，你马上就好像变了一个人，很严肃很认真嘛！

何　为　（坐起）我是个医生，看见病人能不认真吗？可就因为太认真了，才三天两头挨批，说我埋头钻业务，想成名成家，走白专道路……算了，我走白痴道路，当个大傻瓜，行了吧？

欧阳平　（大笑）你这个伤，我有药治。

何　为　什么药？除非是敌敌畏。

欧阳平　怎么样，来十瓶？

何　为　你真打算送我归天？

欧阳平　我看你这么活着太费劲，成天得学济公、装傻瓜，心里头还不停地在折磨自己。你真的愿意就这么混吃混喝……

何　为　（打断他）看来，你还跟当年当空军飞行员一样，“让理想为我装上翅膀，在空中自由地翱翔！”

欧阳平　我早就回到结结实实的地面上来了。

何　为　那你叫我怎么办？我承认，自己现在简直是活得——

欧阳平　（轻轻地）可怜！

何　为　（仿佛挨了一鞭子）对，是可怜，可我……

欧阳平　大为，你不是这么一个人，你不应当成为这么一个人！

何　为　你懂吗？我再认真下去，就要活活把自己憋死了！

欧阳平　那你喊嘛！把心里的痛苦，心里的爱，心里的恨，全都痛痛快快地，大声地喊出来！

何　为　喊，我一个平民百姓……

欧阳平　中国的平民百姓有八亿！

何　为　可中国老百姓的忍耐精神实在太好了，他们不想喊……

欧阳平　胡说！别忘了鲁迅先生说的："要论中国人……要自己去看地底下。"

何　为　地底下有什么？石头，烂泥。

欧阳平　对，坚硬的石头，朴实的泥土，还有——奔腾的岩浆！

欧阳平　大为，悼念周总理的那些日子里，你没到天安门广场去看看，花圈如山，人群似海。那四季常青的松柏树上，挂满了浸透泪水的小白花，对着这世界上最庄严最圣洁的挽幛，人们轻轻地呼唤：周总理：您在哪里？那巍然耸立的人民英雄纪念碑上，贴满了用血写成的誓词，面对着闪烁的刀光剑影，面对着横行的魍魉魑魅，人们高声地呐喊：那一小撮祖国的罪人，见鬼去吧！挥泪悼念总理，洒血讨伐奸雄！几十万人，几百万人，日夜不断，川流不息……大为，只要到那大海的怒涛中去待上一会儿，你马上就会懂得：在毛主席和党的教育下，经历了文化大革命的风雨，中国人民成熟了！中华民族有希望！

何　为　（片刻）可现在呢？又是万马齐喑，一片沉默。

欧阳平　沉默。眼前这一片可怕的，反常的沉默，正预告着一场更可怕的风暴的来临！——（从口袋里掏出一本小册子）我把天安门广场上的诗文整理了一本集子，你看看。

何　为　《扬眉剑出鞘》？

欧阳平　这就是现在，一九七六年夏天，中国老百姓的真实面貌！

……

刘秀英　（呆呆地自言自语）今天要出事了！今天要出事了！

何　芸　（哀痛地）妈妈！他们要抓欧阳，要抓欧阳啊，妈妈！

何是非　谁要抓欧阳？

刘秀英　（变色）小芸！

何是非　你别捣乱。小芸，谁在抓他？

刘秀英　小芸！（捶打着女儿）你别瞎说！别瞎说！

何　芸　妈妈。您怎么了？

何是非　唉，这病越犯越重了！——别管他，快说，谁要抓欧阳？

刘秀英　（哀求地）小芸！（哭了起来）

何　芸　妈妈，您有什么话要对我说吗？

何　芸　妈妈！（搂住刘秀英）

何是非　秀英，有什么话待会儿你对我说，好吗？——小芸，你先说，怎么回事？也许咱们还能想点办法。

何　芸　欧阳他就是……

何　芸　欧阳就是——全国通缉的那个"反革命"！（蒙面跑下）

……

刘秀英　这辈子，我什么也没跟你要过，什么都听你的，顺着你，今天，我就求你这么一件事，救救欧阳！

何是非　救了欧阳，我怎么办？一会儿唐有才就要来，要是他知道这么重要的一个现行反革命犯窝藏在我家里，那我几年来费尽心机、惨淡经营起来的这一切，就全完了！

刘秀英　可你就不顾欧阳的死活吗？

何是非　那是他自己找死！难道他看不出来吗？大局已经定了！他一个跑堂的充什么英雄好汉？欧阳反正是跑不掉了，可这一出一进对我是天壤之别啊！（上楼）

……

何是非　欧阳没走吧？

何　芸　没有。爸爸，我们怎么办呢？

何是非　你说呢？

何　芸　连夜送他走，送到外婆家去！

何是非　这么做,好吗?

何　芸　那儿是乡下,比较安全。

何是非　(淡然一笑)你听错了我的问题,我是说,这么做,好吗?你我可都是共产党员。

何　芸　梅伯母、欧阳是比我们更好的共产党员!

何是非　你在说胡话了,梅林九年前已经被开除了党籍,欧阳从来就没入过党!

何　芸　可他们都是党的最忠诚的战士。

何是非　"党的忠诚战士",却会受到党的通缉,这如何解释呢?

何　芸　不是党通缉欧阳,是"他们"!党不是"他们"的,党会战胜"他们"的!你看,欧阳说得多好!(把诗集递给何是非)

何　芸　(突然清醒过来)爸爸!你究竟是什么意思?

何　芸　(一把夺回诗集)爸爸!回答我!

何是非　我回答你,我们应当坚决检举揭发现行反革命分子欧阳平!

何　芸　什么?!

何是非　小芸,我知道你对欧阳有感情,可是,革命利益高于一切,我们必须大义灭亲,把他交出去!

何　芸　(挥着诗集)可他只不过是悼念周总理……

何是非　悼念周总理也不行!

何　芸　什么?!

何是非　唐有才没向你交底?周恩来已经成了某些人心目中的一面旗帜,一面用来对抗中央首长的旗帜,我们就必须(恶狠狠地做了一个砍伐的动作)……

何　芸　啊?!我明白得太晚了!

何是非　明白就好。小芸,坚强些,既然欧阳平成了扛黑旗的急先锋,我们就要恨他,铭心刻骨地恨他!

何　芸　(冷笑几声)铭心刻骨?!

何是非　(毛骨悚然)小芸!你,你疯了?

何　芸　妈妈疯了，哥哥疯了，我——也疯了！

何是非　小芸！

何　芸　从小，我就把你当成老革命、老干部，我为自己有这样一个父亲而感到高兴，自豪；这么多年哪，特别是在欧阳不在自己身边的这些日子里，我一直把你当成生活中最可信赖的人。我爱你，我崇敬你，有了什么高兴的事，我第一个告诉你，有了什么矛盾，痛苦，我又是第一个向你求救……有时候我也怀疑你的某些做法，可你总是偷偷地向我诉苦，说你也热爱周总理，你心里也十分矛盾，十分痛苦。我，全相信了你……难道，这一切你都是在演戏，演戏？！

何　为　好家伙，这场大雨！哎，咱们家周围怎么净是些黑影子在晃来晃去啊？（进走廊）

何　芸　（出门向两面张望，然后回来）是你？

何是非　（冷酷地）是我。我打了电话。唐有才想亲自来抓他，可是考虑到你的名誉，他决定送你一个现成的立功机会。（看表）现在六点，命令你在七点之前亲手逮捕欧阳平！否则……

何　芸　卑鄙！

……

欧阳平　刘阿姨！（上前搀扶）

何　芸　妈妈？你怎么了？

刘秀英　你爸爸把我锁起来了……

何　芸　什么？

刘秀英　（紧紧抓住梅林的手，毫无表情的）梅大姐，要害欧阳的，是他；九年前，说你是叛徒的，也是他！

众　人　（惊）啊？！

梅　林　这简直是我不愿意相信，也不敢相信的事！

刘秀英　梅大姐，这么些年来，他一直在我们面前唉声叹气，说他也想你们，担心你们会不会出了什么意外；可是两年前，那天晚上，我替他收拾东西，突然看见了他写的那份材料，才知道，原来就是他……我想说，可又怕说出来会连大为、小芸一块儿毁了，我只好这么憋着，憋着……我十七岁上嫁过来，就一心一意跟着他，看见他跟着你走上了正道，入党，当了干部，我高兴。我这辈子把自己的一切，统统给了他！可谁想到，（轻声地）他原来是这么一个人。

梅　林　秀英，你哭吧，哭出来心里就痛快了。

刘秀英　（慢慢地摇摇头）这两年，我哭够了，眼泪哭干了，不想哭了。

梅　林　（紧紧地搂住她）秀英！

何　为　（对何是非）原来，把梅伯母和欧阳、把妈妈和小芸九年来搞得这么苦的是你?!

何　为　算你运气。要是在昨天，我毫不犹豫地就会拿我这条不值钱的命换你的命。可今天，我觉得自己还可以活得更有价值一些。

何是非　（慌乱地）当时情况复杂，……我本来……可是……

欧阳平　叛徒?! 你才是社会主义革命时期出卖灵魂出卖同志的叛徒！

何是非　（逃上楼梯）你们骂吧，骂吧！反正还有五分钟！（上楼）

欧阳平　妈妈，我该走了。

梅　林　（默默地把欧阳平的头拉到自己怀里，片刻，推开他）你……走吧！

欧阳平　小芸，他们是不是要你带我走?

何　芸　欧阳，我跟你一块去坐牢！

欧阳平　小芸，别忘了妈妈交给你的任务！

何　芸　（不顾一切地扑上去紧紧地搂住欧阳平，哭了）欧阳！

欧阳平　不要这样，革命流血不流泪！小芸，还有件事想托付给你。在天安门广场上，我曾经亲眼看见那些人是怎么用大棒……这次我进去，也许……到了胜利的那天，请你替我把

这份入党申请书交给党，我请求组织上承认我永远是党的儿子！（把入党申请书交给何芸）

何　芸　欧阳！我等着你，一辈子等着你！

梅　林　小芸，别说这些傻话了，他犯的是“弥天大罪”啊！

何　芸　（走到梅林面前，片刻，突然跪下来扑在梅林怀里）妈妈！我送他走了以后，就来伺候您，我一步也不离开您，妈妈，我的好妈妈！

梅　林　小芸！

刘秀英　（抽泣着）梅大姐，你就收下她吧，收下她吧！

梅　林　孩子，我的好孩子！

欧阳平　大为，你上哪儿？

何　为　你以为这个家我还待得下去吗？我送梅伯母去找我的老师，我们一块来试试向死神、也向“他们”挑战！

欧阳平　（感激地）大为！

刘秀英　我也走！

何　芸　好！妈妈，我们一块儿走。

何　为　您去拾掇拾掇东西。

刘秀英　不用了。三十五年前我就是这么两手空空来的，今天我也就这么两手空空走。

何　芸　欧阳，你身上诗集还有吗？

欧阳平　有。

何　为　拿来，我们替你接着发！

欧阳平　我留一本给公安局。

何　为　（看见他）用不着这么贼头贼脑的！喏，看清楚了，我手里四本，小芸三本。明天你又能去卖大价钱了！

梅　林　我索性把升官发财的秘诀全告诉你吧，这屋里的人让你全卖完了，也只不过五个，你应当到大街上去做这个买卖。

欧阳平　对，八亿中国人哪！

何　为　哈哈，何是非要发笔大洋财喽！

何　芸　唯一的困难是：人民不会永远沉默！

欧阳平　（哀痛地）妈妈！再见了，妈妈！

梅　林　咱们革命队伍有个规矩，欢送出征的亲人从来都是敲锣打鼓，高高兴兴的，今天咱们也都得笑着告别！

梅　林　（艰难地站起来）好，出发！

何是非　（冲下楼来，声嘶力竭地）等一等！

何是非　你们，全都走了？

何是非　大为、秀英，我也是为了这个家，为了你啊！

［刘秀英慢慢地拨开了何是非的手。

何是非　梅……梅大姐，你也可以留下来，我去跟唐有才说……

梅　林　（朝何是非逼近了几步，又回过身去）走！

［何为打开玻璃门。外面风雨呼啸。

［何为，刘秀英搀着梅林走出。

［何是非一下子拽住何芸。

何是非　小芸！我老了，你们不能留下我一个人……

［何芸挣脱了何是非。

何是非　爸爸从小疼你，我是为了你，为了你啊！

［何芸用力把何是非推开，和欧阳平一起昂然地闯入风雨之中。

何是非　都走了，剩我一个人了，真安静啊。

［猛地一道亮得可怕的闪电。

［何是非吓得跳起来，恐惧万分地等着……

［仿佛过了许久许久，空中迸出一声惊天动地的炸雷！

——剧终

课文导读：

宗福先，上海工人剧作家。1978 年 5 月创作的四幕话剧《于无声处》,震动了整个文学界,被誉为是率先从政治上肯定"天安门事件"的思想解放的一声惊雷。它以 1976 年清明时节发生在天安门广场上的、悼念老一辈无产阶级革命家、愤怒控诉"四人帮"的"天安门事件"(又称四五运动)为背景,歌颂了坚持真理、与"四人帮"的爪牙进行坚决斗争的英雄人物的事迹,推倒了"四人帮"给中国人民的最大污蔑和对历史的最大歪曲。话剧在上海市工人文化宫剧场首演,后来又受邀晋京演出,全国许多专业和业余的艺术团体也纷纷学习并排演,产生了巨大的社会影响。文化部和全国总工会为《于无声处》剧组举行了隆重的授奖大会,剧组和作者都获了奖。宗福先获得的奖状上写着:"表达人民的愿望,显示人民的力量。"

这出戏的最大成功就是人物形象的塑造。全剧只有六个角色,却个个性格鲜明。正面人物不是"高大全"式的先知先觉人物,反面人物也不是坏得一塌糊涂。他们每一个人的思想感情的形成和变化都与历史发展的进程息息相关,观众们能够从中获得对于中国当代历史的深刻思考以及对于生活态度的有益的启示。何是非的妻子刘秀英,一辈子都在用简单朴素的语言教导孩子要做正直的人。她曾经长时间地崇敬并热爱自己的丈夫,但是当有一天,她发现丈夫居然昧着良心写了出卖恩人梅林的所谓材料,她的精神就崩溃了。但为了两个孩子,她不敢说出真相,不敢揭穿丈夫,九年来内心一直受着痛苦的煎熬,几乎把眼泪哭干。何是非在 1976 年的时候还为女儿何芸物色了一个男朋友,他是要弄个双保险,把自己和女儿都绑上权重人物的战车。梅林,曾经出生入死的地下党员。当她发现有人要搞掉周总理时,就向有关部门作了揭发,由此招致弥天大祸。即使遭遇巨大的磨难,梅林仍然坚定地告诉儿子:"党不是'他们'的,党会战胜'他们'的,林彪不是已经被粉碎了吗,'他们'也快了。"梅林是一个真正的共产党员和一个清醒者。她明确地区别出了党内的一些变节者,认为他们不代表党。他要儿子明白,一小撮变节分子和败类只是暂时窃取了部分权力,党终究会挖出他们,人民终究会战胜他们,所以，不能悲观失望，不能放弃对党的信心。欧阳平曾是空军飞行员，因受母亲冤案的牵连，被迫从上海迁到北京郊区，在一家小吃店当营业员，1976年初因为散发了一些悼念周总理的诗成了全国通缉的现行反革命犯。他陪同母亲来到上海的时候，把天安门广场上发生的那些激动人心的场面告诉了何家兄妹。欧阳平的形象就是天安门广场英雄人物的化身。他有独立的思考，不是那种只相信组织不相信亲情的寡情寡意之人。他始终认为母亲是真正的共产党员，根本不是什么叛徒。他也看出了极少数阴谋家要搬掉周总理这块绊脚石以实现自己篡党夺权的野心。但是他毕竟还年轻，他还不明白面对最严峻的斗争，同志之间的互相理解和支持也是一种强大的战斗力。所以，九年之前，他与何芸不辞而别，仿佛"石沉大海，无影无踪"，让何芸茫然地等待，但这些都并不影响他作为一个英雄的形象。我们的现实生活中也正是有了成千上万这样的英雄，我们的党才带领着人民最终取得了与"四人帮"斗争的胜利。欧阳平这样的人也一定会在生与死的考验中一步步地成熟起来，变成他母亲梅林这样的党的战士。何是非的女儿何芸是一个清纯的、忠于爱情又坚持真理的姑娘。她曾经是那样地热爱和信任自己的父亲，但是，当她得知父亲为了自己所谓的政治前途，竟然无耻地向造反派提供了陷害梅林的假材料后，就毅然决定与这样的父亲划清界限。何是非的儿子何为是个医术不错的外科医生，曾被认为是名很有希望的青年。他是剧中唯一一个冷面滑稽的形象，他的造型是衣衫下摆半边塞在裤子里，半边吊在外边，一手捧着书本，一手拿着把大蒲扇，穿着拖鞋在家里踢踢沓沓地晃着。他看出了这个世道的荒唐，他鄙视卖身投靠的父亲，爱护自己的妹妹和母亲。但是他知道自己没有力量战胜那伙可恶的人，于是就采取韧性的逍遥派的战术。不成为"四人帮"的"钢"其实也是一种反抗。何为也是个可爱的青年，这就是巴金说的，最起码我们可以保持沉默。

这出戏的台词设计也十分精彩，无论是30年前的首演还是30

年后的纪念演出，观众都被深深地感动，剧场里常常发出会心的笑声或热烈的鼓掌。刘秀英的语言总是透着不安和警惕。梅林的话语中无不体现出一身正气和举重若轻的风度。何是非外表的道貌岸然，却遮不住那颗龌龊的心灵。欧阳平的话语严肃而耿直，何芸则从单纯变成坚定。何为浑身都是讽刺的细胞，他的辛辣的讽刺常常引起台下观众痛心的笑。

最后的结局令人深思，五个人默默地回身无限轻蔑地注视着仿佛突然变得苍老起来的可怜虫何是非，此时无声胜有声，剩下的只是何是非独自的哀叹。在一个小小的家庭，何是非已经彻底地失败了。由此人们完全可以想象，"四人帮"一伙以及何是非们的可耻下场已经不遥远了。

本文选自《于无声处》，上海文艺出版社 2005 年 6 月版。

思考与练习：

1. 你是如何理解梅林所说的"无非受了点风吹雨打嘛"的含义的？
2. 何为所说的"钳口术"是什么意思？
3. 欧阳平所说的"地底下的奔腾的岩浆"是指什么？

湖南省长沙市中级人民法院

民事判决书

A. 原告××发展有限公司，住所地广东省广州市××区××路××号。

法定代表人郭××，董事长。

委托代理人陆×，湖南××律师事务所律师。

B. 被告中国××通信集团公司湖南省分公司，住所地湖南省长沙市××路××号。

法定代表人张××，董事长。

委托代理人曾××，湖南××律师事务所律师。

C. 第三人湖南××有限公司，住所地湖南省长沙市××大道××号。

法定代表人郅××，总经理。

委托代理人何××，湖南××律师事务所律师。

原告××发展有限公司(以下简称A)因与被告中国××通信集团公司湖南省分公司(以下简称B)著作权纠纷一案，于2007年7月19日向本院提起诉讼。本院受理后，依法组成合议庭，对本案进行审理。因被告B向本院申请追加湖南××有限公司(以下简称C)为本案的第三人，本院经审查认为，本案处理结果同C有法律上的利害关系，故依法于2007年8月1日通知C作为本案的第三人参加诉讼。2007年9月18日本院公开开庭审理了本案。原告A的委托代理人陆×、被告B的委托代理人曾××和第三人C的委托代理人何××均到庭参加诉讼。本案现已审理完毕。

原告A诉称：原告通过与相关权利人签订版权合同分别取得电影《T》和电视剧《L》的信息网络传播权。2007年6月，原告发现被告未经原告许可且未向原告支付许可使用费，就擅自在其所有并运营的×××网站(备案登记号：湘×××备××××)上向互联网用户提供上述两部作品，供互联网用户在线观看。被告的行为已经侵犯了原告依法享有的信息网络传播权，并给原告造成重大的经济损失。为此，原告请求法院：(1) 判令被告立即删除其所有并运营的×××网站上的侵权作品《T》和《L》；(2) 判令被告赔偿原告经济损失50万元，并负担原告为制止侵权所支付的合理费用1 650元；(3) 判令被告承担本案诉讼费用。

原告为支持自己的诉讼主张，向本院提交了以下六组证据材料：(略)

被告B的质证意见如下：对证据1至证据3以及证据16至证据18的真实性、合法性、关联性无异议。证据4至证据14是复印件，不能作为证据使用。对证据15的真实性、合法性、关联性部分无异议。但对于××市公证处2006年11月28日作出的公证书有异议，认为该公证书印鉴欠规范。第三人C对于第一、二组证据的真实性、合法性、关联性部分无异议。对第三、四组证据的原件的真实性、合法性、关联性部分无异议。但对第三、四组证据中103937号公证书涉及的证据的实质要件和形式要件都有异议。对第五、六组证据的真实性、合法性、关联性部分无异议。证据17是刻录正版DVD的费用100元，与本案的侵权行为没有因果关系，不应由第三人承担。

被告辩称：第一，被告不是侵权行为的主体。2006年5月25日，被告与本案第三人C签订了《B增值业务合作经营协议》，协议约定被告作为网络服务提供者，为C提供信息储存空间，供其通过信息网络向公众提供作品、表演、录音录像制品，C才是该网站的使用者，因此该侵权行为不是被告方所为。第二，被告不应承担任何侵权责任。(1) 被告方与C的协议明确约定：C负责对合作业务在湖南省的宣传与推广，同时应保证信息源的合法、及时；由于不法内容引起的一切后果由C承担。该案因为第三人行为所致，被告方不应承担任何侵权责任。(2) B在×××网站首页登载了免责声明。(3) 被告在×××网站××栏目也没有得到任何的收益。第三，被告方作为网络服务提供者，完全符合《信息网络传播权保护条例》第二十二条规定的不承担责任的条件。故此，请求法庭予以支持。

为支持其抗辩主张，被告向本院提交了三份证据：

(略)

原告对上述证据的质证意见如下：对于证据1的真实性无异议，但对证明内容有异议。本案所涉网站是由被告所有并且运营，而不是由第三人运营的。对证据2的真实性无异议，但对被告否认原告于2007年6月25日委托深通快递公司曾寄信给被告的客观事实有异议。对证据3的真实性有异议，因为该证据是第三人出具的，本案的第三人与被告有利害关系，根据《最高人民法院关于民事诉讼证据的若干规定》，与当事人有利害关系的人出具的证据不能作为证据使用。并且该证据与证据1相矛盾，且不能达到被告想要证明的目的。第三人对于被告提交的所有证据的真实性、合法性、关联性无异议。

第三人述称：C对被追加为本案的第三人没有异议。这个网站的实际使用者是本公司，由本公司运行，但网站所传播的两部影片是由网友通过本公司的服务平台上传过来的；并且网站投入试运行时间不长，还不够完善，连最基本的点击次数和收费在网站中都没有出现，说明侵权很轻微，没有主观上的故意。原告诉讼要求赔偿50万元赔偿金是一种恶意诉讼的行为，扩大了被告和第三人的诉讼成本损失，请求法院酌情处理本案。

为支持其诉讼主张，第三人向本院提交了五份证据：

(略)

原告对于第三人的证据发表了以下质证意见：对于证据1的真实性和关联性无异议，但不能证明第三人想要证明的内容。对证据2、4、5的真实性、关联性有异议。证据3与本案无关，也不能证明第三人想要证明的内容。被告对于第三人提交的所有证据的真实性、合法性、关联性无异议。

本案中，原告、被告及第三人对B所有的×××网站上播放电影《T》和电视剧《L》的事实均不持异议。综合法庭调查中原告、被告及第三人举证、质证的情况及法庭辩论的意见，本案争执的焦点主要集中在以下两个方面：

焦点一：行为人和责任人是谁，即被告是不是侵权行为的主体？

原告认为，被告是×××网站的备案登记人和内容提供商，因而被告是侵权行为的主体。被告和第三人则认为，被告仅仅向第三人提供网站的使用权，被告不是侵权行为的主体；若有侵权，也只是第三人所为。

焦点二：如何确定赔偿责任，损失赔偿额如何计算？

原告认为：(1) 被告和第三人应当承担赔偿责任。它们以营利为目的使用了原告享有信息网络传播权的作品，并因此有直接收益。同时，被告作为一家宽带接入商，通过其所有并运营的网站与其他宽带接入商展开竞争，吸引宽带用户接入网通宽带，由此增加宽带用户接入业务量，以间接获取相应的经济利益。被告不能因登载了免责声明和与第三人签订了合作经营协议而免除其赔偿责任。(2) 被告和第三人不是提供信息存储空间的服务商，而是提供网络内容服务，所以不应适用《信息网络传播权保护条例》第二十二条的规定。(3) 被告的侵权行为给原告造成了巨大的经济损失。原告花费巨资与相关权利人签订版权使用许可合同，获得涉案作品的信息网络传播权和复制、发行权，被告和第三人通过被控侵权网站向互联网用户提供涉案电影和电视剧的在线观看，势必影响原告将上述作品再行许可他人通过网络传播，同时也将影响原告正版光盘的销售。(4)《最高人民法院关于全面加强知识产权审判工作，为建设创新型国家提供司法保障的意见》第十三条指出，要依法加大侵权赔偿和民事制裁力度，贯彻全面赔偿原则，努力降低维权成本，加大民事制裁的威慑力度。因此，原告依据《著作权法》第四十八条第二款的定额赔偿制度，要求赔偿50万元。

被告认为，原告的起诉对被告没有任何意义，请求法院驳回原告对被告的诉讼请求。(1) 被告在网站上公开了自己的名称、联系人、网络地址，且在接到权利人的通知后立即删除了涉嫌侵权作品，符合《信息网络传播权保护条例》第二十二条的免责条件。(2) 被告和第三人只是在刚刚投入试运行的网站上提供了在线观看作品的服务，没有提供下载服务，连最基本的广告都没有，没有收益。第三人认为，侵权情节轻微，原告却索赔50万元，这是原告恶意扩大诉讼成本，请求法院酌情判处5 000元以下的赔偿。

本院认为，原告享有《L》和《T》的著作权，其具体权能是作品的信息网络传播权；被告是×××网站的所有者，第三人是该被控侵权网站××栏目的内容提供者和合作经营者；被告和第三人未经原告许可且未向原告支付许可使用费，就擅自在其网站上向互联网用户提供上述两部作品，供互联网用户在线观看，侵犯了原告依法享有的著作权。一般情况下，×××网站的所有人系B，在该网站上发布信息或播放被点播的影视作品，应视为B所为。本案中，被告与第三人合作运营该网站，将网站××栏目交由第三人具体运营，由第三人C通过该网站向公众提供作品、表演、录音录像制品，故被告和第三人系共同侵权人。第三人的具体运营只是其与被告的内部关系，并不改变网站××系统隶属于被告名下的实质，也不能免除被告对第三人具体经营活动的管理责任。根据所有人对其所有物负管理之责和行为人应对其行为承担行为后果的一般法律原则，被告B和第三人C为在×××网站上播放电影《T》和电视剧《L》的行为人和责任人。

关于被告是否可以适用《信息网络传播权保护条例》第二十二条免责，本院认为，问题的关键在于被告B在本案中的地位和是否直接获取经济利益。该条规定："网络服务提供者为服务对象提供信息存储空间，供服务对象通过信息网络向公众提供作品、表演、录音录像制品，并具备下列条件的，不承担赔偿责任：……(4) 未从服务对象通过作品、表演、录音录像制品中直接获得经济利益……"一方面，被告虽然公开了网络服务提供者的名称、联系人、网络地址，也未改变第三人所提供的作品、表演、录音录像制品，并在接到权利人的通知书后，删除了权利人认为侵权的作品、表演、录音录像制品，但是，在本案中，其所处的地位属于网络内容供应商(ICP)而非网络服务提供者(ISP)。B虽然也提供网络接入等纯技术服务，或者仅为服务对象提供信息存储空间，但是，×××网站备案登记号为"湘×××备××××"，说明B基于该网站的服务是内容服务而不是其他ISP服务，这一点也可以从被告与第三人的合作协议的内容得到确认。因此，被告不能因其将该网站下的××栏目交由第三人具体运营而否认其属于网络内容供应商的性质。被告作为×××网站的所有者和实际管理者，应当负有对通过其网站传播的内容进行严格、认真审查的注意义务，而没有履行审查义务，致使侵权行为发生，存在主观过错。被告不能因为其在网站上刊登免责声明而免除应当负有的法定审查义务和因侵权而产生的法律责任。第三人故意上传未经合法授权播放的作品，亦存在主观过错。另一方面，被告有直接经济利益。被告与第三人合作经营该网站，按照4∶6的分成比例共享作品的网络播放收益。由此可见，B不只是为服务对象提供网络存储空间或者纯技术服务的ISP服务商，也不是与被控侵权行为没有直接经济关系的ICP服务商，不符合国务院第468号令和《信息网络传播权保护条例》第二十二条的适用条件，应当对其网站上提供的内容服务所致的侵权行为承担责任。

鉴于涉嫌侵权作品被点击或在线观看的次数没有确定，侵权人因播放该两部作品的获利数额也无法确定，本案权利人的实际损失和侵权人的违法所得难以确定，本案赔偿数额应当根据侵权行为的性质、持续时间、侵权时的主观过错以及作品的类型和影响等因素酌定。原告取得《L》和《T》的信息网络传播权时支付了对价，即向原著作权人支付了一定的费用；原告投资的回收主要来源于网络服务商购买其作品后在网站等传媒上播出。被告和第三人的行为可能使其作品的部分观众流失，观众的流失将直接影响到其他网站购买这些作品播出的计划，从而直接影响到原告投资的回收而造成损失。原告为制止侵权行为而产生的维权开支，包括律师代理费、调查取证费等，也是其经济损失的一部分。由此可见，被告和第三人的侵权行为必然直接导致原告的经济损失，故原告诉请判令侵权行为人赔偿经济损失并负担其维权开支的请求合法，其合理部分应予支持。另一方面，该网站处于试运行状态，对涉案作品的侵权仅仅表现为提供在线观看服务，观众不能下载，且侵权时间不长，从 3 月中旬至 6 月下旬，故情节比较轻微。被告在网站上公布了举报电话、联系人和网络地址，并将“免责声明”置于网站首页，也尽到了一定程度的注意和提醒、通知义务。被告在接到原告的书面通知后，即向第三人发出通知并将有关作品从网站中删除，防止了原告损失的进一步扩大。上述因素都应当作为本案赔偿数额的酌定情节。

综上所述，被告和第三人侵犯了原告依法享有的著作权，主观上有过错，客观上给权利人造成了损失，且侵权行为与损害结果之间存在因果关系，应当承担停止侵权、赔偿损失的侵权责任。鉴于侵权作品《T》和《L》已经从×××网站××栏目上删除，侵权行为已经终止，原告请求判决“停止侵权”已无必要，本院在判决主文中不再表述。据此，依照《中华人民共和国著作权法》第四十七条第（一）项、第四十八条，最高人民法院《关于审理著作权民事纠纷案件适用法律若干问题的解释》第二十五条第一、二款、第二十六条，《中华人民共和国民法通则》第一百三十条之规定，判决如下：

一、被告中国B通信集团公司湖南省分公司和第三人湖南C科技有限公司于本判决发生法律效力之日起十日内连带赔偿原告A文化发展有限公司的损失及原告为制止侵权所支付的合理费用共计7万元。

二、驳回原告的其他诉讼请求。

如果未按本判决指定的期间履行给付金钱义务，应当依照《中华人民共和国民事诉讼法》第二百三十二条之规定，加倍支付迟延履行期间的债务利息。

本案案件受理费9 816元，由原告A文化发展有限公司负担1 816元，被告中国B通信集团公司湖南省分公司和第三人湖南C科技有限公司共同负担8 000元。

如不服本判决，可在本判决书送达之日起十五日内，向本院递交上诉状，并按对方当事人的人数提交副本，上诉于湖南省高级人民法院。

审　判　长　廖　×
代理审判员　胡××
代理审判员　许××
二〇〇七年十月二十五日
书　记　员　文××

课文导读：

法律文书，关系到各方当事人的切身利益，也关系到法律的尊严和政府的形象，所以应该在各方面都做到非常规范。这份民事判决书基本上符合规范的要求。首先，判决书介绍了当事三方法定代表人的姓名、身份，单位住所以及他们的法律代理人的姓名和事务所名称，并且阐明了第三方如何被追加的过程，这就给详细陈述案情打好了基础。接着是披露原告的诉称，这一部分表述得比较清楚，使人们对案情有了必要的了解。然后引用了原告提交的六组证据材料、被告B的质证意见、原告对被告B所提交的三份证据的质证意见、第三人C的述称和五份证据、原告对第三人的证据提出的质证意见。这是客观、平等地公布所有当事方的诉求、证据和意见的做法，这给下文的分析和最后的判决奠定了很好的基础。在展开分析的这个部分，文章首先提炼出与判决有关的两个焦点问题。提出问题以后先是陈述当事人的观点，然后再陈述法院的观点，这就体现了尊重当事人的态度。法院在陈述自己的观点的时候，做到了以事实为基础、以法律为准绳、以理服人。最后以一句"综上所述"作为过渡，进入判决内容的写作阶段。判决的语言表述比较严谨，内容比较完整，没有产生歧义。落款部分的格式也是正确的，用了汉语数字表示时间。

但是如果用高标准来看这份文书，我们还是发现了一些问题。如在"原告发现被告未经原告许可且未向原告支付许可使用费，就擅自在其所有并运营的×××网站上向互联网用户提供上述两部作品，供互联网用户在线观看"这句话中，我们发现了下列问题：第一，"所有"这个词用词不当。"所有"是个多义词，虽然它有"领有"的意思，但是不作动词用，不能带宾语，而是作定语用，比如"所有者"、"所有权"。判决书把"所有"与"运营"并列，把两个词都用作了动词，是不对的。"所有"应该换成"拥有"，"拥有"是动词，可以带宾语。第二，"未向原告支付许可使用费"这个短语表述得不对，应该写成"未向原告支付使用费"，因为如果原告允许被告使用，则被告就可以不支付使用费。这就好比街上便利店设置的公用电话，过路人如果按收费标准支付了电话费就可以使用，无须征得便利店管理者的允许。过路人如果没钱或不愿付钱，就须征得便利店管理者的同意后才能打电话。过路人没有必要既支付电话费又征得管理者的同意。

在"原告对于第三人的证据发表了以下质证意见"的这一部分，也有两个问题。第一是"对于证据1的真实性和关联性无异议，但不能证明第三人想要证明的内容。"这句话，在"但"字后面缺少了"认为"一词,使此句成了病句,两个分句的主语不一致。用了"认为"后,两个分句的主语才一致。第二,这一段应该是讲原告的观点的,但是最后一句又讲了被告的观点,就让人摸不着头脑了。如果也需要陈述被告的观点,应该另起一段。

"由于不法内容引起的一切后果由 C 承担"这句话也有问题。"由于"是关联词语,必须表示因果关系。此句并非因果复句,"由于"应改成"由"才对。

由此可见,法律文书的撰写是一件专业要求非常高的工作。撰写者既要熟悉法律,又要具备很高的语言文字应用能力,一丁点都马虎不得。

本文选自马宏俊主编《法律文书价值研究》,中国检察出版社 2009 年 2 月版。

思考与练习:

1. 改正病句。

   近期我们一定要严格控制打压房价。(说话者的意思是要把过高的房价降下来)

2. 谈谈你对以下诗句的看法。

   你的诞生已经/诞生的你的死/已经不死的你/的诞生已经诞/生的你的死已/经不死的你/一棵树与一棵/树间的一个早/晨与一个早晨/间的一棵树与/一棵树间的一/个早晨与一个/早晨间/那距离必有二倍距离/然而必有二倍距离的(《二倍距离》)

第八单元　翻　译

在这个单元中，我们要讲一讲外国语言和汉语之间的翻译问题。自有中外文化交流活动以来，语言互译便成为必不可少的交流途径。翻译活动在语言、文学和文化等多个方面也与汉语本身的发展有着紧密的关联，因而，对翻译的探讨和研究可以帮助我们更好地理解汉语，提高翻译的水平。

中国对于外来语言的翻译文本最早可以追溯到东汉时代的佛教典籍，如《法华经》、《维摩诘经》等。自近代以来，翻译活动日盛，翻译在汉语现代化的历程中开始扮演重要的角色。中国早期的译者大多用半文半白的语言形式翻译域外小说，如19世纪末林纾翻译的《巴黎茶花女遗事》，读者则在接受小说内容的同时也对新颖的文体形式产生出浓厚的兴趣。人们认为，这种完全不同于章回体的表达形式更适合表现当时层出不穷的新事物和新思想。1917年，胡适在《新青年》上发表了《文学改良刍议》，提出了文学改良的八项主张，其中就有不避俗字俗语、倡导使用白话文的内容。1918年，在《建设的文学革命论》中，胡适更提出："我们所提倡的文学革命，只是要替中国创造一种国语的文学。有了国语的文学，方才可有文学的国语。有了文学的国语，我们的国语才可算得真正国语。"胡适认为，实践这一主张的重要举措之一便是要翻译西洋文学名著。从语言的表现形式上来看，现代汉语的很多规范是由欧化的书面语和本土的口语融汇在一起而形成的，而对外国作品的翻译则是促成这种融汇最直接的途径。新文化运动的先驱者胡适、鲁迅、周作人等都在这方面作出了重要贡献。他们用白话文翻译了大量的外国文学作品，同时也身体力行地以白话文进行创作，在不断的实践中，逐渐形成了较为成熟的白话文表达形式，促进了现代白话文语体的诞生。他们的作品从最初的生涩、凝滞到后来的通透、畅达，清楚地显示出中国现代汉语的发展轨迹。相对于文言文而言，白话文由于更接近原来的口语而明白晓畅，更易在普通民众中普及推广，这不仅有利于普及现代科学文化知识，更有利于形成统一民族的认同感。五四以来，大量外国文学作品的翻译活动直接推动了白话文走向成熟，也促成了汉语的现代化转型。当代汉语的语法和词汇由于受到外来语的长期影响也在悄悄地发生改变，人们对语法结构繁复的欧化长句已习以为常。“是时候大力推广健康环保的生活方式”与“已经到了大力推广健康环保的生活方式的时候了”这两种句式都被人们广泛使用，而时尚人士更喜爱用前一种。在词汇方面，秀(show)、酷(cool)等外来语也时常出现在我们的日常表达习惯中，成为生活语言的一部分。

在外国作品的影响下，中国文学从创作理念到主题内容、再到表现形式也都有了更大的突破。中国的传统文学观念强调“文以载道”，要表现符合封建道德规范的教化礼规，而外国文学作品，尤其是西方文学作品，则更强调符合人性的人道主义和个性主义。鲁迅、郭沫若、冰心、沈从文等五四以来的现代作家从外国文学译作中汲取了更多的人性力量，创作出大量直接表现“人”的作品。具有反叛精神、张扬个性的浪漫主义和反映现实生活、表现人道精神的写实主义也成为具有影响力的文艺思潮，进而对五四以降中国现代文学的发展形成了深远的影响。新中国成立后，中国当代文学的发展轨迹中显现出更多的苏联印记，俄苏文学被大量译介到中国，中国当代文学创作中也充满了与时代精神氛围相契合的无产阶级革命主题，社会主义现实主义成为主导性的文学思潮，不仅主宰了当时的所有文艺形式，也反映出人们在特殊年代的世界观和价值观。20 世纪 80 年代的改革开放带来了欧美现代主义文学在中国的译介高潮，这些发端于半个世纪之前的外来文艺思潮引出了当代中国的先锋文学。现代主义文学对人类内部精神世界的探索、对创作风格和手法的求新求变，超出传统的文学观念，对中国文学的创作理念形成了又一次冲击。当现代主义的身影还未淡出人们视野的时候，大量的理论译作又把后现代主义引入我们的视野，而其影响也不再只限于文学或艺术的某个领域。时至今日，翻译作为一种跨文化交际的媒介和手段，已在我们的文化中扮演着越来越重要的角色。

可以说，翻译的过程同样也是用本民族语言对异质文化的一个重新阐释过程。19 世纪末，林纾作为一个完全不懂外语的译者对于异质文化作出了创造性的阐释。他把合作者对原著的口译转化成了书面文字呈现给读者。在转化的过程中，他根据自己对原著的理解删繁就简，甚至根据中国传统的伦常道德观念对内容加以改动。如果单纯从语言的角度去看待这样的译作，林纾可能是个不合格的译者。而实际上，经过中国思想阐释后的译作反而更易于为中国读者接受。有的翻译理论家称林纾这种独特的翻译形式为“创造性叛逆”，因为从文化的角度看，林纾的译介活动成功地创造了以本土话语阐释异质文化的新模式。

由于出现了大量的译介作品，中国的五四新文化运动有了反传统的新资源——来自异质文化的现代思想体系，这一“他山之石”作为现代中国思想的启蒙要素，推进了中国文化的现代化进程。五四时期译介到中国的外国文学作品不仅促成了现代汉语和现代中国文学的形成，同时也承担了现代中国思想启蒙的文化重任。五四时期的翻译主要致力于介绍国外的作家和先进的思想文化，每一次翻译热潮都会带动一次新的思想热潮，如“易卜生热”、“泰戈尔热”与“拜伦热”等。《新青年》刊出的“易卜生号”曾引发一轮“易卜生热”，从单纯的知识界到整个社会都有所反应，在个性解放的时代大主题下，女性解放一时间尤为引人关注。要求独立自由、敢于抗争的娜拉成为时代新女性的代言人。鲁迅不仅借《伤逝》女主人公子君喊出了中国“娜拉”们的心声——“我是我自己的，他们谁也没有干涉我的权利”，更以“娜拉走后怎样”的追问引发了关于女性解放这一问题更深层次的社会思索。由此可见，由于语言对文化有天然的承载能力，对国外各种作品的译介，也不仅仅是单纯的语言转换，更是一种对异质思想文化的传递过程，其带来的结果是本土接受语境的整体改观。因而，有学者认为，现代中国对国外作品的大规模译介活动对于中国文化的发展而言有着举足轻重的意义，它直接推动了中国文化的现代性转型。

当代世界文化格局越来越呈现出多元化的趋势，不同文明与文化之间的交往也越来越频繁。美国学者塞缪尔·亨廷顿在《文明的冲突与世界秩序的重建》中提出，“在后冷战的世界中，人民之间最重要的区别不是意识形态的、政治的或经济的，而是文化的区别。人民和民族正试图回答人类可能面对的最基本的问题：我们是谁？……人们用祖先、宗教、语言、历史、价值、习俗和体制来界定自己。他们认同于部落、种族集团、宗教社团、民族以及在最广泛的层面上认同文明”。而“在这个新的世界里，最普遍的、最重要的和危险的冲突不是社会阶级之间、富人和穷人之间，或其他以经济来划分的集团之间的冲突，而是属于不同文化实体的人民之间的冲突”。事实表明，亨廷顿的看法不无道理。在这样的时代背景下，跨文化交流显得尤为重要。从最基本的层面上看，两种具有差异性的文明或文化之间建立关联的首要途径即是语言的交流与沟通，在此基础上才能加深彼此的了解，进而实现更高层面的文明或文化对话。由于语言具有特定的民族性，代表着特定的思维范式，对异质语言的接受和转化过程不仅是开拓眼界、了解外部世界的过程，同时也是在差异性文明或文化的比照下建立自我认同、重新认识自己的过程。

俳句一束

［日］松尾芭蕉

春雨霏霏芳草径
飞蓬正茂盛。

古池塘呀，
青蛙跳入水声响。

树下肉丝、菜汤上，
飘落樱花瓣。

犀川
月明如昼，
门前涌入潮头。

深川冬夜有感
舟橹打浪声，
冰凝愁肠寒夜泪。

开炉时，
瓦匠渐老鬓霜白。

课文导读：

松尾芭蕉，日本17世纪最著名的俳句诗人。俳句是日本古代的一种短诗体，一般由三句17个音节构成，首句5音节，次句7音节，末句5音节，又称十七音诗。俳句在内容上要求使用季语，即用来表示春、夏、秋、冬季节及新年等的词语，它们可以是表示特定的节气特征如雨、雪等词，也可以是一些动植物名称如荷、蛙等词，或一些特定的风俗用语。季语是俳句中非常重要的要素，它往往和一首俳句的主题有直接关联。俳句在日本中世纪后期兴盛起来，出现了众多的流派，由于内容贴近生活、形式短小而受到广大民众的喜爱。松尾芭蕉的俳句惯于引入常用的俗语，以极其简洁的形式表达出瞬时的感受或某个日常生活场景。他的作品常取材于大自然，赞颂自然之美和独处的快意，反映出避世的情绪。与之前的俳谐作品相比，松尾芭蕉的俳句中少了些诙谐的意味，而多了些感时伤世的严肃性，更将禅的意境灌输到自己的作品中，增加了审美意蕴。

第一首是春天的景象。第二首是夏天的风情，以青蛙跳水声反衬古池塘周围的寂静，这一首历来都最为人称道。第三首表现了日本人的樱花情节。樱花花期很短，只有两周左右，从南方向北方渐次开放。在现代，每当樱花盛开季节，电视台都会报道目前何处樱花满开了，这叫做“樱花前线”。在樱花满开的时候，很多家庭都会来到樱花树下赏花、饮酒，尽享美好时光。第四首描述犀川(即今日著名的隅田川)河畔月明潮涌的景象。第五首既是冬景，又是生活落魄者的愁绪。第六首寥寥几语即刻画了一个辛劳一辈子的瓦匠形象。

俳句本来是日本人学习中国古诗的艺术手法并结合日语语音特点创造的短诗形式，后来这种575的结构又被中国诗人所喜爱，又创造出“汉俳”的样式。中日文化交流的广泛性由此可见一斑。但是中国翻译者在翻译俳句时，在音节的处理上尚有高下之别。同样是第二首，译作的版本很多，有不少是保留575音节特点，而又有中国古诗韵味的。

上述六首诗选自《日本古典俳句选》，林林译，人民文学出版社2005年版。

附：不同版本的译作：

（一）

闲寂古池旁
青蛙跃进池中央
水声扑通响

（二）

幽幽古水潭
却闻青蛙跳水声

（三）

古池冷落一片寂
忽闻青蛙跳水声

思考与练习：

1. 试在每首俳句中找出“季语”，并分析该季语在诗中的作用。
2. 比较下面两种译文的优劣，并说明理由：

（1）原文：Songs were sung, and all passed off with great harmony and sprit.

译文：会上唱了歌，一切在十分融洽和兴高采烈的气氛中进行。

宴会上歌声盈耳，情绪融洽，气氛活跃。

（2）原文：豆腐花

译文：bean flower;

jellied bean curd

（3）原文：麻婆豆腐

译文：Mapotofu;

stin-fried tofu in hot sauce;

beancurd made by a pockmarked Woman

3. 19 世纪的日本俳句诗人正冈子规曾说：“俳句、和歌、汉诗形式虽异，志趣却相同，其中俳句与汉诗相似之处尤多，盖因俳句得力于汉诗之故。”上海市作家协会原主席罗洛也擅长汉俳，他有一首《春意》：“细雨入幽林　绿荫深处黄鹂鸣　春意满云屏。”你也试作一首汉俳吧。

战争与和平（节选）

［俄］列夫·托尔斯泰

尼古拉发现离家很远，就接受大叔的邀请，让猎队留在米海洛夫卡村大叔家过夜。

“你们要是到我家去，干得漂亮！”大叔说，“那就再好也没有了；再说天气潮湿，先去歇一会儿，然后让伯爵小姐坐马车回去。”大叔的建议被接受了，派了一名猎人到奥特拉德诺去要马车；尼古拉、娜塔莎和彼嘉就到大叔家去。

大大小小五个男仆跑到前门台阶上来迎接少爷。几十个女仆，老老少少，从后面台阶上探头探脑张望猎人们。娜塔莎——一个女人、一位贵族小姐——骑马来到，引起大叔的家奴们极大的惊奇，许多人肆无忌惮地走到她面前，盯住她的眼睛，当面对她品头论足，仿佛她不是个人，而是样怪物，根本听不懂他们对她的品评。

“阿林卡，你看，她侧着身子骑在马上，她骑在马上，裙子飘来飘去……你看，她那只小号角！”

“老天爷，她还有刀呢！……”

“瞧，她准是个鞑靼[①]女人！”

“你怎么不会栽下来啊？”一个最大胆的女仆直率地问娜塔莎。

大叔在草木茂盛的小木屋前下了马，环顾了一下家人们，威严地喝令闲人走开，去准备接待打猎的客人。

仆人都散开了。大叔扶娜塔莎下马，搀着她走上摇摇晃晃的木板台阶。房子没有粉刷过，墙用圆木叠成，不太干净，看得出主人并不太要求整洁，但也不是杂乱无章。过道屋里散发出新鲜苹果的香味，墙上挂着狼皮和狐狸皮。

大叔请客人穿过前室，走进摆着一张折叠桌子和几把红椅子的小厅，然后进入摆着一张桦木圆桌和沙发的客厅，然后走进起居室，那里有一张破沙发，铺着旧地毯，挂着苏沃洛夫画像、主人父母的画像和主人自己穿军服的画像。起居室里闻得到浓烈的烟草味和狗腥气。

大叔请客人们在起居室里随便落座，自己走了出去。鲁加伊背上的泥还没擦去，走进起居室，躺到沙发上，用舌头和牙齿清理自己的身子。起居室通走廊，走廊里摆着一座帘子破裂的旧屏风。屏风后面有女人的笑声和低语声。娜塔莎、尼古拉和彼嘉脱了外套，坐到沙发上。彼嘉把头靠在臂肘上，立刻睡着了；娜塔莎和尼古拉坐着不做声。他们的脸发热，肚子很饿，可情绪很好。他们相互对视了一下(既然打猎已结束，到了屋子里，尼古拉觉得无须在妹妹面前摆男子汉的威风)；娜塔莎向哥哥眨了眨眼，兄妹两人都忍不住哈哈大笑，虽然还没想出发笑的原因。

过了一会儿，大叔身穿背后打褶的立领短褂和蓝裤，脚登小皮靴，走进来。娜塔莎在奥特拉德诺看见大叔这身打扮感到很奇怪很可笑，现在却觉得挺合适，一点也不比穿大礼服和燕尾服差。大叔也很高兴；他一点也不因兄妹俩的发笑而生气(他根本没想到他们是在笑他的生活方式)，而且也跟他们一起无缘无故地笑起来。

“哦，年纪这样轻的伯爵小姐……干得漂亮……我还从来没见过！”他说，把一支长杆烟管递给尼古拉，自己熟练地用三个手指夹住一根截短的烟管。

“骑了整整一天马，像男人一样，满不在乎！”

大叔进来后不久门又开了，从声音判断，是个赤脚女孩开的。随后进来一个四十岁上下的胖女人。她脸色红润，姿色不错，双层下巴，嘴唇丰满鲜红，双手端着一个大托盘。她的眼神和一举一动都显得殷勤好客和彬彬有礼，脸上带着甜甜的笑容，恭恭敬敬地向客人鞠躬。尽管这位女管家胖得挺胸凸肚，头高高昂起，走起路来却很轻快。她走到餐桌前，放下托盘，用她那双又白又胖的手把酒瓶、小菜和点心一样样摆在桌上。她做完这些事，走开去，笑眯眯站在门口。“我就是这里的管家！现在你该了解大叔了吧？”她的神态仿佛这样对尼古拉说。怎么会不了解呢？不仅尼古拉了解，就连娜塔莎也了解，为什么当管家阿尼西雅进来的时候，大叔皱起眉头，略略噘起嘴唇，露出心满意足的微笑。托盘端来的东西有草药酒、果子酒、腌蘑菇、乳清黑麦饼、蜂房蜜、蜜酒、苹果、生核桃、炒核桃和蜜核桃。然后阿尼西雅送来蜜饯和糖渍果子、火腿和刚刚油炸好的子鸡。

这一切都是阿尼西雅精心收集和制作的。一切都散发着香气，具有阿尼西雅的特殊风味。一切都显得新鲜、清洁、白净，洋溢着愉快的微笑。

“您尝尝这个，伯爵小姐。”阿尼西雅说，给娜塔莎递这递那。娜塔莎吃着每一样东西，觉得这样的乳清饼，这样的果酱，这样的蜜核桃，这样的炸子鸡，她这辈子从没吃过，也没见过。阿尼西雅出去了。尼古拉同大叔喝着樱桃酒，谈着过去和今后的猎事，谈着鲁加伊和伊拉金的猎狗。娜塔莎睁着亮晶晶的眼睛，挺直身子坐在沙发上听他们谈话。她几次想弄醒彼嘉，叫他吃点东西，但彼嘉嘴里喃喃做声，没有醒来。娜塔莎在这新鲜的环境里感到十分快活，唯恐马车太早来接她回家。在谈话偶尔中断时，大叔也像一般初次在家里接待客人的人那样，对客人们的无声问题回答说：

“是啊，我们就是这样过完一生……人一死，就一了百了，何必作孽呢！”

大叔说这话时神态庄重，简直可以说很美。尼古拉不由得想起父亲和邻居讲过大叔的种种好话。大叔是个全区闻名的品德高尚、大公无私的怪人。人家请他调解家庭纠纷，担任遗嘱执行人，信任地告诉他种种秘密，选他担任法官和其他官职，但他总是坚决拒绝公职，春秋两季骑着他那匹栗色骟马在野外奔驰，冬天坐在家里，夏天则在他那草木茂盛的花园里歇息。

“大叔，您为什么不去做官？”

“做过，后来不干了。我不行，干得漂亮，——干那一行我一窍不通。那是你们干的事，我的脑筋不行。至于打猎嘛，那可是另一回事了，干得漂亮！喂，把门打开！”大叔叫道。“干吗关上门！”门在走廊底，通向狩猎室，也就是猎人的住房。这时响起一双光脚板匆匆走路的啪哒声，接着一只看不见的手打开狩猎室的门。走廊里传来巴拉来卡的声音，听得出是一个老手在弹。娜塔莎早就听到琴声，此刻她走到走廊里，想听得清楚些。

“这是我的车夫米吉卡在弹琴……我给他买了一把很好的巴拉来卡，我喜欢听。”大叔说。大叔规定，他每次打猎回来，米吉卡都要在狩猎室里弹巴拉来卡。大叔爱听这种音乐。

“好听！真的，很好听！”尼古拉略带轻蔑的口气说，仿佛不好意思承认他很喜欢这音乐。

“什么好听？”娜塔莎发觉哥哥说话的语气，责备地说，“不是好听，简直是妙极了！”她觉得大叔的蘑菇、蜂蜜和果子酒是天下最好吃的东西，现在她又觉得这歌声是人间最美妙的音乐。

“再来一个，请再来一个！”巴拉来卡琴声一停，娜塔莎就对着门叫道。米吉卡调了调琴弦，弹起芭勒娘舞曲，时而弹出一连串滑音，时而突然刹住。大叔侧着头，略带笑容，坐着听。那旋律重复了百把次。琴手调了几次弦，旋律不断响起，听众怎么也听不厌，总想一遍一遍地听下去。阿尼西雅走进来，把她那胖大的身子靠在门框上。

“您请听，伯爵小姐。”阿尼西雅含笑对娜塔莎说，她笑起来极像大叔。“他是我们这里的好琴手。”阿尼西雅说。

“喂，这一段弹得不对，”大叔突然做了个有力的手势说。“这里是一连串颤音——干得漂亮，——一连串颤音。”

“您也会弹吗？”娜塔莎问。大叔没有回答，只微微一笑。

“阿尼西雅，你瞧瞧，吉他的弦好吗？好久没碰了，干得漂亮！

丢了。”

阿尼西雅立刻迈着轻快的步子去执行主人的吩咐，把吉他拿来。

大叔对谁也没看一眼，吹去琴上的灰尘，用瘦骨嶙峋的手指敲了敲琴面，调了调琴弦，在扶手椅上坐坐好。他拉开左肘，握住琴颈稍高的地方，摆出表演的姿势，向阿尼西雅挤挤眼，不弹芭勒娘舞曲，而弹出一个清脆响亮的和音，接着就用极慢的节奏镇定而果断地弹起名曲《大街上》来。这支曲子的旋律，伴着阿尼西雅全身焕发出来的庄重的欢乐，在尼古拉和娜塔莎心坎里荡漾开来。阿尼西雅脸都红了，用头巾遮着脸，笑着走出去。大叔继续干净利落、热烈有力地弹着琴，同时多情地望着阿尼西雅刚才站着的地方。从他单边的灰白胡子下露出一丝笑意，特别当曲子弹得越来越急促，越来越热烈，有时戛然中止的时候，他笑得更欢了。

“太妙啦，太妙啦，大叔！再来一个，再来一个！”大叔一弹完，娜塔莎就叫起来。她跳起来，搂住大叔，吻了吻他。“尼古拉，尼古拉！”她一边喊，一边回头望望哥哥，仿佛在问：“这究竟是怎么一回事？”

尼古拉也很喜欢听大叔弹琴。大叔把这支曲子又弹了一遍。阿尼西雅笑盈盈的脸又出现在门口，她后面还有几个人的脸。

喂，姑娘，别着急，
打冰凉的泉水一起去！

大叔弹到这里，手指灵活地压住琴弦，让曲子戛然中止，耸了耸肩膀。

“啊，啊，好人儿，大叔！”娜塔莎恳求道，仿佛她的生命全在于此。大叔站起来，仿佛他身上有两个人：一个一本正经地笑着那个快乐的人，而那个快乐的人则天真而认真地准备起舞。

“喂，侄女儿！”大叔右手中止和音，然后向娜塔莎挥了挥。

娜塔莎拉下身上的披巾。跑到大叔面前，双手叉腰，耸耸肩站住。

这位由法籍家庭女教师培养出来的伯爵小姐，是在何时何地吸收了法国披巾舞所缺乏的俄国风味和俄国气派的？而这正是大叔期待于娜塔莎的那种学不来教不会的俄罗斯风味和气派。娜塔莎刚一站稳，就得意洋洋，自命不凡，调皮而快乐地微微一笑。这时尼古拉和所有在场的人最初担心她跳得不好的忧虑顿时消失殆尽，大家都兴致勃勃地欣赏着她。

娜塔莎跳舞的动作非常准确，丝毫不差，逗得阿尼西雅边递给她一条跳舞用的手巾，边笑得流出眼泪。她一直望着这位苗条、文雅、穿着绸缎丝绒衣裳、颇有教养的伯爵小姐，觉得她完全成了另一个人，钦佩她竟能领会她阿尼西雅、她的父母和姑妈，以及凡是俄国人身上所具有的俄罗斯风味。

"哦，伯爵小姐，干得漂亮！"大叔跳完舞，快乐地笑着说。"哦，我的好侄女！一定得给你找个好丈夫，干得漂亮！"

"已经找到了。"尼古拉笑着说。

"噢？"大叔用疑问的眼光瞧着娜塔莎，惊奇地说。娜塔莎得意洋洋地含笑点点头。

"还是个好样的！"娜塔莎说。但她刚说了这话，心里就又浮起一串新的思想和情绪。"尼古拉说：'已经找到了。'他的笑容是什么意思？他对这件事高兴还是不高兴？他似乎认为我的安德烈不赞成我们这样做，安德烈不会理解我们的欢乐。不，他什么都能理解。眼下他在哪里？"娜塔莎想，她的脸顿时变得严肃了。但这只持续了一秒钟。"别想，别去想他。"娜塔莎自言自语，笑眯眯地又坐到大叔旁边，要求他再弹一支曲子。

大叔又弹了一支歌曲和一支华尔兹舞曲；然后停了停，清了清喉咙，唱起他心爱的猎歌来：

黄昏落新雪，
洁白惹人爱……

大叔唱歌像老百姓一样，天真地认为一支歌的意义全在于词，有了词就有曲，离开词的曲是没有的，曲子只是为了表达音节。因此，大叔的曲子就像鸟儿唱歌一样，非常自然动听。娜塔莎听大叔唱歌听得入迷。她决定不再学竖琴，而只弹吉他。她向大叔要了吉他，立刻就摸到这支歌的和弦。

九点多钟，一辆敞篷马车、一辆轻便马车和三个骑马的仆人来接娜塔莎和彼嘉。来人说，伯爵和伯爵夫人不知他们在哪里，非常焦急。

彼嘉睡得像死人一样被抬到敞篷马车里；娜塔莎和尼古拉坐上轻便马车。大叔把娜塔莎裹得严严实实，格外亲切地同她话别。他徒步送他们到桥边。桥上难以通行，得涉过浅滩绕过去，他就吩咐猎人们打着马灯领路。

“再见了，亲爱的侄女！”大叔叫道，声音已不是娜塔莎原来熟识的声音，而是唱《黄昏落新雪》的声音。

他们经过的村庄亮起点点灯火，散发出好闻的烟味。

“大叔这人真有意思！”当他们来到大路上时，娜塔莎说。

“可不是！”尼古拉说。“你不冷吗？”

“不，我很好，很好。我真高兴！”娜塔莎简直有点困惑地说。他们沉默了很久。

夜又黑又潮。马匹看不见，只听得它们在泥地里啪哒啪哒地跑着。

这颗天真善感的心，如饥似渴地捕捉和吸收着生活中的各种印象，此刻有什么感受呢？她心里装得下这么多印象吗？不过她很幸福。快到家的时候，她突然哼起来：“黄昏落新雪。”她一路上捕捉着的旋律终于捕捉到了。

“捕捉到了？”尼古拉问。

“尼古拉，你在想什么？”娜塔莎问。他们喜欢这样相互询问。

“我吗？”尼古拉回想着说。“告诉你，我刚才想，鲁加伊那条红毛狗很像大叔，如果它是人的话，它准会把大叔留在身边，即使不是为了他的骑马本领,也会因他的好脾气把他留下。大叔这人真好!你说是吗?那么你在想什么?"

"我吗?等一下,等一下。对了,我起初想,我们是在乘马车回家,其实天这么黑,谁知道我们在往哪儿跑,也许我们会突然发现我们不是跑到奥特拉德诺,而是到了一个仙境。后来我想……不,就是这些了。"

"我知道你准是在想他。"尼古拉笑着说,娜塔莎从声音上听出他在笑。

"没有!"娜塔莎回答,其实她真的在想安德烈公爵,想他一定会喜欢大叔的。"我还在想,一路上都在想:阿尼西雅做得真好,真漂亮……"娜塔莎说。接着尼古拉听见她那清脆的无缘无故的幸福笑声。

"说实在的,"娜塔莎突然说,"我知道,我再也不会像现在这样幸福这样平静了。"

"尽是想入非非,胡说八道!"尼古拉说,心里却在想:"我的娜塔莎真是可爱!我再没有像她这样好的朋友了,今后也不会有。她为什么要出嫁?我真希望一直同她一起坐车游玩呢!"

"啊,尼古拉这人真可爱!"娜塔莎想。

"哦,客厅里还亮着灯呢!"娜塔莎说,指着黑暗潮湿、像天鹅绒一般的夜色中家里灯火通明的窗子。

注释:

① 鞑靼(dádá):古时候汉族对北方游牧民族的统称,明代时指东蒙古人。

课文导读:

列夫·托尔斯泰,俄国19世纪到20世纪杰出的小说家。《战争与和平》创作于 1863 至 1869 年间,以 1805 年到 1820 年发生的历史事件为背景,以 1812 年俄法战争为中心,通过主要人物安德烈·保尔康斯基、皮埃尔·别祖霍夫以及娜塔莎·罗斯托娃的人生经历展现了当时波澜壮阔的社会生活图景,被誉为史诗性的小说。作品探讨了个人命运与民族命运及历史进程之间的关联,肯定了俄国人民及青年一代身上体现出来的爱国主义和英雄主义精神。

小说主角娜塔莎出身于贵族之家,良好的家庭氛围使她形成了开朗乐观的性格,她的青春活力使一度处于消沉中的安德烈重新鼓起勇气走入生活,而她也仅凭一时的好感与安德烈缔结了婚约。本篇课文节选自小说第二卷第四部的第七节。课文中所展现的是娜塔莎与安德烈订婚后的生活片段。她和哥哥尼古拉、弟弟彼嘉在初寒时节外出狩猎,傍晚时分,兄妹三人一起来到远房表叔——大叔的家中歇息。

在课文所选的这一部分,作者运用个性化极强的语言和生动细腻的细节描写塑造人物性格,给读者留下深刻的印象。对娜塔莎,作者先是用大叔家中仆人们的议论来侧面描写这个贵族小姐的"出格"举动,接着又用大叔的夸奖表明了对娜塔莎的赞美之情,最后在高潮部分直接描写了娜塔莎对俄罗斯民族乐曲的喜好,对"俄罗斯风味"的领会与热爱。通过几个不同角度的烘托,娜塔莎的性格轮廓就明晰、鲜活起来。大叔爱说口头禅"干的漂亮",作者几次重复这句话,充分展示出这个人物热情活泼、性格干脆的特点。在第二段里,作者翻译大叔的语言时把作者的叙述"大叔说"插入其中,这体现出与汉语不同的句法特点。而后面翻译大叔的语言时则用了汉语成语的"一了百了",使得中国读者能够更好地理解人物的思想。翻译中,何时应该保留外语特点,何时应该采用汉化形式是很有讲究的,也是很难把握的。总的原则是,形式服从内容,一切为读者着想。课文中的大叔和管家阿尼西雅是恋人关系,虽然作者并没有直接揭示这层关系,但是却通过大叔看她的时候心满意足的微笑和弹琴时的细微表情暗示出来。

本文选自《托尔斯泰小说全集》，草婴译，上海文艺出版社 2004 年版。

思考与练习：

1. 分析娜塔莎的性格特点。
2. 分析“俄罗斯风味”的特点。
3. 分析下列译文的优劣。
   (1) 原文：狗不理(天津著名小吃品牌)
       译文：go believe
   (2) 原文：狮子头(中华名菜)
       译文：lion head
   (3) 原文：(中国)龙
       译文：dragon
   (4) 原文：white house
       译文：白宫
   (5) 原文：Out, out, brief candle! life's but a walking shadow.
       译文：熄了吧，熄了吧，短蜡烛！人生无非是个走影。
4. 改写下列告示中的英语译文。
   (1) 平时禁止入内。No entry on peace time.
   (2) 民族园　Racist Park
   (3) 注意路滑。To take notice of safe; The slippery are very crafty.

我们生活的世界还生活着其他许多人

[美] 亨德里克·威廉·房龙

这话听起来似乎并不可信，但毕竟是真实的。如果我们这个世界上的每一个人高 6 英尺，宽 1.5 英尺，厚 1 英尺（这将会使人们的个头比通常看起来要大），那么全人类（根据最近的可靠统计，现在，最初的人祖及其妻子的后裔近乎 20 亿）能够被装到半英里见方的盒子里。这正如我所说，听起来似乎不可思议，如果你不相信我，可以动手算一算，那么你将会发现我所说的是正确的。

如果我们将这个盒子运至亚利桑那州的大峡谷，并将它平放在一列低矮的石头墙上，然后唤来小路德——一只猎獾狗，并告诉它（这只小兽异常聪明且乐于助人）用软绵绵的棕色鼻子轻推一下这个笨重的盒子，然后便是好长一段时间的碰撞和撕扯，就好像厚木板在下滑过程中松动岩石、灌木奔向未知的天堂。

处于远方或附近行星上的天文学家将不会注意到我们这颗行星上任何非同一般的东西。

一个世纪以后，一座密密麻麻地生长着植物的小山也许会指示出人类被埋葬的所在。

而这将是一切。

我可以想见，我的一些读者将会很不喜欢这个故事，当他们看到自己骄傲的种族被贬低至如此微不足道的境地时会倍感不适。

但是，看这个问题有着不同的角度——这个角度将我们少得可怜的人类以及无助的微不足道的躯体视为一种可以为之深感自豪的东西。

然而，我们实际上只不过是一小撮脆弱而没有什么防范能力的哺乳动物。人类自从诞生的第一天黎明开始，便被大群大群的生物团团包围，相比于我们而言，它们为生存竞争所作的准备更为充分。其中，某些身躯长达100英尺，和火车头一样沉重，而其他一些长着和锯齿一样锋利的牙齿。许多种类披着中世纪骑士的盔甲从事日常"战争"，另一些种类为人眼所不能看见，但它们以可怕的速率繁殖，以至于如果不是因为某些敌人能以几乎相当于这些生物出生的速率来消灭它们，那么它们将会在不到一年的时间之内统治整个地球。而人类只能够在最为适宜的环境之中生存，所以不得不在位于高山和深海之间的几小块旱地上寻找居所，我们的同胞没有野心去考虑高大的山峰或海洋深处。但从表面上看，他们似乎是由不论什么自然环境都能够存活下来的材料所构成的。

当我们从著名权威那里得知某些种类的昆虫能够在石油（我们很难将这种物质想象成我们的日常菜单的一部分）上欢快地游戏，而另一些昆虫能够在几分钟之内便将我们全部杀死的温度剧变中存活下来。当我们发现那些让我们生厌和沮丧的棕色甲虫——它们似乎很喜欢文字，因此它们总是在书橱里跑来跑去——即使少了两条、三条或四条腿，仍能一如既往地奔走，而我们自己，只要一根脚指头被大头针扎一下，我们就无法行走。因此，我们有时会意识到，自从我们出现于这块旋转不止的岩石[①]——它迷失于宇宙中一处黑暗的远郊——以来，我们为了延续血脉，要面对何种竞争对手呢？

对于和我们同时代的厚皮动物来说，我们曾经一定是一个令人大笑不止的玩笑——它们站在一边，看着这种略带粉红色的被嘲弄者最初笨拙地用后腿而不借助于便利的树干或拐杖努力行走。

但是近乎两亿平方英里的陆地和水域（不包括高不可测的广阔天空）的那些自豪而孤芳自赏的主人们又怎样了呢？它们曾高高在上，借助基于残忍的暴力或狡诈的阴谋的显赫的统治权主宰世界。

它们之中的绝大部分已经从我们的视线中消失了，只有在自然历史博物馆中，我们友善地给予它们一小块落脚地，并将其标志为“陈列品A”或“陈列品B”。至于其他的，为了存活下来，被迫步入家政服务。今天，为了维持生计，它们为我们提供皮毛、蛋、奶以及肉，或者为我们拉拖对于我们怠惰的身体而言显得过于沉重的东西。更多的则潜入荒郊野外。在那里，我们允许它们啃食树叶、牧草并维持其种族，因为我们还不认为将它们从那里赶走，并将其领土据为己有会有什么意义。

简而言之，在短短2 000个世纪(与永恒相比，只不过是一秒钟而已)之中，人类便使自己成为每一块陆地上无可争议的统治者，而且在目前，人类还有望将天空和海洋并入自己的版图之中。所有这一切，正如会使你高兴的，是由几亿生物完成的，而他们，除了非凡的理性天资，相比于其众多敌人而言，没有任何优势。

在这里，我甚至在夸大其词，因为更高级的理性天资和独立思考的能力被局限于一小撮男人和女人。他们因此成为领导他人的统治者。而其他的，无论对现实如何憎恨，都只能跟在后头。其结果是造成了一种奇怪而又踌躇的进程，因为不管人们有多努力，总会有上万人争当一个真正的拓荒者。

前行之路将会把我们带至何处，我们并不知晓。但是根据在过去4 000年之中所取得的成绩来看，我们可能取得的成功将是无穷无尽的，除非我们因为奇怪的与生俱来的残忍——它使得我们极其残忍地对待我们的同类，我们还从没敢将此种行径施加在一头牛、一条狗甚至一棵树上——而暂时偏离了正常的发展道路。

地球以及其中的财富已经依照人类的权力而被瓜分。在那些尚未依照人类的权力处置的地方，人类则借助其优越的大脑的活动以及远见卓识和猎枪的力量为自己夺取财产。

我们的家是一处乐园。它为我们所有人生长出足够的食物。它拥有丰富的采石场、泥土以及森林，这些为我们所有人提供了足够的避难所。我们的草原上那些吃苦耐劳的绵羊、开着无数蓝色花朵的波浪起伏的亚麻田，还有中国桑树上那些勤奋工作的小蚕——它们都为帮助我们遮蔽身体以抵抗严寒酷暑作出了贡献。我们的家真是一个天堂。它为我们奉献了大量的礼物，以至于每个人，男人、女人和孩子都有自己的一份，而且还有一点剩余留给未来的可以想见的日子。

但是自然有自己的法则。它们是公正的，同时它们又是很残忍的，那里并不存在可以上诉的法庭。

自然赐福于我们，而且将会毫不吝啬地给予，但是作为回报，她要求我们研究其感受并且服从她的命令。在一块只能放牧 50 头牛的牧场上放牧 100 头牛就意味着一场灾难——每一个农民对于这句格言都十分熟悉。100 万人聚集在只能容纳 10 万人的场所就会导致拥挤不堪、贫困及不必要的折磨，这一事实似乎被引导我们命运的人忽视了。

然而，这并非我们众多错误之中的最严重者。我们还有其他的举措会激怒我们的养母。人是仅有的仇恨同类的生命组织。狗不咬狗——虎不食虎——即使是令人讨厌的鬣狗，也与同类和平共处。但是，人恨人，人杀人，而且在如今的世界，每个国家的首要任务是使自己为某个邻居将来可能发动的杀戮作好防范。

对于"创造大法则"②——它主张同类成员之间应该和平友爱——第一章的公然违背将我们带到了某种境地，在那里人类不久也许会面临着完全灭绝的可能。因为我们的敌人时刻都在保持警惕。如果人类（这个过于讨人喜欢的名字是由一个犬儒主义科学家赐予我们的，以表示我们的聪明才智凌驾于动物世界的其他所有成员之上）——如果人类不能够或不乐意声称自己是其土地的主人，那么还有数以千计的候选者对这个工作翘首期盼。有时候，一个被猫、狗、大象或某些结构更高级的昆虫（它们如何把握自己的机遇）所统治的世界相比于充斥着战舰和攻城大炮的行星似乎拥有更多的优点。

什么是答案？摆脱这种丑恶而令人羞愧的事态的出路又在哪里？

这本小书希望以一种谦逊的方式指出一条且是惟一的一条走出悲惨不幸的死胡同的道路——我们曾因为因循我们的祖先的愚昧而步入了那里。

这将会花费时间，将会花去数百年的时间进行缓慢而痛苦的教育才能找到真正的解救之路。但是这条路将通向这一意识，即我们所有同胞都生活在一颗且是同一颗行星上。一旦我们抓住了这一条绝对真理，一旦我们认识并理解这一事实，即无论好坏，它都是我们共同的家园——我们尚不知道另一个去处，我们永远都无法从我们碰巧降生的宇宙之中的某个地点搬迁出去；如果我们发现自己处于开往不明目的地的一列火车或一条船上，它便会敦促我们按自己的意愿行事——我们首先应该走的最重要的一步是解决我们面临的困难的可怕的根源问题。

我们所有人都生活在同一颗行星之上，其他每个人的幸福和灾难也是我们自己的幸福和灾难。

将我称为做梦者，将我称为傻瓜——将我称为幻想家，叫警察或者救护车将我送到一个我不再能宣扬此类不受欢迎的异端邪说的地方吧。但是记住我的话，并且在人类被要求包起它的小玩具，将其幸福之匙交给一个更称职的继承者的那一天想想它吧！

继续生存下去的惟一希望有赖于这样一句话：我们所有人都生活于同一颗行星上，我们所有人共同为我们碰巧生活的世界的安宁承担责任。

注释：

① 指地球。

② 指大自然的首要法则。

课文导读：

亨德里克·威廉·房龙，荷兰裔美国历史学家、现代作家。房龙对于世界地理的解读是把人作为重点，探究人的生存命运，试图找到人类幸福的道路。作者看似以地理分布顺序为叙述逻辑，实则是向读者展示了一种探讨问题的思考路径，把参与历史进程的人类及其各项活动作为主要关注对象。作为历史学家，作者依照地理位置的不同描述了地球上各个大陆和国家的发展历史，分析了不同种族群体的个性特点，认为每个民族国家的特性与其所生活的特殊地理环境密不可分、相互塑造。每个民族国家的发展历程都是特定群体与所处自然环境相互适应的过程，而就人类整体而言，时代的发展已经使我们的行星"变成了一个巨大的运转当中的公司"，人类只有通过相互合作才能共同发展。

课文选自《房龙地理》的第一章，作者在这里揭示了人类生活的某些复杂而又危险的特性。与其他拥有特异生存本领的生物相比，人类在大自然面前似乎就是"一小撮脆弱而没有什么防范能力的哺乳动物"，却因为有着"非凡的理性天资"而成了地球的主宰，地球已经或即将被人类瓜分殆尽。但是，别的生物内部都保持和平共处的状态，而人类却会自相残杀。对于这个为人类提供了生长发展所需要的一切的地球——我们的家园，我们也并没有足够的尊重并服从她的自然的法则。不仅如此，人类的贪欲和仇恨的极度膨胀甚至有可能导致人类本身从这个星球上消失。作者希望人类通过一系列的探讨找到一条可以避免这种灾难的"解救之路"，而首要的前提即是人类能够认识到，"我们所有人都生活于同一颗行星上，我们所有人共同为我们碰巧生活的世界的安宁承担责任"。看得出，作者行文幽默诙谐，在阐释地理历史知识的同时也注入了浓重的人文气息和艺术趣味。我们在轻松愉悦的氛围中不仅能够了解厚重的人类发展史，而且能够意识到这样一个道理，无论过去、现在或未来，人类的命运都和我们赖以生存的这个星球息息相关。《房龙地理》成书于 1932 年，而从作者的笔端流露出来的人文关怀却已经远远超越了他所生活的时代。

但是，译者的文笔似乎比作者逊色一些，其并未流利地用现代汉语把这本有趣的书也翻译得同样有趣。译文中过多的括号使得阅读不够顺畅。括号是一种标号，标明文中注释的话语。被注释的话语通常是一个词或词组，所以，括号里的内容不宜过多，句子不宜过长。西方人所喜欢的长句子，中国人也开始接受，但并不一定喜欢。因为中国人的语言心理是关注句末，太长的句子看到后面时前面的内容容易忘记。因此对于外文中的长句子，翻译时最好根据中国人的习惯译成几个短句子。破折号的使用也有同样的问题，一个语气连贯的句子被两个破折号生生地截断，实在是太生硬了。用词上也有一些小瑕疵，比如“简而言之”。连词“而”可以连接形容词或动词，但是必须前后都是形容词或者都是动词。“简”是形容词性语素，“言”是动词性语素，不能用“而”来连接。止确的说法是“简言之”。因此，要完成一篇优秀的译文，不仅需要扎实的外语功底，而且需要较高的汉语能力。

本文选自《房龙地理》，纪何、滕华译，中国人民大学出版社 2003 年版。

思考与练习：

1. 就本篇所阐述的情形而言，作者认为可能导致人类陷入悲惨的不幸结局的因素有哪些？
2. 请将下列英语熟语译成汉语。

   (1) one foot in the grave　　(2) a place of milk and honey

   (3) love me, love my dog　　(4) come to the point

功能派的立场

[英]马林诺夫斯基

我们对于文化及其组织部分的简单分析，最重要的是在指明：文化实体是自成一格的，需要加以特殊的研究。各派社会学者有的把它相类于有机体，有的把它当作集合心灵，有的把它视作片面的物质利益或精神冲动所决定的结果，我们觉得这些都是不很妥当的。依我们的看法，可以提出许多新的问题。我们认为，文化是一个组织严密的体系，同时它可以分成基本的两方面，即器物和风俗，由此我们可进而再分成较细的部分或单位。文化究竟分析为组合的要素可以精细到什么程度呢？什么是最后的文化单位呢？它们之间相互的关系是怎样的呢？它们和个人机体上的需要，和所处的环境，和普遍所公认的人类目的有什么关系呢？

人类学，研究文化的特殊科学，和社会学不同，它比较上并没有受玄学概念那么深的影响。但是，对于我们这里所提出的问题，它大部分亦是视作不成问题的。以前的人类学者处理他们的材料时用两种方法，这两种方法代表着对于文化历史及发展的两种不同的见解。进化学派把文化的发展视作一串依着一定法则自动地退化，有一定次序的阶段。这学派假定文化是可以分成简单的要素的，但是对于这假定却不加深究。于是，我们一方面有一套关于用火的进化学说，一方面又见到一套关于宗教发展的叙述；婚姻起源及发展的说法之外，又有陶器发展的论据；经济发展的阶段外，又有家畜、刈割工具、装饰品图案的进化步骤。这是很明白的，种种工具的变更，确都经过一串阶段，遵守着多少有一定的进化法则。但是家庭、婚姻或宗教信仰却并不受制于任何简单而动人的退化次序。人类文化中种种基本制度是变动的，但并不是一种骇人听闻的转变，而是出于因功能的增加而引起形式上的逐渐分化作用。除非我们对于各种文化现象的性质充分了解，除非我们能一一规定它们的功能及描写它们的方式，猜度它们的起源及发展阶段是没有意思的。“起源”、“阶段”、“发展的法则”、“文化生长”等概念，一直到如今，仍是模糊不明，而且是不能用经验来论证的。进化学派的方法最重要的是出于“遗俗”的概念，靠了这概念，他们可以从现有的情状中去重构过去的“阶段”。但是，遗俗的概念是包含有“文化的安排可以在失去了功能之后继续生存”的意义。一切人类学者所不能了解的事物，都可以归入“遗俗”中，作为他们猜度幻想的出发点。我们若对于一文化认识愈深，可称作遗俗的，为数也愈少。除非全部人类学是可以建筑在“认识不够”的基础之上，任何进化论的讨究之前，必须先有一番功能的分析。

同样的批评可以用以对付历史学派。历史学派想专靠追寻文化传播的路线而重构人类文化的历史。这派学者否认自动进化的重要性，而认为在文化的发生中最重要的部分是在模仿，或借用传入的器物及风俗。这派的方法是在把世界各地文化相同之处很细心地绘画出来，据此，多少靠了他们的猜度，来重构这些相同的文化如何在地面上传播的历史。但是学者之间所重构的结果却很多是不相合的：司密斯(E. Smith)和鲍冩史(F. Boas)不同，培利(W. J. Perry)和什密特(P. Schmidt)不同，卫斯莱(C. Wissler)和格拉勃纽(Graebner)不同，夫罗培尼斯(Frobenius)和黎佛士(Rivers)不同——他们的不同之处，大部分是关于文化何处起源、何处流传、如何运输等问题。

他们的不能一致是出于各人对于文化所分割的部分及对于传播历程的见解有异。其实，这传播的历程很少曾就它在现代的表现中去研究过。只有根据经验而研究现有的传播现象，我们才可以希望得到一个关于它的历史的答案。至于他们把文化割成较小的部分以作传播的单位，这一点更难令人满意。他们曾不加辨别地将种种概念，如文化特质、特质丛、文化丛等，用于一单纯的器物或工具，如标枪、弓或钻火器；或用于一堆物质文化的模糊特性，如纪念某事的石碑，暗示性生活的贝壳；或用于文化的某一方面，如农业、多子崇拜；或用于模糊的集团原则，好像对偶组织、氏族组织；或用于一宗教的崇拜典礼。文化是不能视作一堆偶然集合的“特质”的。只有可以比较的要素才能相提并论；只有相合的要素可以归入一调和的整体。物质文化中不重要的细节、社会制度及文化价值一定得分开来讨论。它们不是一样的“发明”，自不能一样地“传播”或“移植”。

历史学派方法论上最弱之点，还是在于他们所采用来决定文化要素的相同标准。历史上传播现象的整个问题，起于不同的地方发现了真的或似乎相同的特质或丛体。要证明两文化要素的相同性时，传播论者所采用的标准可说是“不相干的形式”及“要素间偶然的连接”。形式上的不相干是他们的基本概念，因为形式若是受制于它本身的需要，便是能独立发生及自然地连接成丛体的。这种形式可以是独立进化的结果。那些偶然的连接及形式上不相干的部分，格拉勃纽和他的一派学者认为一定是直接传播的结果。但是不相干的形式及偶然的连接都是否定的说法，到最后等于说是我们对于一器具或一制度的形式不能解释，或是文化中有些部分的连接我们尚不能明了它们的关系。批评历史学派时，我们可以重复地说，人类学是不应建筑在“认识不够”之上的。除非他们先对于某一文化加以功能的研究，否则在功能未解释及各要素间的关系未明了之时，文化的形式亦无法明了，所以他们的结论是没有价值的。

上面所说指出了功能分析的重要。若是文化在它的物质方面主要的是许多器物、武器及其他工具，就是初看来亦不易相信任何文化只是庇护着由外来文化掷下的，或某一已消灭了的文化所遗下的一堆不相干的特质、遗俗及偶然的丛体。在风俗、制度及道德价值中更不像是出于偶然的性质，而进化学派及传播论者却就在这些地方发生了兴趣。

文化是包括一套工具及一套风俗——人体的或心灵的习惯，它们都是直接地或间接地满足人类的需要。一切文化要素，若是我们的看法是对的，一定都是在活动着，发生作用，而且是有效的。文化要素的动态性质指示了人类学的重要工作就在研究文化的功能。近来，在人类学中发生了一个新的学派，他们注重于制度、风俗、工具及思想的功能。这派学者深信文化历程是有一定法则的，这法则是在文化要素的功能中。这派学者认为，把文化分成原子及个别研究是没有希望的，因为文化的意义就在要素间的关系中，他们亦不同意于文化丛体是偶然集合的说法。

课文导读：

马林诺夫斯基，英国社会人类学家，功能学派创始人。《文化论》发表于1944年，是马林诺夫斯基对自己的功能主义理论的系统总结。在该书中，他表达了与先前一些学派如进化学派、传播学派和历史学派不同的观点。他认为一个社会的文化总和究其实质而言只是一组工具，旨在满足人类自身的各种生理和心理需求。而各文化要素之间则存在交错有序的联系，它们在自身的发展变化过程中都保持有效的运作，使其得以继续存留和传播。他进而以自己在原始土著部落的考察结果为例说明，在一个社会中各文化要素都是为了满足这一社会的某种需求而存在的，如风俗、仪式、巫术、宗教及娱乐与游戏等，即是为了满足确立家庭伦理关系、表达实际愿望及创造精神价值等功用。因此，所有这些文化要素是被整合在一起共同发挥作用的。一个社会的文化若失去这种功能效用，便会逐渐消失。他认为，以功能论的方法去分析世界不同种群文化的差异性能够使我们发现更多人类所共有的雷同性，而我们对差异性之下的雷同性了解得越深，我们也就越能推测出社会进步的总体趋势，并且能对现实世界的人和事有所帮助。

课文选自《文化论》的第四章，作者已在前三章中对于文化的概念及其各个组织部分作了简要分析，在这一章中则直奔主题阐述“功能派的立场”。作者先强调文化的特性要求，继而提出问题切入主题。作者在阐述观点时先破后立，先通过批驳其他学派的相关论点来与自己的立场形成对比，然后提出自己的论点，为后面几章展开论述作好了铺垫。原著行文的严谨性值得我们学习，而译者文风的严肃和庄重也值得我们学习。

本文选自《文化论》，费孝通译，华夏出版社 2002 年版。

思考与练习：

1. 文中提出：“以前的人类学者处理他们的材料时用两种方法，这两种方法代表着对于文化历史及发展的两种不同的见解。”概括这两种方法的主要内容并分析。
2. 课文最后一个段落中的“新的学派”指哪个学派？用一句话概括这一学派的主要观点。

我有一个梦想

[美]马丁·路德·金

一百年以前，一位伟大的美国人——我们就站在他象征性的庇荫下——签署了解放宣言。这一重要的法令犹如灯塔把辉煌的希望之光带给千百万饱受屈辱、处于水深火热中的黑人。它就像欢快的黎明来临，结束了奴隶被囚禁的漫漫长夜。

然而一百年后的今天，我们不能不面对这一悲剧性的事实，即黑人仍未获得自由。一百年后的今天，黑人的生命仍惨遭种族隔离桎梏和种族歧视枷锁的束缚。一百年后的今天，黑人仍生活在物质繁荣的汪洋大海所包围的贫穷孤岛上。一百年后的今天，黑人仍蜷缩在美国社会的偏僻角落，感到自己是自己国家里的流放者。因此我们今天来到这里以引起人们对一种骇人听闻的情况的注意。

在某种意义上，我们来到我国首都是为着兑支票。当我们共和国的创建者们写下宪法和独立宣言时，他们也就签署了一份期票，每个美国人都有它的继承权。这期票是一种许诺，保证给予每一个人不可转让的生活、自由和追求幸福的权利。

显而易见，今天美国在关系到她有色人种公民的问题上已对这份期票违约。美国没有承兑这一神圣的契约，而是给黑人一张空头支票；该支票被写上“存款不足”退回。但是我们不相信正义的银行已破产。我们不相信这个国家机关的金库中已存款不足。所以我们来此兑支票——这支票将按要求给予我们自由的财富和公正的保障。

我们来到这神圣的地点，也是为了提醒美国记住现在极端紧迫的任务。目前不是享受一下清静或服用渐进主义镇静剂的时候。现在该实现民主的许诺了。现在该从种族隔离黑暗荒凉的峡谷走上种族公平的金光大道了。现在该向上帝所有的孩子们打开机会的大门了。现在该把我国从种族歧视的流沙中救出，置于兄弟情谊的坚硬岩石之上了。

倘若这个国家忽视了此刻紧迫的形势，低估了黑人的决心，那将造成致命的后果。这一黑人合理不满的闷热夏季将不会过去，直到自由平等的爽朗秋季来临。1963 年不是终结，而是开端。倘若国家一如既往恢复原样，那些希望黑人只是需要出出气，现在可以满意的人将会大失所望。美国将没有安宁和平静，除非黑人获得了他们的公民权。反抗的旋风将继续震撼我们国家的基础，直到公正的晴天出现。

但有件事我得告诉我的站在通向公正之宫温暖入口的人民。在争取我们合法地位的斗争过程中，我们不应干违法之事。我们切莫端起苦涩和仇恨的杯子来满足自己对自由的渴求。我们必须永远在尊严的纪律的高水平上开展斗争。我们决不能让我们创造性的抗议堕落成为暴力行动。我们必须一次又一次升华到用精神力量对付武力的崇高境界。

黑人社区洋溢着崭新的战斗精神不应导致我们对一切白人都不信任，因为我们许多白人弟兄，正如他们今天的到场所证明的，已意识到他们的自由与我们的自由血肉相连，不可分割。我们不能独自行进。

我们一旦起步，就必须发誓勇往直前。我们不能往回走。有人这样问民权运动的忠实斗士："你们何时才能满足？"

只要黑人仍是警察暴行难以形容的恐怖的受害者，我们就决不会满足。

只要我们虽经旅途奔波浑身疲乏仍无法在公路或城市中租用汽车游客旅馆，我们就决不会满足。

只要黑人的基本流动方式只是从一处较小的黑人区迁到一处较大的黑人区，我们就决不会满足。

只要密西西比州有一个黑人不能投票，只要纽约有一个黑人认为没有什么东西值得他去投票，我们就不会满足。

是的，我们不满足，而且我们将永不满足，直到公正如洪水，正义如激流滚滚而来。

我不能不注意到，你们有些人经历了巨大的痛苦和磨难来到这里。你们有些人刚从狭窄的牢房出来。你们有些人来自某些地区，在那里你们因争取自由惨遭迫害，被警察的暴行所摧残。你们已是为创造而受苦的老战士。继续怀着这一信念工作吧：并非由自己招致的苦难将带来补偿。

回密西西比去，回亚拉巴马去，回南卡罗来纳去，回佐治亚去，回路易斯安那去，回到我们北方城市的贫民窟和黑人区去，既然你们知道因某种原因形势可能而且必将发生变化。我们切莫在绝望的山谷中打滚。

我今天对你们说，我的朋友们，尽管眼下困难重重，颇多挫折，我仍然有一个梦。它深深植根于美国梦。

我梦见总有一天这个国家将站立起来，实现它的信条的真谛："我们认为这些真理不言自明：人人生而平等。"

我梦见有一天在佐治亚的红山上，原先的奴隶的儿子们与原先奴隶主的儿子们坐在一张桌子旁共叙手足情。

我梦见有一天甚至密西西比州遭不公正和压迫的酷热煎熬的沙漠将变成自由和公正的绿洲。

我梦见有一天自己的四个孩子将生活在一个国家，在那里人们对他们的评价不是根据肤色，而是根据品格。

我今天有一个梦。

我梦见有一天亚拉巴马州——其州长最近大谈干预，鼓吹拒绝执行国会的法令——将会大变样，黑人儿童与白人儿童携手并肩，亲如手足。

我今天有一个梦。

我梦见有一天每一条山谷都升高，每一座山头都降低，地势崎岖的地方变得平坦，弯弯曲曲的地带变得笔直，而上帝的光辉得以展现，让所有的人都看见。

这是我们的希望。正是怀着这一信念找回南方。怀着这信念我们将能从绝望的大山中开凿出希望的石块。怀着这信念我们将能把我国的一片嘈杂吵闹声变为一曲华丽的兄弟情谊的交响乐。

怀着这信念，我们将能够一起工作，一起祈祷，一起斗争，一起入狱，一起为自由挺身而出，因为我们知道有一天我们将会自由。

那将是这样的一天，届时上帝所有的孩子将能唱出新的意义："你是我的祖国，美好的自由之邦，我要为你歌唱。父辈葬身之处，移民夸耀之土，让我自由之声，响彻每个山冈。"

如果美国要成为一个伟大的国家，这就必须变成现实。让自由从新罕布什尔的崇山峻岭响起。让自由从宾夕法尼亚高高阿勒格尼山响起！

让自由从科罗拉多白雪覆盖的落基山脉响起！让自由从加利福尼亚逶迤的群山响起！不仅如此，还要让自由从佐治亚的石山上响起！让自由从田纳西的卢考特山响起！

让自由从密西西比每座山头和小丘响起。让自由从每一处山腰响起。

当我们让自由鸣响，让自由从每一座村庄响起，从每一个州和每一个城市响起，我们就能使这一天更快来临，那时上帝所有的孩子们，不论是黑人还是白人，犹太人还是非犹太人，新教徒还是天主教徒，都将手拉着手高唱一首古老的黑人圣歌的歌词："终于自由了！终于自由了！感谢万能的上帝，我们终于自由了！"

课文导读：

马丁·路德·金，牧师、美国民权运动领袖，1964年诺贝尔和平奖获得者。南北战争以来美国虽然废除了奴隶制,但仍以各种法案对有色人种,尤其是黑人实行种族隔离和歧视政策。1955 年 12 月 1 日,亚拉巴马州蒙哥马利城黑人罗莎·帕克斯夫人因在公共汽车上拒绝给白人让座而被捕入狱。马丁·路德·金号召全城黑人罢乘公共汽车,最终迫使美国最高法院作出取消这种制度的判决。美国黑人反对种族隔离与歧视,争取平等公民权利的民权运动就此大规模地展开。经过几年的努力,民权运动的声势日益壮大。1963 年 8 月 28 日,马丁·路德·金组织了"自由进军"运动,率领一支约有 25 万人参加的游行队伍向首都华盛顿进发,以一种合法的非暴力形式为全美国的黑人争取人权。当天,他在华盛顿林肯纪念堂前发表了题为《我有一个梦想》的演说。这次行动引起了巨大的社会反响,迫使美国国会在 1964 年通过了三个民权法案。演讲的开篇即提出主旨——为什么要组织这样的行动。演讲者按照提出问题、分析问题、解决问题的线索组织全篇,结构完整,逻辑严密。他用火一样的激情和诗一般的论辩式语言表达自己的非暴力主义思想和对自由平等的追求。在结尾的高潮部分,他以一系列气势磅礴的排比句表达了对自由的强烈渴望,极富感染力和鼓动性。

译文较好地传达了演讲的内容。在句式上也能将英语和汉语的特点有机结合,充分展现出演讲者高尚的精神和奔放的语言两者交融的动人风采。

选自《世界演讲名篇鉴赏词典》,上海辞书出版社 2000 年版。

思考与练习:

1. 分析下列句子的句式特点及其作用。

"有人问热心民权运动的人:'你们什么时候会感到满意?'只要黑人依然是不堪形容的警察暴行恐怖的牺牲品,我们就决不会满意。只要我们在旅途劳顿后,却被公路旁汽车游客旅社和城市旅馆拒之门外，我们就决不会满意。只要黑人的基本活动范围只限于从狭小的黑人居住区到较大的黑人居住区，我们就决不会满意。只要我们的孩子被‘仅供白人’的牌子剥夺个性，损毁尊严，我们就决不会满意。只要密西西比州的黑人不能参加选举，纽约州的黑人认为他们与选举毫不相干，我们就决不会满意。不，不，我们不会满意，直至公正似水奔流，正义如泉喷涌。”

2. 将下列短文译成现代汉语。

We have also come to this hallowed spot to remind America of the fierce urgency of Now. This is no time to engage in the luxury of cooling off or to take the tranquilizing drug of gradualism. Now is the time to make real the promises of democracy. Now is the time to rise from the dark and desolate valley of segregation to the sunlit path of racial justice. Now is the time to lift our nation from the quick sands of racial injustice to the solid rock of brotherhood. Now is the time to make justice a reality for all of God's children.

3. 将下列时髦外来词译成合适的汉语词。

(1) costume play(缩略为 cosplay)　　(2) cosplayer

4. 将下列诗句译成合适的汉语诗句。

follow poet, follow right, to the bottom of the night.

后　　记

本书的编撰得到钱乃荣教授、张寅彭教授的支持和指导，杨位俭老师和苗田老师也参加了部分编写工作，在此一并致谢。

本书编写工作的具体分工如下：

第一单元：张庆翔

第二单元：黄建华

第三单元：周康敏

第四单元：任丽青　黄建华

第五单元：施逸丰　黄建华

第六单元：吴仁援

第七单元：任丽青

第八单元：景春雨

本教材所选课文因有些作者单位地址不详，无法寄送稿酬，望这些作者见书后与出版社编辑联系。电话：021－66135036。

编者

2010 年 1 月